学哲学
用方法

阮 青◎著

中国出版集团 | 全国百佳图书
中国民主法制出版社 | 出版单位

图书在版编目（CIP）数据

学哲学　用方法 / 阮青著. — 北京：中国民主法制出版社, 2022.8

ISBN 978-7-5162-2883-8

Ⅰ.①学… Ⅱ.①阮… Ⅲ.①哲学－文集 Ⅳ.①B-53

中国版本图书馆CIP数据核字（2022）第139763号

图书出品人：刘海涛
出 版 统 筹：石　松
责 任 编 辑：张佳彬　高文鹏　刘险涛

书　　名/学哲学　用方法
作　　者/阮　青　著

出版·发行/中国民主法制出版社
地址/北京市丰台区右安门外玉林里7号（100069）
电话/（010）63055259（总编室）　63058068　63057714（营销中心）
传真/（010）63055259
http：// www.npcpub.com
E-mail：mzfz@npcpub.com
经销/新华书店
开本/16开　710mm × 1000mm
印张/25　字数/324千字
版本/2022年10月第1版　2022年10月第1次印刷
印刷/北京文昌阁彩色印刷有限责任公司

书号/ISBN 978-7-5162-2883-8
定价/78.00元

前　言

学习哲学　掌握方法　贵在应用

马克思主义哲学无论作为一种理论、一种学说还是一种意识形态，对19世纪以来人类社会发展所产生的巨大影响，是任何人都不能否认的。同时，能否真正学习和掌握马克思主义哲学，确立科学的世界观和方法论，对于人生轨迹的影响是巨大的。

一、学习哲学确立人生理想和拓展人生格局

什么是哲学？不知从何时起，一说起哲学，人们首先想到的是晦涩枯燥的语言、僵化呆板的体系、高深莫测的理论，让很多人不想学习、不愿学习、不敢学习。其实，自古以来，哲学一直被看成是“爱智慧”的学问。哲学的英文单词是philosophy，这个词是从希腊语philo-sophia演变而来的，philo的意思是热爱，sophia的意思是智慧，所以，哲学被称为“爱智慧的学问”，研究哲学的人被称为“爱智慧的人”。在古希腊人看来，“爱智慧的人”与“有智慧的人”是不一样的：前者把追求真理作为理想，作为信仰，作为生存方式；而后者则是把哲学当作辩论技巧，靠炫耀辩论技巧来赚钱，哲学成了赚钱的工具。

在我国，“哲”字最早出现在《尚书·皋陶谟》。皋陶，是舜帝的大臣，掌管刑法狱讼；谟，就是谋。书中说：“知人则哲，能官人。安民则惠，黎民怀之。”很显然，有智慧、能安民，是对统治者治理国家的

根本要求。不过，在我国历史上很长时间里，人们没有把相关学问称为“哲学”，而是称为“道学”“玄学”“理学”“心学”等。19世纪一位名叫西周的日本学者，在翻译源于古希腊罗马的西方哲学时，借用了中国的“哲”字，把philosophy翻译成“哲学”。晚清学者黄遵宪将“哲学”一词介绍到中国，并逐步被接受并广泛使用。

作为一种通俗的说法，把哲学称为“智慧之学”或“爱智慧之学”，当然是无可厚非的。但是，严格说来，这种说法是不准确的。因为并不是所有哲学都能给人智慧，使人聪明；相反，唯心主义哲学和形而上学哲学，不仅不能给人以智慧，反而会把人的思想搞糊涂，使人愚蠢。同时，不仅哲学，所有自然科学和社会科学学说，都从不同的方面揭示了事物发展的规律，都是可以给人智慧、使人聪明的学说。

那么，哲学是一种什么样的学问呢？通常说，哲学是理论化、系统化的世界观，属于意识形态范畴；也就是说，哲学是关于世界观的学问。世界观是人们关于世界总的看法和根本观点。看到这个定义，总有人认为，世界那么宏大，个人那么渺小，世界怎么样与个人有关系吗？“世界观”这个词似乎太虚幻、太缥缈、太不着边际。真的是这样吗？

网络上曾经流传一个简单而充满哲学智慧的小故事。有三个人在建筑工地上搬砖。好事者来了，问第一个人：“你在干什么？”这个人回答：“我在搬砖呀！”可见在他的眼界里只有砖。好事者去问第二个人：“你在干什么？”这个人的手里也抱着砖，他却回答道：“我在盖一栋美丽的高楼！”可见这个人的眼界里是由一块块砖按照某种设计而建筑起来的美丽大楼。好事者又去问第三个人：“你在干什么？”这个人的手里同样抱着砖，他回答道：“我在建设一座靓丽的城市！”可见他的眼界里是由一幢幢美丽的大楼而形成的一座靓丽的城市。许多年过去了。好事者又来了，他找到第一个人，这个人依然在搬砖；他找到第二个人，这个人成为建筑设计师；他找到第三个人，这个人成为他们的领导，带领他们一起规划和建设靓丽的城市。这个故事蕴含的哲学道理是什么？

世界观绝不是空灵的、玄虚的、无主体的概念，更不是不着边际的说教。世界观是每个人站在特定的立场上、从特定的角度对于世界的总的看法和根本观点。可以说，一个人有什么样的世界观，就决定着这个人有什么样的眼界、胸怀、理想和追求，也就决定着这个人的人生的基本格局。所以，哲学作为关于世界观的学问，其最重要的是解决人生的格局问题。而一个人的格局是在认识世界、处理人和世界的关系、处理人与人的关系、处理自己的灵与肉的关系的过程中展示出来的。所以说，学习哲学，无论对于领导干部还是对于有理想有抱负的青年人，都是非常有用的。

为什么一定要学习马克思主义哲学，学习其他哲学不可以吗？当然可以。无论是中国哲学、外国哲学、东方哲学、西方哲学，还是古代哲学、近代哲学、现代哲学，都是当时的哲人从所处的特定时代，为了解决特定时代的问题而进行的形而上的思考，包含着那个时代的人类智慧的结晶，为今天的我们思考和研究自然界、人类社会和人的思维的相关问题提供了宝贵的思想资料和精神财富；同时，不可否认的是，每种哲学也都不可避免地带有其所处时代特有的局限性，甚至正是因为自身这种不可克服的局限性而使其消失在思想发展的历史洪流之中。因此，我们所看到的是，在人类几千年的哲学发展史上，相继出现的理论、学说或主义不计其数。一些曾经喧嚣一时的理论如过眼云烟，一些曾经迷惑多人的学说如昙花一现，一些曾经标榜“万能”的主义已销声匿迹。

然而，唯独马克思主义哲学作为一个完整科学的理论体系，经受住来自敌对势力的谩骂和诋毁，经受住来自共产主义运动的挫折和失败的考验，经受住来自实践的风风雨雨的洗礼，随着人类实践和社会前进而不断丰富和发展自己，表现出旺盛的生命力、跨越时空的影响力和异乎寻常的吸引力。世界上许多国家设立马克思主义哲学研究机构，许多著名大学开设马克思主义哲学课程，许多学者以研究马克思主义哲学为终身事业。马克思本人被西方思想界评为“世纪伟人”。可以断言，在人类文明发展进程中，还没有哪一种理论、学说或主义能像马克思主义那样，对人类思想文化发展作出如此巨大的贡献，对世界历史进程产生如此深远的影响，也必将对未来世界发展产生伟大的推动作用。

李瑞环曾经说：“学点哲学，终身受益。”“哲学是‘明白学’，许多事情只有学了哲学才能真正明白；哲学是‘智慧学’，学了哲学可以使人变得聪明，脑子活、眼睛亮、办法多。不学哲学，天赋再好也不能算明白人。不懂哲学的领导者就不可能是一个清醒的领导。”[①]他曾回顾自己由一名普通工人一步步成长为党和国家领导人的过程，总结其中的奥秘或诀窍有两条：一是社会主义制度的产物，二是不能否认个人的努力。他说：“光靠努力还不行，还要得法，得法就是要学习哲学。我这一生对我帮助最大的就是马克思主义哲学。”哲学这门学问说来也神，你的工作越变化、越新，它显得越有用；你的地位越高、场面越大，它的作用越大；你碰到的问题越困难、越复杂，它的效力越神奇；面对的问题越关键，它发挥的作用越关键。

习近平总书记在哲学社会科学工作座谈会上的讲话中指出：“马克思主义关于世界的物质性及其发展规律、人类社会及其发展规律、认识的本质及其发展规律等原理，为我们研究把握哲学社会科学各个学科各个领域提供了基本的世界观、方法论。只有真正弄懂了马克思主义，才能在揭示共产党执政规律、社会主义建设规律、人类社会发展规律上不断有所发现、有所创造，才能更好识别各种唯心主义观点、更好抵御各种历史虚无主义谬论。”他强调：“坚持以马克思主义为指导，最终要落实到怎么用上来。‘凡贵通者，贵其能用之也。’”[②]学习马克思主义哲学，不仅要学习马克思主义哲学的基本理论观点，更要学习马克思主义

① 李瑞环：《学哲学 用哲学》(上)，中国人民大学出版社2005年版，第2页。
② 习近平：《在哲学社会科学工作座谈会上的讲话》，人民出版社2016年版，第11、13页。

哲学方法，而且把这种方法内化为自己的基本素质，提高我们分析问题和解决问题的能力。

二、马克思主义哲学实现了世界观和方法论的统一

马克思主义具有强大的生命力、影响力和吸引力，原因是多方面的，其最重要的原因是真正实现了科学的世界观和科学的方法论的有机统一。

马克思主义诞生的时候，人类历史正处在工业文明兴起和工业化开启的现代化进程的初期，处在由古代文明向现代文明、由农业文明向工业文明转折的重大历史阶段。伴随着资本主义的快速发展和社会矛盾的急剧积累，无产阶级和资产阶级的矛盾日益尖锐，无产阶级作为一支独立的政治力量开始登上世界历史舞台。时代所要求回答的课题是，揭示和阐明资本主义社会的内在矛盾及其发展规律，揭示和阐明正在兴起的现代社会的本质和发展趋势，进而揭示和阐明人类社会发展的一般规律，为无产阶级从而为人类解放提供思想武器。社会发展需要新的理论指导，无产阶级革命需要新的思想武器。马克思、恩格斯创立的马克思主义应运而生，并展现出独特的理论主题、基本立场、分析框架、思维方式、逻辑结构和价值取向等。

马克思主义作为一个完整的理论体系，主要包括哲学、政治经济学和科学社会主义三大组成部分。马克思主义的诞生，首先来自哲学的伟大变革。马克思主义创始人批判地改造了德国古典哲学，把辩证法和唯物论结合起来，创立辩证唯物主义；又把辩证唯物主义引入社会历史领域，创立历史唯物主义。历史唯物主义科学地解决了社会存在与社会意识的关系问题，从人们的物质生产活动出发，全面分析了人类社会发展的基本特点，系统阐述了人类社会基本矛盾的运动过程，精辟概括出人类社会发展的基本规律。以此为基点，他们又以历史唯物主义的世界观和方法论为指导，从历史和现实中最简单的商品和商品交换为切入点，

研究商品背后所隐藏的人与人、阶级与阶级之间的关系，全面分析了资本主义社会商品生产的目的和实质，系统阐述了资本家剥削工人的秘密和剩余价值的来源，深刻揭露了资本主义剥削的本质，说明资产阶级不仅锻造了置自身于死地的武器，而且产生了将要运用这种武器的人，即现代无产阶级。在此基础上，马克思主义创始人考察了无产阶级的发展过程，阐述了无产阶级的历史使命，说明社会主义社会取代资本主义社会的必然性，预言“代替那存在着阶级和阶级对立的资产阶级旧社会的，将是这样一个联合体，在那里，每个人的自由发展是一切人的自由发展的条件”[①]。这个社会就是共产党人所追求的共产主义社会。恩格斯在《反杜林论》中指出，正是唯物主义历史观和通过剩余价值揭开资本主义生产的秘密这两个伟大的发现，使社会主义从空想变成了科学。由此可见，马克思主义是一个主题明确、体系恢宏、说理透彻、逻辑严谨、价值取向鲜明的科学理论体系。

马克思主义不仅揭示了自然界、社会和人的思维发展的最一般规律，使我们能够从宏观上正确认识和全面理解人与自然、人与社会、人与自身的关系，而且把这种理论作为观察和研究一切事物的科学方法，从而成为无产阶级和人民群众认识世界和改变世界的强大认识工具。恩格斯在《路德维希·费尔巴哈和德国古典哲学的终结》一文中谈到，历史唯物主义一经创立，就“把这个世界观彻底地（至少在主要方面）运用到所研究的一切知识领域里去了”[②]。这就明确告诉我们，马克思主义是世界观，更是方法论。恩格斯在致韦尔纳·桑巴特的信中强调：“马克思的整个世界观不是教义，而是方法。它提供的不是现成的教条，而是进一步研究的出发点和供这种研究使用的方法。”[③]马克思、恩格斯把

① 《马克思恩格斯文集》第2卷，人民出版社2009年版，第53页。
② 《马克思恩格斯文集》第4卷，人民出版社2009年版，第297页。
③ 《马克思恩格斯文集》第10卷，人民出版社2009年版，第691页。

方法论建立在辩证唯物主义和历史唯物主义的基础上，结束了唯心主义方法论在其领域中的统治地位，第一次使方法论具有科学的属性；马克思、恩格斯把实践观点引入方法论，提出哲学的使命不仅为了解释世界，更重要的在于改变世界，使方法论的功能发生了革命性的变革；此外，马克思主义的实事求是方法、矛盾分析方法、过程分析方法、主客体方法、社会基本矛盾方法、阶级和阶层分析方法、群众路线和群众观点方法等，为我们构建了一个完整的方法论系统，真正实现了科学的世界观和科学的方法论的高度统一。

毫无疑问，马克思主义世界观和方法论之间既有区别又有联系。二者的主要区别在于，马克思主义世界观是人们对于整个世界的总的看法和根本观点，其主要目的是揭示自然界、社会和人的思维发展的一般规律，构建起一个由系列概念、判断所组成的解释世界的理论系统。马克思主义方法论则是人们认识世界和改造世界的一般方法的理论，为人们提供关于思想方法和工作方法的工具系统。二者的相互联系在于，科学的世界观是科学的方法论的理论基础。就是说，只有正确的世界观才有可能为人们的认识和实践活动提供正确的方法，从而使人们的认识和实践活动达到预期的效果；而错误的世界观则会因为其为人们提供了错误的方法而必然导致其认识和实践活动的失败。之所以说正确的世界观有可能为人们的认识和实践活动提供正确的方法，是因为世界观向方法论的转化，中间需要经历许多环节和过程，如果哪个环节和过程出了问题，也可能导致世界观与方法论的脱节。反过来，科学的方法论又是科学的世界观产生、形成和发展的内在动力，是把理论形态的科学世界观通过实践变成现实形态的物质样式的根本路径。由此可见，如果忽视马克思主义方法论，马克思主义世界观就会成为一堆束之高阁、毫无生命力的僵死教条。因此，马克思主义经典作家历来重视学习马克思主义方法论。

所谓方法是人们认识世界和改变世界的思维方式或工具系统，是主体作用于客体的中介。人类的活动包括两大领域，即认识活动和实践活动，与之相应便形成了认识方法和实践方法，我们通常称之为思想方法和工作方法。一般说来，思想方法决定着工作方法，如果思想方法搞错了，我们的工作就不可能顺利开展，甚至可能犯错误，所以搞清楚思想方法是非常重要的；同时，思想方法是在长期的工作实践中逐步探索和形成的，在工作实践中得到检验和修正，并随着工作实践的深化而不断完善，从这个意义上说，工作方法又积极地影响着思想方法。

马克思主义哲学方法的内容是非常丰富的。如果我们做一个关注哲学方法的有心人，就会发现我们身边处处充满着哲学问题，我们分析和解决问题的过程中时时运用着哲学方法。区别在于，是否能够自觉地运用哲学方法来进行思考和工作。一般说来，如果能够自觉运用正确的哲学方法进行思考和工作，我们的事业就会顺利进行；否则，就可能犯错误，走弯路。这就充分说明学习和掌握哲学方法的重要性。但是，马克思主义哲学方法是潜存于其世界观理论体系之中的，哲学理论与哲学方法是有区别的。就是说，学习了马克思主义哲学理论，并不等于就掌握了马克思主义哲学方法，把哲学理论转化为哲学方法，需要一系列的环节和中介，中间可能出现错误，需要我们反复学习和自觉训练，才能不断提高运用哲学方法思考和解决问题的能力。

三、提高运用哲学方法分析和解决问题的自觉性

思想方法和工作方法对于我们的实践和认识活动来说太重要了，它决定着我们实践的方式、认识过程和活动结果。一般说来，正确的思想方法和工作方法，能够保证我们的事业顺利发展和人生价值的实现；而错误的思想方法和工作方法，往往带来事业的挫折和人生的困顿。思想方法和工作方法的重要性我们每个人都会有深刻的感受，在此无须赘言。要说明的是，因为思想方法和工作方法具有内在的统一性，本文所

讲的方法内含着思想方法和工作方法。

马克思主义经典作家和革命领袖都十分重视学习和应用哲学方法。马克思在被恩格斯誉为“包含着新世界观天才萌芽”的《关于费尔巴哈的提纲》中指出：“哲学家们只是用不同的方式解释世界，问题在于改变世界。”[①]这是对新旧哲学关于哲学使命的不同认识的精辟表达。以费尔巴哈和黑格尔为代表的哲学家，不懂得实践在人类社会发展中的地位和作用，把哲学看作是“黄昏时起飞的猫头鹰”（黑格尔语），其历史使命仅仅是对人类社会发展进程的反思、总结、评价，即“用不同的方式解释世界”。这种对哲学的理解决定其不可能提出将理论转化为革命实践的要求。马克思、恩格斯指出，费尔巴哈“和其他的理论家一样，他只是希望确立对现存的事实的正确理解，然而一个真正的共产主义者的任务却在于推翻这种现存的东西”[②]。与旧哲学相反，马克思主义哲学是一种具有强烈的实践性的哲学，强调“全部社会生活在本质上是实践的”，哲学应该而且必须服从和服务于无产阶级改造现实的斗争。因此，“对实践的唯物主义者即共产主义者来说，全部问题都在于使现存世界革命化，实际地反对并改变现存的事物”[③]。正如毛泽东所说：“马克思主义的哲学认为十分重要的问题，不在于懂得了客观世界的规律性，因而能够解释世界，而在于拿了这种对于客观规律性的认识去能动地改造世界。”[④]

列宁曾经指出：“恩格斯在谈到他本人和他那位著名的朋友时说过：我们的学说不是教条，而是行动的指南。这个经典性的论点异常鲜明有力地强调了马克思主义的往往被人忽视的那一方面。而忽视那一方面，就会把马克思主义变成一种片面的、畸形的、僵死的东西，就会抽掉马克思主义的活的灵魂，就会破坏它的根本的理论基础——辩证法即

① 《马克思恩格斯文集》第1卷，人民出版社2009年版，第502页。
② 《马克思恩格斯文集》第1卷，人民出版社2009年版，第549页。
③ 《马克思恩格斯文集》第1卷，人民出版社2009年版，第501、527页。
④ 《毛泽东选集》第1卷，人民出版社1991年版，第292页。

关于包罗万象和充满矛盾的历史发展的学说，就会破坏马克思主义同时代的一定实际任务，即可能随着每一次新的历史转变而改变的一定实际任务之间的联系。”[①] 所以，马克思主义的伟大之处，并不在于它能够提供解决各种具体问题的现成方案，而在于它能够提供一种创造性解决实际问题的方法。正是从这个意义上，列宁认为：“马克思的哲学是完备的哲学唯物主义，它把伟大的认识工具给了人类，特别是给了工人阶级。”[②]所谓“完备”的重要含义之一，就是马克思主义哲学实现了科学世界观和科学方法论的统一。因此，我们学习马克思主义哲学，不仅要学习其基本理论，更要学习其科学方法。

以毛泽东同志为主要代表的中国共产党人，在领导中国人民进行艰苦卓绝的革命斗争过程中，正是坚持把马克思主义的基本理论与中国革命实际相结合，不断以马克思主义的科学世界观为指导来探寻解决中国实际问题的新方法、新思路和新途径，开创了“农村包围城市、武装夺取政权”的具有中国特色的新民主主义革命道路。中国新民主主义革命的胜利，绝不仅仅展示了马克思主义理论的伟大魅力，更展示了马克思主义方法论的伟大魅力。应该说，毛泽东深得马克思主义的精髓。他明确指出：“我们不但要提出任务，而且要解决完成任务的方法问题。我们的任务是过河，但是没有桥或没有船就不能过。不解决桥或船的问题，过河就是一句空话。不解决方法问题，任务也只是瞎说一顿。”[③]认识活动要讲究方法，实践活动更要讲究方法。所以，“不但应当了解马克思、恩格斯、列宁、斯大林他们研究广泛的真实生活和革命经验所得出的关于一般规律的结论，而且应当学习他们观察问题和解决问题的立场和方法。”[④] “如果有了正确的理论，只是把它空谈一阵，束之高阁，并不实行，那末，这种理

①② 《列宁选集》第2卷，人民出版社2012年版，第278、311页。
③ 《毛泽东选集》第1卷，人民出版社1991年版，第139页。
④ 《毛泽东选集》第2卷，人民出版社1991年版，第533页。

论再好也是没有意义的。”[①]1959年4月，在党的八届七中全会上，毛泽东再次强调方法问题，并科学阐述了思想方法和工作方法的关系。他说：所谓方法，无非就是思想方法和工作方法。思想方法和工作方法是互相结合的，思想方法不对头，工作方法也就不对头。所谓思想方法就是认识世界的方法，所谓工作方法就是改造世界的方法；思想方法决定工作方法，工作方法是思想方法在实践活动中的表现。二者在表现形态上有所区别，而在实质上都是世界观的体现。毛泽东正是运用马克思主义方法论为指导来研究中国革命过程中所遇到的一系列重大理论和实践问题，写出了《中国社会各阶级的分析》《实践论》《矛盾论》《中国革命战争的战略问题》《论持久战》《新民主主义论》等光辉著作。这些著作不仅丰富和发展了马克思主义基本理论，更凝聚和闪耀着马克思主义方法论的智慧。

习近平总书记继承中国共产党人重视理论联系实际的优良学风，强调把握思想方法和工作方法的重要性。他说：“很多同志有做好工作的真诚愿望，也有干劲，但缺乏新形势下做好工作的本领，面对新情况新问题，由于不懂规律、不懂门道、缺乏知识、缺乏本领，还是习惯于用老思路老套路来应对，蛮干盲干，结果是虽然做了工作，有时做得还很辛苦，但不是不对路子，就是事与愿违，甚至搞出一些南辕北辙的事情来。这就叫新办法不会用，老办法不管用，硬办法不敢用，软办法不顶用。我看这种状态，在党内相当一个范围、相当一个时期都是存在的。”[②]由此，他重提延安时期毛泽东就提出的“本领恐慌”问题。他指出：“我们的队伍里有一种恐慌，不是经济恐慌，也不是政治恐慌，而是本领恐慌。过去学的本领只有一点点，今天用一些，明天用一些，渐渐告罄了。我们现在是不是也面临这样一种状态呢？我看是的。”[③]“全党同志特别是各级领导干部，都要有本领不够的危机感，都要努力增强本领，都要一刻不

① 《毛泽东选集》第1卷，人民出版社1991年版，第292页。
②③ 《习近平谈治国理政》第1卷，外文出版社2018年版，第402—403、402页。

停地增强本领。只有全党本领不断增强了，‘两个一百年’的奋斗目标才能实现，中华民族伟大复兴的中国梦才能梦想成真。”[①]2015年1月23日，他在主持中共中央政治局第二十次集体学习时强调：“辩证唯物主义是中国共产党人的世界观和方法论，我们党要团结带领人民协调推进全面建成小康社会、全面深化改革、全面依法治国、全面从严治党，实现‘两个一百年’奋斗目标、实现中华民族伟大复兴的中国梦，必须不断接受马克思主义哲学智慧的滋养，更加自觉地坚持和运用辩证唯物主义世界观和方法论，增强辩证思维、战略思维能力，努力提高解决我国改革发展基本问题的本领。”[②] 2018年5月，在纪念马克思诞辰200周年大会上，他再次强调要学习马克思主义的立场、观点、方法，要求全党“坚持用马克思主义观察时代、解读时代、引领时代，用鲜活丰富的当代中国实践来推动马克思主义发展。”他还在不同场合多次要求广大领导干部要确立和强化一系列科学的思维方法，如历史思维方法、辩证思维方法、系统思维方法、战略思维方法、创新思维方法、底线思维方法、精准思维方法，从而构建起用理论来指导实践的方法论。党的二十大报告再次提出：“实践告诉我们，中国共产党为什么能，中国特色社会主义为什么好，归根到底是马克思主义行，是中国化时代化的马克思主义行。拥有马克思主义科学理论指导是我们党坚定信仰信念、把握历史主动的根本所在。” 可以看出，习近平总书记不仅要求全党要认真学习马克思主义方法论，在很多讲话中明确提出了马克思主义方法论的主要内容，而且他本人就非常善于运用马克思主义的方法论来分析和研究中国特色社会主义建设过程中出现的重大理论问题和实践问题，从而提出解决问题的新理念、新思想和新战略。

---

① 《习近平谈治国理政》第1卷，外文出版社2018年版，第403页。
② 习近平：《坚持运用辩证唯物主义世界观方法论提高解决我国改革发展基本问题本领》，《人民日报》2015年1月25日。

习近平总书记特别强调，领导干部加强学习，根本目的是增强工作本领、提高解决实际问题的水平。“空谈误国，实干兴邦”，说的就是反对学习和工作中的“空对空”。战国赵括“纸上谈兵”、两晋学士“虚谈废务”的历史教训大家都要引为鉴戒。读书是学习，使用也是学习，并且是更重要的学习。领导干部要发扬理论联系实际的马克思主义学风，带着问题学，拜人民为师，做到干中学、学中干，学以致用、用以促学、学用相长，千万不能夸夸其谈、陷于“客里空”。从这个角度讲，领导干部学习不学习不仅仅是自己的事情，本领大小也不仅仅是自己的事情，而是关乎党和国家事业发展的大事情。这也就是古人所说的“学者非必为仕，而仕者必为学”。只有加强学习，才能增强工作的科学性、预见性、主动性，才能使领导和决策体现时代性、把握规律性、富于创造性，避免陷入少知而迷、不知而盲、无知而乱的困境，才能克服本领不足、本领恐慌、本领落后的问题。否则，“盲人骑瞎马，夜半临深池”，虽勇气可嘉，却是鲁莽和不可取的，不仅不能在工作中打开新局面，而且有迷失方向、落后于时代的危险。

总之，好学才能上进。中国共产党人依靠学习走到今天，也必然要依靠学习走向未来。我们的干部要上进，我们的党要上进，我们的国家要上进，我们的民族要上进，就必须大兴学习之风，坚持学习、学习、再学习，坚持实践、实践、再实践；在学习和实践的过程中，不断提高自己的哲学素养，增强运用哲学方法解决我国改革发展过程中所遇到的各种问题的本领。

在此，借用马克思《〈政治经济学批判〉序言》中的一段话作为结束语。马克思说：“在科学的入口处，正像在地狱的入口处一样，必须提出这样的要求：‘这里必须根绝一切犹豫；这里任何怯懦都无济于事’。”[①]

① 《马克思恩格斯文集》第2卷，人民出版社2009年版，第594页。

目 录

第一章

学习辩证唯物论，掌握一切从实际出发的方法

哲学作为关于世界观的学问，就必须要回答世界的本原是什么的问题。哲学思考这个问题的切入点是对纷繁复杂的大千世界呈现出的各种现象进行抽象，最终可以归结为物质和精神（也称为存在和思维）两类现象。如何回答物质和精神的关系问题，被称为哲学的基本问题。哲学基本问题包括两个方面的内容。一方面，物质和精神谁是第一性的问题。凡是认为物质第一性、精神第二性，物质决定精神的，就属于唯物主义哲学；凡是认为精神第一性、物质第二性，精神决定物质的，就属于唯心主义哲学。另一方面，人类是否可以认识物质世界，是否可以正确认识物质世界的问题。凡是认为物质世界是可以认识的，属于可知论；凡是认为物质世界是不可以认识的，属于不可知论。马克思主义哲学科学回答了物质和精神的关系问题，构建起辩证唯物主义一元论思想体系。学习马克思主义辩证唯物论，就是要掌握一切从实际出发的思想方法和工作方法。

一、辩证唯物主义基本观点及其方法

马克思主义哲学创立以前，唯物主义哲学已经存在并表现出各种形态，如朴素唯物主义、形而上学唯物主义等。这些哲学派别对哲学的发展作出了自己的贡献，同时也存在着各种各样的局限性。马克思主义哲学正确回答了什么是物质、什么是意识、物质和意识的关系等一系列问题，确立了世界的物质统一性思想，为一切从实际出发的思想方法和工作方法提供理论基础。

（一）物质是标志着客观实在的哲学范畴

在人类哲学史上，对物质概念的理解构成全部唯物主义的理论基石，也是唯物主义哲学与唯心主义哲学争论的焦点。古代朴素唯物论把物质归结为某种原始的实体，如把水、木、土、火等看作世界的本原；近代形而上学唯物主义者根据当时的自然科学成就，认为原子是物质的最小单位，它具有不可分性、不可入性、质量不变性等特性。毫无疑问，这种物质观在当时有力地反对了唯心主义和宗教神学；但是，把哲学的物质范畴和物体的某种具体形态混为一谈，有着诸多的局限性。所以，到 19 世纪末 20 世纪初，随着现代物理学的发展，人们发现了某些元素的放射性现象和电子等比原子更小的微粒，推翻了原子是物质的最小单位的观念。当时，一些哲学家认为，"物质消失了"，唯物主义的物质观也就破产了，唯物主义哲学失去了存在的基石。

针对这种情况，列宁总结了自然科学的最新研究成果，从哲学角度对物质范畴作出新的概括。他说："物质是标志客观实在的哲学范畴，这种客观实在是人通过感觉感知的，它不依赖于我们的感觉而存在，为我们的感觉所复写、摄影、反映。"[①] 这个定义从物质和意识关系的角度对物质概念作出科学的规定，揭示了包括人类社会在内的一切物质形态的共同本质，即物质的唯一特性是它的客观实在性。这个物质范畴的意义在于，指出物质是不依赖于人的意识而存在的，这就坚持了物质第一性、意识第二性这一唯物主义的根本观点，与各种唯心主义及二元论划清了界限；强调物质能够为我们的感觉所反映，即能够被人们所认识，

① 《列宁选集》第 2 卷，人民出版社 2012 年版，第 89 页。

这就与不可知论划清了界限；主张尽管物质的具体形态和特性是多种多样的，但只有客观实在性是它们共同的本质属性，这就与以往那些把物质的某种具体特性作为物质本质特征的旧唯物主义划清了界限。因此，辩证唯物主义的物质概念，为构建马克思主义哲学体系提供了坚实的理论基础，为各门具体科学的发展提供了正确的哲学指导，为反对各种二元论、不可知论和旧唯物主义哲学提供了锐利的思想武器。

当然，物质不是僵死呆板的，而是处在不断的运动之中；运动是物质的存在方式。哲学上所说的运动是指宇宙中所发生的一切变化和过程，即从简单的位置移动直到思维过程。这里所说的运动和物质是不可分的，说明世界上的一切事物都处于永不停息的运动、变化之中。那种割裂物质和运动的联系，设想没有运动的物质，是形而上学观点；而设想没有物质的运动，则必然陷入唯心主义。当然，马克思主义哲学也承认事物有相对静止状态的存在，包含两种情形：一是说事物在绝对的运动过程中，相对于某种确定的参照系来说不具有某种特定的运动形式。如以地球为参照系，我们居住的房子是静止的。二是说某个事物的运动、变化还处在量变阶段，没有发生质变。如当我们烧水时，在水温达到 100 摄氏度而发生汽化之前都是水。这就告诉我们，事物的静止是有条件的、相对的、暂时的，事物的运动是无条件的、绝对的、永恒的，我们要学会运用运动、变化、发展的方法去认识事物。

物质存在的基本形式是空间和时间。空间表示的是事物的广延性、结构性和并存性，即任何事物都有一定的体积、规模和内部结构，同其他事物之间都有某种位置上的并存关系。时间表示事物的持续性和顺序性，即任何事物都有一个或长或短的持续过程，并有一定的发展顺序。这就告诉我们一个重要方法，任何一个事物都是具体的、历史的，都是存在于特定空间和时间条件下的。因此，我们研究问题，既要注重问题的共存性和结构性，又要注重问题的过程性和趋势性。

物质运动是有规律的。所谓规律是事物及其发展过程中本质的、必然的、稳定的联系。所谓本质联系，表明规律不是事物的外在现象，而是属于事物内在的本质；对规律的认识不是通过感官就能够直接把握，而是要通过理性思维才能获得。所谓必然联系，表明规律所具有的确定不移的趋势，规律的存在、作用及其后果具有不可避免性。所谓稳定联系，表明只要客观事物存在，规律就会反复起作用，普遍地体现出来。规律的必然性正是通过规律的重复性、普遍性得以表现出来。

规律的性质决定着规律是客观的，是不以人的意志和愿望为转移的。马克思曾说："自然规律是根本不能取消的。在不同的历史条件下能够发生变化的，只是这些规律借以实现的形式。"[①] 因此，我们在工作中，必须认识规律、把握规律，自觉按规律办事。如果违背事物的发展规律，不管我们的动机多么善良、愿望多么美好，都必定受到规律的惩罚。主要表现为两种情形：一种是没有正确认识事物的发展规律，主观盲干，违背事物发展规律而受到惩罚；另一种是明明认识到事物的发展规律，只是受到主客观方方面面因素的制约，不能够自觉按客观规律办事，也同样会受到规律的惩罚。

物质是标志着客观实在的哲学范畴的原理告诉我们一个基本的道理，我们讲一切从实际出发的"实际"，一定是客观存在的，是运动发展变化的，是存在于某个特定空间和时间条件下的，是具有某种规律性的实际；它是客观的、具体的、历史的，而不是某种抽象的、空灵的、臆造的东西。

（二）意识是人所特有的精神活动

自从有了人类就产生了意识现象。能否科学地解释意识现象，关系

① 《马克思恩格斯文集》第 10 卷，人民出版社 2009 年版，第 289 页。

到能否正确理解唯物论。根据现代科学所达到的认识成果，辩证唯物主义认为，意识是物质世界长期发展的结果，是社会的产物；意识是人脑的机能和属性；意识是客观存在的反映。

意识是物质世界长期发展的结果，是社会的产物。科学研究的事实告诉我们，意识并不是从来就有的，而是物质世界长期发展的结果，包含着三个决定性环节：一是由一切物质都具有的反映特性到低级生物所有的刺激感应性，这是物质发展过程中一个质的飞跃；二是由刺激感应的反映形式到动物的感觉和心理，具有了初步的分析和综合能力，这是意识的萌芽；三是由动物的感觉和心理到人的意识的形成，其间社会生产劳动起着决定性的作用。

意识是人脑的机能和属性。古人不知道或者不能确切知道意识活动的承担者是什么，往往把意识活动与人体的心脏或其他器官相联系。如孟子说："心之官则思。"17 世纪以后，随着现代解剖学的发展，人们才逐步认识到是脑在思考。现在人们已经充分认识到，人脑是由高度严密和极其复杂的神经网络组成的物质系统，凭简单机械的方式是不能解剖的。人的意识活动正是通过人的大脑对客观外界的刺激所产生的一系列反射活动来实现的。当然，目前人类对脑的研究依然是初步的，还有许多工作要进一步深入进行。

意识是客观存在的反映。马克思指出："观念的东西不外是移入人的头脑并在人的头脑中改造过的物质的东西而已。"① 就是说，意识的形式是主观的，内容是客观的，是主观对客观世界的反映。各种意识形式都可以在客观世界找到其根源，区别在于意识与其所反映的客观对象之间的联系，有的比较直接而明显，有的比较间接而不够明显，有的甚至是歪曲而隐匿的。一般说来，正确的意识是对客观世界的真实反映，错

① 《马克思恩格斯文集》第 5 卷，人民出版社 2009 年版，第 22 页。

误的意识是对客观世界的歪曲反映。人们对客观世界的反映形式是多种多样的，大致可分为认识、情感、意志三个方面，其中以认识为基础，以情感为导向，以意志为坚守，是不可分割的统一体。

意识是物质的产物，但意识一经产生，又对物质具有能动的反作用。意识的能动作用具有不同的性质。正确的意识对人们的实践活动起着积极的促进作用，错误的意识对人们的实践活动起着消极阻碍作用。

（三）唯物论基本观点给我们提供的思想方法和工作方法

世界的统一性也就是世界的本原的问题，是一个古老而带有根本性的问题。研究世界统一性问题的实质是揭示世界万事万物的本质，科学回答物质和精神的关系问题，从而找到实践和认识的出发点。人类为了把握千差万别、形形色色的大千世界的本质，很早就开始思考世界的统一性问题，并形成各种各样的认识，得出各种各样的结论。这些认识和结论从哲学的高度大体上可以划分为两种：一种观点认为世界上的繁多事物有一个统一的本原，被称为一元论；另一种观点认为世界上的繁多事物有两个并行的本原，被称为二元论。应该说，绝大多数的哲学家都承认世界的统一性，都是一元论哲学。区别在于，唯物主义一元论主张世界统一于物质，世界上纷繁复杂的事物都是物质的不同表现形态；意识或精神是物质世界长期发展的产物。唯心主义一元论主张世界统一于精神，世界上的一切事物都是精神的产物。

马克思主义哲学通过对人类认识成果的概括和总结，提出唯物主义一元论。恩格斯指出：“世界的真正的统一性在于它的物质性，而这种物质性不是由魔术师的三两句话所证明的，而是由哲学和自然科学的长期的和持续的发展所证明的。”[①] 这段话既回答了世界统一于什么的问

① 《马克思恩格斯文集》第9卷，人民出版社2009年版，第47页。

题，也回答了如何证明世界统一性的问题。回顾科学发展的历史进程，各门具体科学的发展不断证明世界的物质统一性原理。如天文学、地质学、人类学等学科的研究表明，在有意识的人类产生以前很久自然界就存在着。地球已经存在几十亿年，而人的出现只有几百万年的时间。生理学、心理学等学科的研究证明，意识现象是人的大脑这一特殊物质的机能，是对客观事物的反映。人类社会是物质世界长期发展的结果，是物质世界的一部分。马克思主义的唯物史观概括了人类文明成果，揭示了社会生活的实质，即社会发展史首先是物质资料生产的发展史。人与人之间的生产关系及各种社会关系，是一种不能由人们随意选择、不以人的意志为转移的物质关系。人类社会的精神生活，不能脱离社会物质生活而独立，只是社会物质生活的反映；唯心主义者把社会现象说成是人们的意识的自由创造，显然是错误的观点。

同时，世界的物质统一性仅仅靠具体科学发展的证明是不够的，还要运用辩证思维把各个领域的科学成果联系起来，从理论上加以论证和概括。因为，各门具体科学所研究的只是物质世界的某一领域、某一部分，对整个物质世界只有局部的、特殊的意义，只能证明各个领域、局部的物质性。所以，只有运用辩证思维，才能把物质世界的各个部分联系起来，从物质世界的各种特殊的、具体的、有限的事物中，把握一般的、抽象的、无限的东西，揭示出一切物质和现象的共同本质，即客观实在性。只有运用辩证思维，才能把握事物产生、发展的过程，才能了解精神现象怎样从统一的物质世界的发展过程中产生出来，从而才可能正确而深刻地理解世界的物质统一性。

把“世界真正的统一性在于它的物质性”的观点与我们日常用语相联系，所谓物质性可以理解为我们通常所说的实际；与物质相对应的精神，可以理解为上帝、观念、思想、理论、经验、计划等所有人的思想的产物。

马克思主义哲学告诉我们物质是第一性的、精神是第二性的，物质决定精神。这种理论带来的思想方法和工作必须要求我们一切从实际出发。恩格斯在批判资产阶级思想家杜林时讲过一段著名的话。他说："原则不是研究的出发点，而是它的最终结果；这些原则不是被应用于自然界和人类历史，而是从它们中抽象出来的；不是自然界和人类去适应原则，而是原则只有在符合自然界和历史的情况下才是正确的。这是对事物的唯一唯物主义的观点，而杜林先生的相反的观点是唯心主义的，它把事物完全头足倒置了，从思想中，从世界形成之前就久远地存在于某个地方的模式、方案或范畴中，来构造现实世界，这完全像一个叫做黑格尔的人的做法。"[①] 杜林没有历史地、辩证地考察物质与意识、存在与思维的产生和发展的过程，而是完全自然主义地把意识、思维当作某种现成的东西，当作一开始就和存在、自然界相对立的东西，结果就不可能正确理解思维和存在、思维规律和自然规律的关系，就必然陷入唯心主义的先验论。

"一切从实际出发"是大家都很熟悉的命题，很容易理解。问题是，"一切从实际出发"的"实际"怎么理解呢?

从马克思主义哲学关于物质的定义来理解，在认识"实际"的时候至少要注意四个维度：其一，实际是客观存在的，是不以人的意志为转移的；其二，实际是每时每刻都在运动变化的，而不是僵死呆板的；其三，实际是存在时间和空间之中的，有自己特定的历史条件和时代特征，而不是抽象的、虚幻的存在；其四，实际在自我运动发展过程中展示其特有的规律性，而不是杂乱无章、无规律可循的。

这就要求我们在日常工作中，大到制定国家的路线方针政策，小到制订工作计划、方案时，都必须把当代中国特色社会主义新时代这个实

① 《马克思恩格斯文集》第 9 卷，人民出版社 2009 年版，第 38 页。

际作为出发点，认真研究我们今天面临的新情况、遇到的新问题；从社会发展的角度来对具体问题进行具体分析，把握中国特色社会主义新时代的基本规律，找到解决问题的新思路、新办法、新途径，积极推进事业的发展和工作的前进。一切从实际出发，就是告诫我们，不能从书本出发，不能从观念出发，不能从经验出发，不能从模式出发，更不能从口号出发。

二、运用一切从实际出发方法的经典案例

回顾我们党百年奋斗历程可以清楚地看到，什么时候坚持一切从实际出发，实事求是，就能够形成符合客观实际、体现发展规律、顺应人民意愿的正确路线方针政策，党和人民事业就能不断取得胜利；反之，违背了一切从实际出发的原则，党和人民事业就会受到损失甚至严重挫折。下面讲两个经典案例，一个成功的经验，一个惨痛的教训。

第一个案例，深入细致的调查研究是正确掌握“实际”的关键。要真正做到一切从实际出发，必须进行深入细致的调查研究。可以说毛泽东是搞调查研究的典范，他撰写的《湖南农民运动考察报告》可谓是调查研究的经典案例。我们都知道，毛泽东在湖南读书时，就在课堂笔记《讲堂录》中写道：“闭门求学，其学无用。欲从天下国家万事万物而学之，则汗漫九垓，遍游四宇尚已。”这个认识成为他毕生的理念和重要的方法。在第一次大革命期间，随着北伐战争的胜利推进，军阀的反动统治被推翻，革命群众运动如火如荼。北伐军进入湖南后，湖南农村迅速掀起了一场迅猛异常的革命风暴，斗争的矛头直指土豪劣绅、贪官污吏，旁及各种宗法思想和制度。在许多地方，地主阶级的政权被推翻，农民协会成为乡村中唯一的权力机关。面对急风暴雨般迅猛发展起来的

农民运动，各个阶级、阶层采取了完全不同的态度。同地主豪绅有千丝万缕联系的国民党右派，攻击农民运动是“痞子运动”“惰农运动”，“破坏了社会秩序”“扰乱了北伐后方”。一些中间派分子发生了动摇，认为农民运动已经“越轨”“过分”，应该加以限制，等等。

关于农民运动的争论也反映到中国共产党党内来。1926 年 12 月，中共中央在汉口召开特别会议，陈独秀在会上作了政治报告，在其影响下形成的会议决议认为：当前各种危险倾向中最严重的倾向，一是民众运动之日渐向“左”，二是军事政权因恐惧民众运动日渐向右。这“左”、右倾倘若继续发展下去而距离日远，会致破裂联合战线，而危及整个国民革命运动。根据这个分析，会议规定当时党的主要策略是：限制工农运动发展，反对“耕地农有”，以换取蒋介石由右向左；同时扶持汪精卫取得国民党中央、国民政府和民众运动的领导地位，用以制约蒋介石的军事势力。在会上，有人指责湖南农民运动“过火”“幼稚”“动摇北伐军心”“妨碍统一战线”。

为了弄清楚事实真相，作出正确的判断，毛泽东从 1927 年 1 月 4 日至 2 月 5 日，用了整整一个月的时间，以国民党中央候补执行委员的身份，实地考察了湘潭、湘乡、衡山、醴陵、长沙五县的情况。每到一处，就邀请有经验的农民和农运工作同志召开座谈会，仔细听取他们的报告，得到大量生动、新鲜而确凿的材料。毛泽东回到长沙后，立即向中共湖南区委作了几次报告，纠正他们在农运工作中的错误。2 月 16 日，毛泽东致信中共中央，报告了自己通过考察结果而纠正的几个主要错误议论：一是以“农民运动好得很”的事实，纠正“农民运动糟得很”的议论；二是以“贫农乃革命先锋”的事实，纠正“痞子运动”“惰农运动”的议论；三是以从来没有什么联合战线存在的事实，纠正农协破坏了联合战线的议论。在此基础上，毛泽东撰写《湖南农民运动考察报告》，对深入湖南五县进行调查的情况作了系统梳理和总结。他运用大量生动鲜活的事实材料，批驳了当时流行的对农民运动的各种指责和谩骂，说明农民运动不是糟得很，而是好得很。

瞿秋白在为《湖南农民运动考察报告》写的序言中说："中国农民要的是政权和土地……中国革命家都要代表三万万九千万农民说话做事，到前线去奋斗，毛泽东不过开始罢了。中国的革命者个个都应该读一读毛泽东这本书，和读彭湃的《海丰农民运动》一样。"在这篇序言中，瞿秋白称毛泽东和彭湃为"农民运动的王"。

毛泽东是农民的儿子，对中国的农村、农民有着深刻的了解。在领导中国革命和建设的各个时期，都十分重视深入实际调查，力图真正掌握中国社会的发展规律，以便从中国社会实际出发，开创具有中国特色的革命和建设的道路。一切从实际出发，首先要深入实际做细致的调查研究工作，是毛泽东留给我们的宝贵方法论。

习近平同志也十分重视调查研究。他在中共中央党校 2011 年秋季学期第二批进修班开学典礼上，专门就"领导干部要做好调查研究工作提高调查研究能力"作了重要讲话。他指出："调查研究不仅是一种工作方法，而且是关系党和人民事业得失成败的大问题。"重视调查研究，是我们党在革命、建设、改革各个历史时期做好领导工作的重要传家宝。马克思主义的辩证唯物主义、历史唯物主义世界观和方法论，党的实事求是的思想路线，党的从群众中来、到群众中去的根本工作路线，都要求我们的领导工作和领导干部必须坚持和不断加强调查研究。只有这样，才能保持党同人民群众的密切联系，也才能从根本上保证党的路线方针政策和各项决策的正确制定与贯彻执行，保证我们在工作中尽可能防止和减少失误，即使发生了失误也能迅速得到纠正而又继续胜利前进。回顾我们党的发展历程可以清楚地看到，什么时候全党从上到下重视并坚持和加强调查研究，党的工作决策和指导方针符合客观实际，党的事业就顺利发展；而忽视调查研究或者调查研究不够，往往导致主观认识脱离客观实际、领导意志脱离群众愿望，从而造成决策失误，使党的事业蒙受损失。这既是习近平同志对调查研究工作在党和国家事业发展进程中的重要作用的精辟总结，也是对自己成长经历的精辟总结。

人们最熟悉的是“习近平同志三进下党乡”的故事。下党乡是福建省寿宁县最边远的山乡之一，曾经是无公路、无自来水、无电灯照明、无财政收入、无政府办公场所的“五无乡镇”。1989 年 7 月 19 日，时任宁德地委书记的习近平同志带领地直相关部门负责人来到下党乡。他们头戴草帽，肩搭毛巾，顶着炎炎烈日，拿着柴刀将挡在路面的荆棘杂草砍除，在崎岖的山路上跋涉了 2 个多小时才到达。到达后，因条件极其简陋，只能围坐在小板凳上开会，下午又进村入户深入了解百姓疾苦。参加调研的时任寿宁县委常委、常务副县长连德仁在日记中写道：“这一天，乘车 5 个小时，步行 4 个半小时，开会座谈访贫 2 个小时，一路风尘，大汗淋漓，辛苦程度不言而喻……回到县城招待所后，许多干部才发现脚底、脚趾都磨出了血泡。”习近平同志后来用“异常艰苦、异常难忘”来形容此次下党之行。其后，他又于 1989 年 7 月 26 日、1996 年 8 月 7 日进下党乡，协调解决当时经济社会发展过程中遇到的问题。

“三进下党”只是习近平同志调查研究工作的一个缩影。其实，早在 1988 年 6 月，他刚到闽东任职时，就从 7 月初至 8 月初走访了闽东 9 个县，同时顺带走访浙南温州、苍南、乐清等地。他调研和思考的主要问题是：在“海阔凭鱼跃，天高任鸟飞”的发展商品生产经济的态势下，闽东这只“弱鸟”可否先飞，如何先飞？通过深入细致的调查研究，他写出《弱鸟如何先飞——闽东九县调查随感》的调研报告。他指出，人们说起闽东地区往往就是五个字：“老、少、边、岛、贫”。处于这么一种弱鸟的境地，有没有可能先飞起来呢？当然有。地方贫困，观念不能“贫困”。他要求广大党员干部，要来一个思想解放，观念更新，四面八方去讲一讲“弱鸟可望先飞，至贫可能先富”的辩证法。他从闽东的实际出发，提出“飞洋过海的艺术”，既飞，当然力图飞洋过海，要向外飞，在国际市场上经风雨，在商品经济中见世面。他领导制定了“怎样丰满羽翼”的战略规划，并要求广大党员干部确立“鸿鹄之志”，说明没有终生廉洁、终生为民的鸿鹄之志，期待飞得持久、“扶摇直上”是困难的。

习近平同志在福建工作 17 年零 5 个月，他自认为“人生中美好的青春年华是在福建度过的”。在这里，正是通过深入基层了解中国的国情，在不断思考和解决问题的过程中积累了厚实的执政经验，其执政理念和思维方式日臻成熟，为其后登上更高的历史舞台奠定了实践基础。

第二个案例：脱离实际的辉煌“口号”之下的大灾难、大悲剧。我们中国人有一个特点，非常喜欢“口号”。一种系统的理论可能被概括成一句口号，一种伟大的思想可能被抽象为一句口号，一个复杂的行动纲领也可能被简化为一句口号。毫无疑问，我们需要“口号”，因为口号简明扼要、朗朗上口、通俗易记，可以凝聚人心，鼓舞士气，激励斗志，引导人们去积极拼搏，创造奇迹。然而，口号一旦脱离实际，不仅会变成“空口号”，而且会酿成大灾难、大悲剧。

我们都不会忘记，“大跃进”期间有一个非常响亮的口号：“人有多大胆，地有多大产”，恰恰是这个响亮的“口号”导致的大灾难让人不堪回首。正是基于这种情况，1960 年 10 月开始，党中央部署整风整社，以纠正 1958 年以来发生的“共产风”、浮夸风、强迫命令风、生产瞎指挥风和干部特殊化作风。1960 年 12 月 24 日至 1961 年 1 月 13 日，中共中央在北京召开工作会议，讨论 1961 年的国民经济计划。毛泽东在最后一天的会议上说：“现在看来，搞社会主义建设不要那么十分急。十分急了办不成事，越急就越办不成，不如缓一点，波浪式地向前发展。这同人走路一样，走一阵要休息一下。”他特别强调：“不要图虚名而招实祸。”他指出，做好工作有三条：一要情况明，二要决心大，三要方法对。情况明是一切工作的基础。情况不明一切无从谈起。要情况明，就要搞调查研究。我们党有实事求是的优良传统，就是把马克思主义普遍真理与中国具体实际相结合。情况明了，决心就大，方法就对，解决问题的措施就比较有力。毛泽东坦然承认，过去在抗日战争、解放战争时期，调查研究比较认真，办事从实际出发，实事求是。但在全国解放后，特别是最近几年，这些调查研究工作不大做了，大概是官做大了。没有调查研究，没有基础，凭感情和估计办事，就很难保证不出错误。毛泽东表示，我自己的毛病，当然要改，也请同志们从此改正。他要求全党同志大兴调查研究之风，一切从实际出发。毛泽东提议，1961年要搞一个实事求是年，把实事求是的精神恢复起来。

行色匆匆，半个多世纪弹指一挥间。我们吃尽了“口号”的苦头，可是仍有许多人喜欢“口号”。比如，当前许多地区流行着“大变样”“再造”“跨越”等口号。某些地区的领导干部，面对周边地区快速发展的状况，迫于自己地区如何实现“跨越式发展”的压力，也处于当前考核机制对于自己任期政绩的考虑，提出了这种语言朴实、形象直观、充满煽动性和鼓惑性的口号，试图以此作为一种价值追求和行为规范，引导和调动人们的积极性和创造性。

但是，仔细体会和琢磨一下这些口号，总是感觉带有浓重的“大跃进”色彩，脱离了当地的实际，违背了客观事物的发展规律，在现实生活中带来许多负面影响。如为了把“大变样”“再造”“跨越”的口号变成一种现实，有的地区把“大变样”仅仅局限于城市建筑物的大变样，集中力量进行大面积的拆除，甚至把在20世纪80年代建设的城市地标性建筑物拆除；有的地区则动用一切行政手段进行拆迁，因缺乏深入细致的工作而导致各种矛盾激化，因拆迁而引发的恶性事件屡屡发生；有的地区则因为时间过于紧迫，只能边拆除、边勘探、边设计、边施工，建筑物的质量很难得到保证，“桥吹吹”“桥糊糊”“楼裂裂”“楼烂尾”等事件频频出现；有的地区则毫无顾忌地把一些颇有历史和文化价值的“真古董”拆掉，再花费大量人力和物力去重新建设一些“新古董”。这种城市建设思路导致中国城市建设规划的短期性，城市功能设计得不合理，城市建筑风格的雷同，城市建筑物的单调粗糙，等等。因此，我们有必要认真研究“大变样”“再造”之类口号的科学性和合理性。

我们必须清醒地认识到，在经济社会发展过程中，有些东西要“大变样”，有些东西一定不能“大变样”；有些东西可以“再造”，有些东西一定不能“再造”。其一，青山绿水决不能变，这是人类生存的自然基础；任何人都不得以任何借口来破坏，也决不允许再走所谓先发展、后治理的老路。其二，优秀的历史文化遗产决不能变，这是我们民族生存的精神基础；失去了它，我们这个民族就没有了精神纽带和凝聚力量，就必然会四分五裂。其三，党的执政为民、为人民服务的宗旨不能变，这是我们的立党之本，执政之基；决不允许任何人打着“大变样”“再造”“跨越”的旗号，损害人民群众的整体利益，为个人或小集团谋私利。

同时，我们一定要搞清楚，在“大变样”“再造”“跨越”的过程中是什么在变样，怎样实现变样。毫无疑问，变样是一个包括城市建筑、自然环境、生产方式、人们的精神面貌、思维模式、文化素养等在内的所有方面向良性发展的过程，这是一个长期的、复杂的、任务极其艰巨的过程。即使搞城市建筑大变样，我们也必须首先考虑文化。现在传统文化很热，其背后是对传统文化泯灭的担忧。决不能否认，建筑是文化的重要载体，传统文化泯灭的重要原因是传统建筑物的泯灭。封建社会每一次朝代的更替，往往伴随着一次社会建筑物的大破坏。中华人民共和国成立前，历年战火给我们留下的是一个烂摊子。中华人民共和国成立后，一方面，我们加速建设社会主义新中国，使许多城市面貌发生根本性的变化；另一方面，由于多方面的原因，我们把许多应该保留的具有历史文化价值的建筑物也通通拆除，导致许多历史古城已经名存实亡，甚至数千年的历史古城已无迹可寻。因此，在经济社会发展过程中，我们一定要从自己的实际情况出发，认真研究和确定究竟什么东西要“大变样”，什么东西要不变样；该变样的一定要尽快彻底大变样，不该变样的决不允许以任何借口去变样；什么东西要“跨越”，什么东西不能跨越，积极探索如何选择和培育我们的城市文化，怎样在城市规划过程中来展示我们的文化，怎样在城市建设的每一个细节上体现我们的文化，决不能把“大变样”类的口号简单化、庸俗化、片面化。

应该肯定，中国要“大变样”，要“跨越”。这类口号的提出，体现了一些领导干部想干事、要干事、敢干事的魄力。但是，我们千万不要忘记，在社会主义建设过程中，我们犯错误多数是因为“左”，即抱着一腔热血，满怀热情，结果却适得其反，如“大跃进”“文化大革命”，都是血淋淋的教训。谁又能够保证，我们在“大变样”口号下搞起来的建筑物，不会在很短的时间内被后人又以“大变样”的口号来拆除呢？在中国特色社会主义新时代，我们在城市建设和改造的过程中，同样要坚持创新、协调、绿色、开放、共享的新发展理念，全面考虑城市建设和改造过程中所涉及的各种因素，协调各方面的利益诉求，实现又好又快的可持续发展，让广大人民共享改革开放的发展成果。尤其值得注意的是，因为这些“口号”貌似很积极、很具煽动性，又是领导干部提出来的，所以，人们即使认识到其错误和在实践中可能导致的危害，也不能或不敢批评或纠正，结果把小错酿成大错，把局部错误酿成全局错误。

三、经典案例给予我们的重要启示

想问题、作决策、办事情，是从实际出发，还是从本本出发、从主观愿望出发，这是辩证唯物主义与唯心主义的主要区别，也是决定着工作成败的根本因素。经典案例可以给予我们多方面启示。

（一）坚持一切从实际出发的基础是搞清基本国情

当前，中国社会正处在全面转型升级的关键时刻。我国的基本国情依然是人口多、底子薄、发展很不平衡。具体表现为：经济持续快速发展，但发展中不平衡、不协调、不可持续的问题突出，产业缺乏核心竞争力；人民生活总体达到小康水平，但城乡、区域和居民收入分配差距仍然较大，部分群众生活仍然困难；工业化、城镇化、农业现代化步伐加快，但工业大而不强，农业基础仍然薄弱、农村发展相对滞后、农民增收困难的问题依然不少；社会创造活力普遍增强，但影响社会和谐稳定的各种矛盾还不少，等等。尽管党的十九大报告提出："中国特色社会主义进入新时代，我国社会主要矛盾已经转化为人民日益增长的美好生活需要和不平衡不充分的发展之间的矛盾。"又特别强调："必须认识到，我国社会主要矛盾的变化，没有改变我们对我国社会主义所处历史阶段的判断，我国仍处于并将长期处于社会主义初级阶段的基本国情没有变，我国是世界最大发展中国家的国际地位没有变。"[①] 党的二十大提出："从现在起，中国共产党的中心任务就是团结带领全国各族人民全面建成社会主义现代化强国、实现第二个百年奋斗目标，以中国式现代化全面推进中华民族伟大复兴。"[②] 这是我们制定一切路线方针政策的根本依据和出发点。谁要违背了这个国情，谁要背离了这个主要任务，谁就要犯错误。

同理，我们在日常工作中，必须真正了解和把握自己工作的性质、

① 习近平：《决胜全面建成小康社会　夺取新时代中国特色社会主义伟大胜利——在中国共产党第十九次全国代表大会上的报告》，人民出版社 2017 年版，第 11、12 页。
② 《高举中国特色社会主义伟大旗帜 为全面建设社会主义现代化国家而团结奋斗——在中国共产党第二十次全国代表大会上的报告》，《人民日报》2022 年 10 月 26 日。

需要完成的任务、考核的标准体系等，了解和把握自己工作的重点、难点和热点，了解和把握自己的工作能力、自身的优势和缺失，进而确定自己的工作方法，树立人生的目标，在工作中不断提升自己、完善自己各方面的能力，实现人生的美好理想。

（二）坚持一切从实际出发的根本途径是调查研究

进行深入细致的调查研究是我们党的优良传统，也是我们党制定路线方针政策正确性的根本保证。调查研究是从坚持一切从实际出发的中心一环。没有调查研究就没有发言权，没有调查研究也就没有决策权。这就要求我们必须不断地对实际情况作深入系统而不是粗枝大叶的调查研究，使思想、行动、决策符合客观实际。党员领导干部要身体力行真正深入基层，真正和民众打成一片，听到真实声音，了解真实情况，把握真实材料；然后运用科学方法对所调查的材料去粗取精、去伪存真、由此及彼、由表及里，为进行科学决策提供可靠依据。

调查研究的目的是正确认识和把握事物的发展规律。规律是事物本质的、必然的、稳定的联系。对事物客观规律的认识，只能在实践中完成。勇于实践、善于实践，在实践中积累经验、进行理论升华，再用以指导实践、推动实践，在实践中使认识得到检验、修正、丰富和发展，这是认识客观规律的根本途径，也是把握客观规律的必由之路。我们作决策、办事情、谋发展，都要认识规律、遵循规律。从这个意义上说，能否坚持实事求是，能否按客观规律办事，这是决定我们的工作特别是领导工作有无主动权和得失成败的关键所在。

调查研究的根本途径是坚持党的群众路线。党的群众路线是一切为了群众、一切依靠群众，从群众中来、到群众中去。群众路线是我们党的根本工作路线，它同党的实事求是的思想路线是相辅相成、在本质要求上完全统一的。我们要把坚持实事求是的思想路线与坚持从群众中来、到群众中去的根本工作路线紧密结合和统一起来，把对上级负责与对群众负责紧密结合和统一起来，坚持一切从人民根本利益出发，深入基层了解情况，深入群众听取意见，使各项决策和各方面工作符合实际情况、符合客观规律、符合人民意愿。这样，我们的工作，党和人民事业，就会无往而不胜。

我们所处的网络时代呈现出“人人手持麦克风、人人都是自媒体”的现象，“网红”“博主”似乎可以左右社会舆论。怎么办？面对这种新情况新问题，我们依然要牢记“一切从实际出发”的方法，网民来自老百姓，老百姓上了网，民意也就上了网。我们必须学会从网上去了解民意，从民意中去了解民心。正如习近平总书记所要求：“各级党政机关和领导干部要学会通过网络走群众路线，经常上网看看，潜潜水、聊聊天、发发声，了解群众所思所愿，收集好想法好建议，积极回应网民关切、解疑释惑。善于运用网络了解民意、开展工作，是新形势下领导干部做好工作的基本功。各级干部特别是领导干部一定要不断提高这项本领。”[①] 可见，随着网络技术的发展，调查研究的方法也要与时俱进。

（三）坚持一切从实际出发的前提是坚持解放思想

恩格斯在讲到马克思创立唯物主义哲学时提出了著名的“两个决心”的观点。他说：“人们决心在理解现实世界（自然界和历史）时按照它本身在每一个不以先入为主的唯心主义怪想来对待它的人面前所呈现的那样来理解；他们决心毫不怜惜地抛弃一切同事实（从事实本身的联系而不是从幻想的联系来把握的事实）不相符合的唯心主义怪想。”[②] 这段话用我们中国人最熟悉的语言来概括：一是按照世界的本来面目来

① 《习近平谈治国理政》第 2 卷，外文出版社 2017 年版，第 336 页。
② 《马克思恩格斯文集》第 4 卷，人民出版社 2009 年版，第 297 页。

认识世界和反映世界，就是一切从实际出发；二是抛弃一切与事实不相符合的唯心主义偏见，就是解放思想；这里强调“毫不怜惜”，说明解放思想的彻底性、艰难性。恩格斯强调：“除此以外，唯物主义并没有别的意义。”由此可以看出，一切从实际出发，解放思想、实事求是是马克思主义哲学的基本精神和内在要求。一百多年后，邓小平指出，解放思想、实事求是是马克思主义的精髓。可谓是把握了马克思主义的精髓和灵魂。

人的大脑不是一块白板，人的认识总是以已有的概念、经验或知识为基础，那么，这些概念、经验或知识既有可能成为获得新知识的起点或工具，又有可能成为人们获得新知识的束缚或障碍。因此，要有新的发现、发明和创造，首先必须解放思想，摆脱各种精神枷锁的束缚，学会独立思考，用批判的理性的态度重新审视已有的一切，实现自我超越。当前，在一些党员干部中存在的主要问题是：有的常年坐在办公室，很少下基层，很少接触群众，对下情若明若暗，接“地气”不够；有的一切从本本出发，唯上、唯书、不唯实；有的故步自封、因循守旧，思想和工作落后于客观形势的要求；有的不按客观规律办事，急功近利，急于求成以至蛮干、瞎干；有的为了迎合或满足某种需要，说假话、大话、空话，甚至弄虚作假；有的怕担风险，明哲保身，明知是错的，却听之任之，不批评制止；有的不喜欢听真话、实话，不愿意修正错误、择善而从。凡此种种，都违背了实事求是的要求，虽然不是主流，但如果不重视、不警惕、不纠正，其消极影响和后果不可低估。

当今世界正在发生广泛而深刻的变化，当代中国正在发生广泛而深刻的变革。机遇前所未有，挑战也前所未有。我们能否及时抓住机遇，成功应对挑战，发展中国特色社会主义，关键在于我们能否正确认识当前解放思想的着力点，解决好坚持和发展什么样的中国特色社会主义、怎样坚持和发展中国特色社会主义，建设什么样的社会主义现代化强国、怎样建设社会主义现代化强国，建设什么样的长期执政的马克思主义政党、怎样建设长期执政的马克思主义政党等重大时代课题，大胆解放思想，求真务实，锐意进取，摆脱各种精神枷锁的束缚，学会独立思考，用批判的理性的态度重新审视已有的一切，使我们的思想和行动能够紧跟时代前进的步伐，真正实现自我超越。

第二章

学习实践观点，勇于开创工作新局面

实践观点是马克思主义哲学的核心观点。正是因为科学实践观的确立，才使马克思主义哲学区别于其他一切哲学，实现了人类哲学史上的革命性变革。所以，马克思、恩格斯直接把自己的哲学称为“实践的唯物主义”[①]。我们学习实践观点，就是要努力掌握实践思想方法和工作方法，在实际工作中要尊重实践，努力克服教条主义和经验主义的倾向；要勇于实践，努力克服缩手缩脚和胆小怕事的倾向；要勤于实践，努力克服安于现状和不求进取的倾向；在广泛深入的中国特色社会主义建设实践中不断提升各项工作能力，努力开拓工作新局面。

一、实践观点的基本理论及其方法

大家都知道，马克思的“新唯物主义”哲学是通过批判和改造费尔巴哈唯物主义哲学而实现的。马克思于 1845 年春曾写下一份笔记，即《关于费尔巴哈的提纲》。恩格斯誉之为“包含着新世界观的天才萌芽的第一个文献”[②]，给这个笔记以高度评价。《提纲》最核心的内容是，把是否从实践出发来理解客观对象作为区分其“新唯物主义”与一切旧唯物主义的根本标准。因此，《提纲》作为马克思“新唯物主义”哲学的结晶，是同包括费尔巴哈哲学在内的一切旧唯物主义彻底划清界限的标

① 《马克思恩格斯文集》第 1 卷，人民出版社 2009 年版，第 527 页。
② 《马克思恩格斯文集》第 4 卷，人民出版社 2009 年版，第 266 页。

志。实践观点是马克思主义哲学的核心观点和重要的思想方法和工作方法。

（一）实践是马克思主义哲学的核心概念

马克思在《提纲》第一条中揭示了旧唯物主义的主要缺陷。他指出："从前的一切唯物主义（包括费尔巴哈的唯物主义）的主要缺点是：对对象、现实、感性，只是从客体的或者直观的形式去理解，而不是把它们当做感性的人的活动，当做实践去理解，不是从主体方面去理解。"[①] 就是说，费尔巴哈同一切旧唯物主义者一样，没有把人的活动、人的社会实践本身理解为一种现实的和感性的客观活动。因此，尽管他也明确诉诸"感性直观"，但是他把客观对象、感性客体仅仅作为直观的对象看待，并且认为在认识活动的过程中，客观对象是主动的，而人是被动的，从而忽视了人的主体的能动性。与旧唯物主义相反，唯心主义肯定人的意识具有能动作用，但却将意识的能动作用无限加以夸大，以致否认意识产生的物质根源及其发生作用的物质条件，走向了另一极端。毛泽东在《实践论》中开宗明义指出："马克思以前的唯物论，离开人的社会性，离开人的历史发展，去观察认识问题，因此不能了解认识对社会实践的依赖关系，即认识对生产和阶级斗争的依赖关系。"[②] 这无疑抓住了问题的关键。

马克思通过对包括费尔巴哈哲学在内的旧唯物主义主要缺陷的批判，表述了自己对实践的本质的理解。他认为，实践是一种"现实的、感性的"活动，即客观的、物质的活动。由于实践构成人所存在的现实世界的基础，因此必须把它纳入对事物、现实和社会等诸种客观对象的本质的理解中去；"人的思维是否具有客观的真理性，这不是一个理论

① 《马克思恩格斯文集》第 1 卷，人民出版社 2009 年版，第 499 页。
② 《毛泽东选集》第 1 卷，人民出版社 1991 年版，第 282 页。

的问题，而是一个实践的问题。”实践是检验人的思维之客观真理性的标准；实践是人与环境、主体与客体相统一的基础和根据；实践是变革社会、消除宗教这一“异化”现象的根本手段；实践是人的本质、人的感性发展的现实基础，而人的本质、人的感性则是实践的产物，是伴随实践的发展变化而发展变化的；“全部社会生活在本质上是实践的”，实践是理解包括社会精神生活在内的一切社会生活现象的钥匙。马克思提出一个著名的命题：“哲学家只是用不同的方式解释世界，问题在于改变世界。”[①] 马克思的科学实践观，不仅揭示了实践在现实历史过程中的作用和意义，而且揭示了实践在人们认识过程中的作用和意义；说明科学的实践观不仅具有世界观的职能，而且具有认识论和方法论的职能；正是因为科学实践观的确立，从根本上改变了以往哲学既有的认知逻辑、体系结构和历史使命，实现了人类认识史的伟大变革。

此后，恩格斯运用辩证唯物主义的实践观点，对不可知论进行了彻底的批判。他指出：“对这些以及其他一切哲学上的怪论的最令人信服的驳斥是实践，即实验和工业。既然我们自己能够制造出某一自然过程，按照它的条件把它生产出来，并使它为我们的目的服务，从而证明我们对这一过程的理解是正确的，那么康德的不可捉摸的‘自在之物’就完结了。”[②] 历史证明，“在从笛卡儿到黑格尔和从霍布斯到费尔巴哈这一长时期内，推动哲学家前进的，决不像他们所想象的那样，只是纯粹思想的力量。恰恰相反，真正推动他们前进的，主要是自然科学和工业的强大而日益迅猛的进步。”[③]就是说，从笛卡尔开始的近代哲学，前进的动力不是纯粹的思想的力量，而是自然科学和工业的强大而日益迅猛的进步。马克思、恩格斯把实践的观点引进认识论，从而在实践的基础上把主体和客体统一起来，才使人们在实践中正确认识客观事物的

① 《马克思恩格斯文集》第1卷，人民出版社2009年版，第502页。
②③ 《马克思恩格斯文集》第4卷，人民出版社2009年版，第279、280页。

发展规律具有了可能性。坚持实践是认识的来源，是检验认识真理性的标准，是推动人的认识能力不断发展和完善的动力。这些观点不仅彻底批判了唯心主义和不可知论，而且克服了旧唯物主义认识论的缺陷。毛泽东撰写的《实践论》，极大地丰富和发展了马克思、恩格斯的科学实践观。

（二）实践是人们改造世界的物质性活动

马克思主义哲学创始人从多个维度阐述了实践的内涵。一般认为，实践是人们以一定手段有目的地改造世界的物质性活动。

首先，实践是客观的物质性活动。从实践活动的过程来看，实践活动是人们在一定目的支配下的有意识的活动，但不是纯粹的精神活动；实践活动包含精神活动，但不能归结为精神活动。从构成实践活动的要素来看，构成实践的主体、客体和方式或手段等三个要素都是客观物质性的：实践的主体是具有思维能力并运用一定物质和精神手段去认识和改造世界的人；实践的客体即实践主体认识与活动所指向的对象，是可感知的客观外部物质世界；实践的方式或手段即主体从事实践活动所使用的工具等也是客观的物质性工具。从实践活动的结果来看，精神活动是主观性活动，只存在于人脑之中，不能直接改变客观现实；而实践活动则必须引起客观世界的某种变化，是主观见之于客观的东西，甚至创造出客观世界本来不存在的东西。

其次，实践是自觉能动的活动。马克思指出："动物和自己的生命活动是直接同一的。动物不把自己同自己的生命活动区别开来。它就是自己的生命活动。人则使自己的生命活动本身变成自己意志的和自己意识的对象。他具有有意识的生命活动……有意识的生命活动把人同动物的生命活动直接区别开来”。[①] 这就是说，动物的本能活动也有客观实在性，然而，动物只是按照它的生命需要来本能地、被动地、消极地适应自然。因此，不具有能动性。而人的实践活动则是有一定的目的性，按照自己的意识和目的去改变环境，在客观世界中打下自己的烙印。正如毛泽东所说：“思想等等是主观的东西，做或行动是主观见之于客观的东西，都是人类特殊的能动性。这种能动性，我们名之曰‘自觉的能动性’，是人之所以区别于物的特点。”[②] 目的性是能动性的主要体现；就是说，人们在从事某项实践活动之前总是要预先制定出蓝图目标、行动方式和预计结果，并通过特定的物质手段来引起其具体形态的变化，最终达到人的目的。可以说，纯粹的自然物不包含目的性，而人则通过实践活动把目的性物化为外部的感性的客观实在。

再次，实践是社会的历史的活动。实践一开始就是社会的实践，是历史地发展着的实践。就是说，实践总是处在一定的社会关系中的人在特定历史条件下所从事的社会性活动，而不是抽象的、孤立的个人的活动；毫无疑问，实践可以表现为个人的活动，但个人总是和其他人的活动交织在一起，凭借社会力量去同客观世界发生关系，最终达到自己的目的。马克思说：“甚至当我从事科学之类的活动，即从事一种我只在很少情况下才能同别人进行直接联系的活动的时候，我也是社会的……不仅我的活动所需的材料——甚至思想家用来进行活动的语言——是作为社会的产品给予我的，而且我本身的存在是社会的活动。”[③] 同时，人的实践能力、对象、手段、水平、规模和结果，都受到当时社会历史条件的制约。所以，每一时代的人都是历史的、具体的，当其走上历史舞台时都会遇到前人所创造的既得的实践成果，人们只能以此为前提和出

① 《马克思恩格斯文集》第 1 卷，人民出版社 2009 年版，第 162 页。
② 《毛泽东选集》第 2 卷，人民出版社 1991 年版，第 477 页。
③ 《马克思恩格斯全集》第 3 卷，人民出版社 2002 年版，第 301—302 页。

发点，并在此基础上开展自己的创造活动。实践活动的这种客观性和社会性，决定着人们所从事的一切历史活动都要受到一定的特定实践状况的制约，而不可能脱离这一客观条件而凭主观愿望进行。从社会发展的过程来看，实践活动发展的继承性是形成人类历史发展过程的连贯性的客观基础。

（三）实践观点给我们提供的思想方法和工作方法

人们对于实践能够提供的思想方法和工作方法的认识经历了一个漫长的历史过程。在中国古代哲学中，实践作为与认识的“知”相对应的概念，被称为“践行”“行”等，被认为是一种道德修养或人格修炼的方法。在西方哲学中，亚里士多德把实践活动从理论活动中划分出来，但他只是把实践活动作为伦理活动和政治活动，而且他更注重理论活动和理论思维；黑格尔把生产劳动提升到哲学层面，但在他的唯心主义哲学体系中，生产劳动只是绝对精神发展的一个逻辑环节，最终被归结为精神活动的方式。马克思、恩格斯把实践范畴引入自己的哲学体系，创立了“实践的唯物主义”哲学。但是，在他们看来：“对这些以及其他一切哲学上的怪论的最令人信服的驳斥是实践，即实验和工业。”[①]很显然，实践不再仅仅是一种道德修养或精神活动方法，而是指实验和工业，内含着实践也是人们进行实验和工业时的一种方法。列宁曾强调：“生活、实践的观点，应该是认识论的首要的和基本的观点。”[②]很显然，作为认识论的首要的和基本的观点，同时也是认识世界的首要的和基本的方法。

毛泽东继承马克思、恩格斯和列宁关于实践的基本观点，并根据中国革命实践的需要，在《实践论》中对实践的基本理论作出系统的阐

① 《马克思恩格斯文集》第 4 卷，人民出版社 2009 年版，第 279 页。
② 《列宁选集》第 2 卷，人民出版社 2012 年版，第 103 页。

述，为我们提供了有关实践的思想方法和工作方法。毛泽东指出："马克思主义者认为人类的生产活动是最基本的实践活动，是决定其他一切活动的东西。"[①] 当然，"人的社会实践，不限于生产活动一种形式，还有多种其他的形式，阶级斗争，政治生活，科学和艺术的活动，总之社会实际生活的一切领域都是社会的人所参加的。"[②]就是说，在毛泽东看来，社会实践的内容是极其丰富的，领域是非常广泛的，形式是多种多样的，归结起来主要有三种基本的实践形式：物质生活资料生产的实践、社会政治生活的实践和科学艺术的实践。毛泽东对社会实践三种基本形式的概括，不仅深刻揭示了社会实践最重要的内容，使实践作为哲学基本概念的内涵更加丰富、深刻和具体，而且为我们进行社会实践活动提供了思想方法和工作方法，极大地完善了马克思、恩格斯的实践理论。

首先，物质生产实践是首要的实践活动，是人类社会存在和延续的基础。人类是从自然界进化而来的。作为生命个体存在于自然界之中，必然依靠自然界为其提供生活资料；然而，自然界不可能自动地、直接地为人类提供生活资料。人类作为自然界特殊的生命体，只有通过能动改造自然的活动，才能生产出满足自己生存和发展需要的生活资料。所以，人们利用生产工具改造自然对象来获取物质生活资料，是人类社会发展史的第一个前提，决定着人的其他一切活动。正如马克思、恩格斯所说："一切人类生存的第一个前提，也就是一切历史的第一个前提，这个前提是：人们为了能够'创造历史'，必须能够生活。但是为了生活，首先就需要吃喝住穿以及其他一些东西。因此第一个历史活动就是生产满足这些需要的资料，即生产物质生活本身。"[③]人们在生产生活资料的过程中，必须借助于各种各样的劳动工具和劳动资料；这样就产生

①② 《毛泽东选集》第1卷，人民出版社1991年版，第282、283页。
③ 《马克思恩格斯文集》第1卷，人民出版社2009年版，第531页。

了人类社会特有的第二个需要，即生产劳动资料的需要。可以说，生产生活资料的活动和生产劳动资料的活动，构成了生产资料的物质生产的全部内容。毛泽东曾说："马克思主义者认为人类的生产活动是最基本的实践活动，是决定其他一切活动的东西。人的认识，主要地依赖于物质的生产活动，逐渐地了解自然的现象、自然的性质、自然的规律性、人和自然的关系；而且经过生产活动，也在各种不同程度上逐渐地认识了人和人的一定的相互关系。一切这些知识，离开生产活动是不能得到的。"[①] 当然，人类社会的发展，归根结底是物质资料的生产活动决定的，物质生产实践是一切其他实践活动的前提和基础。由此可见，这一实践形式所要解决的主要矛盾是人们的物质生活需要与自然界不能直接满足人们的需要之间的矛盾，其目的是生产出丰富的物质生活资料满足人们的物质生活需要。

其次，社会政治实践是由物质生产实践活动所决定的改造和创造社会关系的实践活动，为物质生产实践活动服务的。人在从事物质生产实践的过程中，并不是以个体的形式单独地面对自然的，因为人类个体在空间和时间上的有限性，决定着人类只有通过群体合作的方式才能生存和发展，从而构成人类社会。正如马克思所说，人的"生命的生产，无论是通过劳动而生产自己的生命，还是通过生育而生产他人的生命，就立即表现为双重关系：一方面是自然关系，另一方面是社会关系"[②]。不同的物质生产资料方式，决定着社会的存在方式，"物质生活的生产方式制约着整个社会生活、政治生活和精神生活的过程"[③]。经济关系是社会的基础，政治关系是经济关系的集中表现，文化则是经济关系和政治关系的反映。政治关系和文化关系反作用于经济关系，给予经济关系以

① 《毛泽东选集》第 1 卷，人民出版社 1991 年版，第 282—283 页。
② 《马克思恩格斯文集》第 1 卷，人民出版社 2009 年版，第 532 页。
③ 《马克思恩格斯文集》第 2 卷，人民出版社 2009 年版，第 591 页。

巨大的反作用。在存在阶级的社会中，人们的社会政治实践往往会采取阶级对立和阶级斗争的形式，阶级斗争又表现为多种形式，如经济斗争、政治斗争甚至战争的形式。可以说，社会政治实践形式所要解决的主要矛盾是人们在生产物质生活资料的基础上所形成的人与人之间的矛盾，其目的是为生产出丰富的物质生活资料满足人们的物质生活需要提供和谐的社会环境和可靠的制度保障。

最后，科学文化实践形式是生产精神产品的实践活动，是人们对物质生产实践和社会政治实践的认识和反映。科学文化实践活动和物质生产实践活动、社会政治实践活动，共同构成人类实践活动的基本样式。毛泽东说："一定的文化（当作观念形态的文化）是一定社会的政治和经济的反映，又给予伟大影响和作用于一定社会的政治和经济。"[①] 人类是社会性动物，也是精神性动物；人们不仅有肉体的需要，而且有精神的需要。为了满足自己的精神需要，人们在进行物质生产实践和社会政治实践生产的过程中，还需要创造精神文化产品来满足自身的精神文化需要，从而使生产精神文化产品的科学文化实践形式构成人类实践形式不可缺少的组成部分。科学实践是人们在以探索自然界、人类社会和思维的客观规律进而获得真理性认识的实践活动；科学作为观念形态，是人类认识世界、改造世界的经验总结和理论概括，是关于自然、社会和思维的规律性知识的理论体系；随着时代的发展，科学通过渗透到社会生产和社会生活的各个领域，起着越来越重要的作用，科学技术已经成为第一生产力。文化是人类社会特有的现象，是人类生活的反映和活动的记录。从人类文化思想发展进程来看，无论是在西方还是在中国，"文化"一词都突出了"人化"或"教化"的性质，都体现了要确立不同于自然和生物本能的行为规范和价值体系的要求。在当代，文化已经

① 《毛泽东选集》第 2 卷，人民出版社 1991 年版，第 663—664 页。

成为一个民族的血脉，文化实践形式的丰富多彩直接影响着一个民族的生命力、凝聚力和创造力。因此，开展丰富多彩的文化实践越来越成为民族凝聚力和创造力的重要源泉，成为综合国力竞争的重要因素，成为广大人民群众对美好生活的热切期盼。可以说，科学文化实践形式所要解决的主要矛盾是人们在进行物质生产实践和社会政治实践基础上所形成的已知与未知、无序与有序、现实与理想等之间矛盾，其目的是为从事物质资料的生产和社会政治制度安排的人们提供合理的精神支持和价值关怀。

以上三种基本的实践形式各自具有不同的社会功能。这就要求我们在从事社会实践活动时，既要认识到三种社会实践形式的相对独立性、不能相互替代性，要注意发挥各自在社会发展过程中的作用；同时，还要认识到三种社会形式又是紧密地联系在一起，要通过三种社会实践活动的协调有序，共同推动人类社会的全面发展和进步。

二、运用实践方法的经典案例

学习了马克思主义哲学关于实践的基本观点，重要的是把实践观点转化为实践思维和实践方法，即保持敏锐的实践思维在实践中及时发现问题和寻找发展的机遇，并在充分把握事物发展规律的基础上，通过实践有效地解决问题，或开辟新的发展道路。讲两个案例：

第一个案例：共享单车的兴起。近些年，中国社会有一个很流行也让中国人很自豪的说法，即“中国新四大发明”：高速铁路、扫码支付、网络购物和共享单车。尽管有人一直在强调，这四项都不属于中国的发明，只是在中国应用比较广泛，而且领先于其他国家而已；但是，这四项新的事物对于中国人的生活方式的改变，是谁也不能否认的。我们今天就谈谈共享单车的兴起。

2018 年春季的一天，一位年轻的美女老板在收购协议上行云流水地签上了自己的名字，轻松套现 15 亿元，一跃成了当时中国最年轻富豪之一。很快，这位女老板便带着巨款“消失”在了大众的视野中。这位美女老板就是当年火极一时的摩拜单车创始人胡玮炜。

胡玮炜毕业于浙江大学城市学院新闻系，先后在《每日经济新闻》《新京报》《极客公园》等媒体任职。然而，作为一名记者，她是怎么和共享单车结缘的呢？

说来也简单，因为当记者常年奔走在外，一遇到高峰时段根本打不到车，每当这个时候她就想如果自己能像机器猫一样，每当需要一辆自行车的时候就可以从口袋掏出一辆，该有多好！其实那时候，在国内和国外有些城市已经有一些零星的公共单车，但因为没有形成系统的管理，其租用程序比较麻烦，往往不能满足人们的需要。胡玮炜在杭州和瑞典就遇到过这种麻烦。别人遇到这种麻烦也就发几句牢骚而已，胡玮炜却从中看到商机。现在租个自行车怎么这么困难呢？为什么就不能发明一种简便的租车方式呢？为什么不能通过移动支付的手段简化自行车租赁呢？随着对这个问题的深入思考，创办共享单车的想法便在她的脑海里诞生了。

经过反复地酝酿和研究，2015 年 1 月，胡玮炜在北京正式成立摩拜科技有限公司，启动共享单车项目，第一件事就是要设计出单车。共享单车的使用性质决定着对单车质量要求很高，要经受住风吹日晒、好骑耐用、老少皆宜，因此折腾了好几个月都没能把单车造出来，导致共同创业的人失去信心而撤退。然而，胡玮炜不仅没有退缩，反而越挫越勇；她一边亲自去各工厂看材料，一边到处找设计师，最终设计出了符合要求的单车。随后，她克服单车制造成本上涨、资金短缺、人手匮乏等一系列问题，终于造出了单车。2016 年初，摩拜共享单车正式在上海开始试运营，单车投放市场十几个小时后，所有车辆都被骑走，试运营似乎是开门红。但是，新的问题如单车被随意停放、客服电话难打通、无法退款等管理问题摆在她的面前。经过几个月的试运营和调整后，他们有效地解决了这些问题并积累了丰富的管理经验。2016 年 4 月，摩拜单车正式投放市场。胡玮炜加大了宣传力度，在多个平台上强调："摩拜单车并不是传统概念上的自行车，它是解决人们'最后一公里'的全新交通工具。"随着摩拜单车的扩大生产和投放规模，单车造价大大降低，加上每名用户在使用单车之前要缴纳 299 元的抵押金，公司因此得到了大量的资金；同时，摩拜单车也迅速赢得各大资本的青睐，在短短两年时间内就完成了十几轮的融资，金额高达十几亿美元。在这种情况下，胡玮炜当机立断决定把摩拜单车全面铺开，不仅中国各级城市都能看到摩拜单车的身影，而且把目光投向了海外市场，试图将摩拜单车打造成国际化的大品牌。摩拜单车相继进入新加坡、英国、日本、马来西亚等海外市场，全球用户注册量超过了 1 个亿，每天会提供超过 2000 万次出行服务，成了全球规模最大的互联网出行服务公司，估值一度超过百亿元。

胡玮炜也因此获得了诸多荣誉，联合国环境署在 2017 年授予摩拜单车"2017 年度地球卫士"商业卓识奖，这是第一家获得该奖项的中国企业；共青团表彰胡玮炜是"创新创业好青年"，甚至还登上了新闻联播；美国权威媒体《财富》杂志也把摩拜评为"2017 改变世界的 50 家公司"之一。

然而，正当共享单车轰轰烈烈发展之际，2018 年 4 月 4 日，胡玮炜以 27 亿美元（折合人民币约 185 亿元）的价格把摩拜卖给了美团，她凭借 9% 的公司股份，成功套现 15 亿元人民币后迅速退场，很快便卸任公司一切职务，彻底和摩拜公司断绝了关系。

不管时人怎么议论，今天回过头来看，不得不承认胡玮炜当时的决定是非常正确的。因为，后来国家出台一系列政策法规，特别是禁止共享单车公司违规收取抵押金的政策，使得共享单车失去了积累资金的功能；共享单车的野蛮生长和激烈竞争，使之生存环境日益恶化；特别是人为破坏共享单车等乱象屡禁不止，公司的运营成本越来越高。

我们是否可以大胆猜测，或许当时胡玮炜已经在经营实践中清醒地意识到这些问题，才使她下定决心、急流勇退，选择在最合适的时机、最诱人的价格把公司卖出，然后拿着大把的资金到广泛的社会实践中去寻找新的机遇，去开创自己新的事业？

第二个案例：安徽小岗村联产承包闯新路。如果说胡玮炜创办共享单车是个人运用实践方法取得成功的案例，我们再讲一个集体运用实践方法取得成功的案例。

中华人民共和国成立以后，为了尽快改变国家贫穷落后的面貌，让经济快速发展起来，让社会财富快速增长起来，让人民群众的生活快速好起来，党和政府采取了一系列措施，社会主义建设取得了举世瞩目的成绩。但是，在探索发展道路的过程中，特别是 20 世纪 50 年代末期以后，由于没有搞清楚基本国情，没有搞清楚“什么是社会主义、怎样建设社会主义”这个关键性问题，我们犯了错误，最终导致“文化大革命”的十年浩劫。1976 年，“四人帮”被粉碎后，中国社会面临的重大课题是，认真总结“文化大革命”的经验教训，深刻分析中国社会的主要矛盾，重新探索中国社会的发展道路，真正解决民富国强的问题。理论界围绕着“实践是检验真理的唯一标准”展开了激烈的争论，而安徽凤阳县小岗村的农民则用自己的实践来探索和回答了“什么是社会主义”这个重大的理论和实践课题。

1978 年 12 月 24 日，小岗村 18 户农民秘密聚会，经过反复讨论和协商，最后每个人伸出粗糙而黑瘦的手指，在一张契约上按下了鲜红的手印。契约上写着：“我们分田到户，每户户主签字盖章，如以后能干，每户保证完成每户的全年上交和公粮，不在（再）向国家伸手要钱要粮；如不成，我们干部作（坐）牢（砍）头也干（甘）心，大家社员也保证把我们的小孩养活到十八岁。”[①] 当时，小岗村有 115 人、550 亩耕地。当时担任生产队副队长的严宏昌说：“我就不信这个邪！这么厚的黄土地还养活不了几个人？小岗村在 1966 年到 1978 年间，吃国家救济返销粮 23 万斤，按手印的 18 户农民都有乞讨的历史。如果连小岗村这样专业种粮的人都挨饿，那么农村以外的人怎么活命呢？”

然而，小岗村农民的尝试也引起各种争论。时任安徽省委书记的万里与一位长期从事农村工作的老干部之间的争论最具代表性。

老干部：包干到户，不同于田间管理责任制，没有统一经营，不符合社会主义所有制的性质，不宜普遍推广。

万里：包干到户，是群众要求。群众不过是为了吃饱肚子，有什么不符合社会主义的，为什么不可行？

老干部：它偏离了社会主义方向，不是走共同富裕道路。

万里：社会主义和人民群众，你要什么？

老干部：我要社会主义！

万里：我要群众。[②]

从哲学的角度来看，这个争论太具有典型意义了。到底什么是社会主义？中国共产党作为执政党是从“主义”出发，还是从实践出发？是固守着僵化的“主义”，还是依靠实践来解决问题？总之，是坚持“主义至上”思想方法，还是坚持“实践第一”的思想方法？

同样的争论也发生在中共高层。1978 年 11 月 10 日至 12 月 15 日，中共中央工作会议在北京举行。会议围绕着当时中国社会一些“有关党和国家命运的重大问题”展开了激烈的思想交锋。在闭幕会上，邓小平

① 引自小岗村展览馆资料。括号内正确的字为作者所添加。
② 包永辉、陈先发：《“小岗变法”的精神内核》，《瞭望》2008 年第 40 期。

发表了题为《解放思想，实事求是，团结一致向前看》的讲话。他在讲话中强调："一个党，一个国家，一个民族，如果一切从本本出发，思想僵化，迷信盛行，那它就不能前进，它的生机就停止了，就要亡党亡国。"[①] 邓小平提出："在党内和人民群众中，肯动脑筋、肯想问题的人愈多，对我们的事业就愈有利。干革命、搞建设，都要有一批勇于思考、勇于探索、勇于创新的闯将。没有这样一大批闯将，我们就无法摆脱贫穷落后的状况，就无法赶上更谈不到超过国际先进水平。"[②]邓小平特别要求现在我国的经济管理体制权力过于集中，应该有计划地大胆下放，否则不利于充分发挥国家、地方、企业和劳动者个人四个方面的积极性，也不利于实行现代化的经济管理和提高劳动生产率。应该让地方和企业、生产队有更多的经营管理的自主权。很显然，邓小平的讲话表达了一个清晰的思路：坚持一切从实际出发的思想方法，大胆冲破一切条条框框，为了人民进行改革，依靠人民进行改革，充分发挥人民群众的自主性、积极性和创新性，让人民群众生活得更美好更幸福。邓小平的这篇讲话，是在"文化大革命"结束以后，中国面临向何处去的重大历史关头，冲破"两个凡是"的禁锢，开辟新时期新道路、开创建设中国特色社会主义新理论的宣言书。

1978 年 12 月 18 日至 22 日，中国共产党第十一届三中全会在北京召开。会议准确反映了历史的要求和人民的愿望，明确提出新时期的总任务是实现社会主义四个现代化，与此相适应，必须把全党工作的着重点和全国人民的注意力转移到社会主义现代化建设上来。会议强调，实现四个现代化，要求大幅度地提高生产力，也就必然要求多方面地改变同生产力发展不适应的生产关系和上层建筑，改变一切不适应的管理方式、活动方式和思想方式，因而是一场广泛、深刻的革命。这次全会的

①② 《邓小平文选》第 2 卷，人民出版社 1994 年版，第 145 、143 页。

召开，从根本上冲破了长期“左”倾错误的严重束缚，端正了党的指导思想，重新确立了党的思想路线、政治路线和组织路线，标志着中国共产党人在新的时代条件下的伟大觉醒，显示了中国共产党人顺应时代潮流和人民愿望、勇敢开辟建设社会主义新道路的坚强决心。这次全会的召开，实现了中华人民共和国成立以来党的历史上具有深远意义的伟大转折，拉开了中国进入改革开放新时期的历史序幕。

这两个案例都是实践方法的经典运用，会带给我们许多思考和启迪。

三、经典案例给予我们的重要启示

学习马克思主义的实践观点，必须学会确立实践思维和实践方法，积极开创工作的新局面。

（一）坚持实践思想方法和工作方法，做实践的有心人

在实际工作中，能不能做一个实践的有心人，工作效果可能是完全不一样的。第一个案例充分说明这个问题。当工作了一天身心疲惫的胡玮炜因打不着车而想租一辆自行车时，却遇到了各种各样的困难，她没有因失望而抱怨，而是从中看到了商机：“像我这样想骑自行车的人很多，我为什么不能办一个企业来满足人们这种诉求呢？”她用了三年时间把摩拜做成了独角兽。当其他共享单车公司都在紧步其后尘而纷纷成立时，她却从经营实践中嗅到共享单车发展中的困难，果断出售摩拜公司，华丽离场。这就如同人们常说的，人无我有，人有我好。现在可以加上一句，人好我退。很多时候，积极进取、开创事业是一种智慧；找准机会适时退出，更是一种大智慧；这种智慧建立在对市场运行规律的

充分认识和正确把握的基础之上，是在市场经济大潮的实践中获得的认识成果。因此，尽管人们站在不同的立场上，对胡玮炜的行为争论不息；但是，无可怀疑的是，在当时的历史条件下，摩拜共享单车的创立像一颗璀璨的流星划过长空，其落幕依然绚丽多彩，给人们留下久久的思索：在遇到不顺心时，抱怨容易，骂娘更容易，从中嗅到商机并开创事业不容易。

在我们的生活中，有许多人正是因为生活或工作中遇到困难，为了解决生活或工作中的困难而创业，却把企业做成行业翘楚。有人希望给孩子找一个理想的幼儿园，苦苦寻找而不得，就自己办一个幼儿园；有人希望找一个理想的培训机构来提升自己的能力，依然是苦苦寻找而不得，就自己办一个培训机构。这种案例很多。他们成功的原因有很多，其中最重要的原因是做实践的有心人，才能抓住生活和工作中的机遇，进而实现人生的理想。

作为党政领导干部，更要确立实践思维，做实践的有心人，积极开创中国特色社会主义事业。尤其是在当今，世界正处在大变革大调整之中，和平与发展仍然是时代的主题，和平、发展、合作、共赢已经成为不可阻挡的时代潮流。世界多极化不可逆转，经济全球化深入发展，科技革命加速推进，全球和区域合作方兴未艾，国与国相互依存日益紧密，国际力量对比朝着有利于维护世界和平方向发展，国际形势总体稳定。同时，世界仍然很不安宁。霸权主义和强权政治依然存在，局部冲突和热点问题此起彼伏，全球经济发展失衡加剧，南北差距拉大，传统安全威胁和非传统安全威胁相互交织，世界和平与发展面临着诸多难题和挑战。中国社会主义改革开放事业深入发展所呈现出的阶段性特征是，经济体制深刻变革，社会结构深刻变动，利益格局深刻调整，思想观念深刻变化，发展机遇前所未有，挑战也前所未有；许多复杂的事物需要认识，许多重大问题需要解决，许多未曾认识的领域需要开拓。因此，在新的历史条件下，我们深入中国特色社会主义建设的实践，积极探索中国特色社会主义发展规律，探索中国共产党执政规律，探索人类社会发展规律，大胆吸收和借鉴人类所创造的一切优秀文明成果，不断研究新情况，解决新问题，总结新经验，概括新观念，创造新理论，使中国特色社会主义不断在实践中汲取营养，焕发出强大的生命力、创造力和感召力。

（二）坚持实践思想方法和工作方法，开创工作新局面

是从“本本”出发，还是从实际出发？能不能克服各种思想上的束缚，摆脱精神上的枷锁，从自己的实践出发，找到解决问题的新思路和新办法，进而开创工作新局面，这直接关系到我们的事业的兴衰成败。安徽小岗村农民的做法就是一个经典的案例。

如何对待马克思主义，是从“本本”出发，还是用马克思主义的立场观点方法来研究和解决中国特色社会主义现代化建设过程中出现的问题，这是两种根本对立的思维方法和工作方法。尽管我们一直坚持反对教条主义，积极倡导马克思主义实践观点和实践方法，但是这个问题没有得到彻底解决，教条主义在许多人头脑中深深扎根，只要气候适宜，便会泛滥成灾。我们必须认识到，伟大的思想家从他们各自的社会实践出发，把握时代脉搏，集中群众智慧，回答了实践提出的一系列重大问题，创立了科学的思想体系，为工人阶级的解放事业指明了方向。但是，经典作家是人不是神，他们不可能穷尽对真理的认识，他们的思想也需要在实践中接受检验得到发展。在中国社会主义革命、建设和改革开放的艰苦卓绝的伟大实践过程中，中国共产党带领中国人民开拓了中国特色社会主义道路，创立了中国特色社会主义理论体系，构建起中国特色社会主义制度，培育了中国特色社会主义文化，不断丰富中国特色社会主义的实践特色、理论特色、民族特色、时代特色，使中国共产党人真正具有了坚定的道路自信、理论自信、制度自信和文化自信。习近平

总书记指出："一个国家实行什么样的主义，关键要看这个主义能否解决这个国家面临的历史性课题。"[①] 这就从理论和实践相结合的高度实现了高扬"主义"与解决"问题"的有机统一。

当然，在实际工作中坚持实践思维和实践方法，有时会遇到困难，个人甚至会付出代价。所以，早在 1992 年，邓小平在南方谈话中鼓励大家，在改革开放的伟大实践中，"胆子要大一些，敢于实验，不能像小脚女人一样。看准了的，就大胆地试，大胆地闯。深圳的重要经验就是敢闯。没有一点闯的精神，没有一点'冒'的精神，没有一股气呀、劲呀，就走不出一条好路，走不出一条新路，就干不出新的事业。"[②]40 多年改革开放的伟大事业，我们在实践中发现问题，在实践中探索解决问题的方法，在实践中总结理论、开创道路、完善制度，实践是推动改革开放伟大事业的根本动力，勇于实践、敢于创新是取得改革开放伟大成就的重要经验。俗话说，做人一世，为官一任，治理一方。在全面深化改革、实现转型升级的当代中国，广大党员干部无论身处什么地位，干什么工作，都要有不畏风险的开拓精神，不惧挫折的创新精神，不怕困苦的担当精神，要勇于实践、敢于实践；要树立奋勇当先、勇攀高峰的精神，知难而进、攻坚克难、逢山开路、遇水架桥；要有超越前人、超越自己的勇气，用不怕失败、百折不挠的顽强意志、坚毅笃行的干劲，推动各项工作的发展。

（三）坚持实践思想方法和工作方法，克服唯理论和经验论

毛泽东在《实践论》中以辩证唯物论的知行统一观为理论基础，揭露和批判了哲学史上的"唯理论"和"经验论"，指出"唯理论"和"经验论"是党内存在的教条主义和经验主义的认识论根源。教条主义

① 《习近平谈治国理政》第 1 卷，外文出版社 2018 年版，第 22 页。
② 《邓小平文选》第 3 卷，人民出版社 1993 年版，第 372 页。

者只承认理性的实在性，不承认经验的实在性，认为只有理性靠得住，而感觉经验是靠不住的；在革命实践过程中，奉“本本”为圭臬，导致闭目塞听，不深入实际了解情况，反而把亲身参加革命实践而有着丰富直接经验的同志诬为“狭隘经验论”。经验主义者认为，认识可以停留在低级的感性认识阶段，认为只有感性认识可靠，而理性认识是靠不住的；在革命实践中，表现出满足于自己局部的、片面的经验，不了解感性认识上升到理性认识的必要性，否认理性认识对实践的指导作用，因而不能通观客观过程的全体，缺乏明确的方针，没有远大的前途，沾沾自喜于一得之功和一孔之见。

毛泽东指出：“理性认识依赖于感性认识，感性认识有待于发展到理性认识，这就是辩证唯物论的认识论。哲学上的‘唯理论’和‘经验论’都不懂得认识的历史性或辩证性，虽然各有片面的真理（对于唯物的唯理论和经验论而言，非指唯心的唯理论和经验论），但在认识论的全体上则都是错误的。”他们“不能通观客观过程的全体，缺乏明确的方针，没有远大的前途，沾沾自喜于一得之功和一孔之见。这种人如果指导革命，就会引导革命走上碰壁的地步”[①]。因此，我们的结论是主观和客观、理论和实践、知和行的具体的历史的统一，反对一切离开具体历史的各种错误思想。毛泽东的这个结论是对中国革命乃至国际共产主义运动经验的科学总结，对于指导我们探索中国特色社会主义道路具有极其重要的理论意义和实践意义。

我们必须认识到，人的大脑不是一块白板，人的认识总是以已有的概念、经验或知识为基础，那么，这些概念、经验或知识既有可能成为获得新知识的起点或工具，又有可能成为人们获得新知识的束缚或障碍。因此，要有新的发现、发明和创造，首先必须解放思想，摆脱各种

① 《毛泽东选集》第1卷，人民出版社1991年版，第291页。

精神枷锁的束缚，学会独立思考，用批判的理性的态度重新审视已有的一切，实现自我超越。实现中华民族伟大复兴是一项光荣而艰巨的事业，需要一代又一代中国人共同为之努力。空谈误国，实干兴邦。我们这一代共产党人一定要承前启后、继往开来，把我们的党建设好，团结全体中华儿女把我们国家建设好，把我们民族发展好，继续朝着中华民族伟大复兴的目标奋勇前进。

第三章

学习联系观点，掌握认识事物发展规律的方法

辩证法作为一个理论体系，有唯心主义辩证法和唯物主义辩证法的区别。马克思主义哲学实现了唯物论与辩证法的统一，创立了唯物辩证法。马克思主义辩证法包含着十分丰富的内容：包含着两个基本原则，三个基本规律，还有一系列基本范畴。两个基本原则说明世界的总的状况，即自然界、人类社会和人的思维是普遍联系和永恒发展的；三个基本规律和一系列基本范畴，是从不同的侧面揭示这种普遍联系和永恒发展的。辩证法是马克思主义哲学的重要组成部分，也是我们必须掌握的分析问题和解决问题的基本方法。

唯物辩证法认为，丰富多彩的大千世界本质上是物质的，物质世界是普遍联系和永恒发展的。唯物辩证法就是关于普遍联系和永恒发展的一般规律的科学，是具有普遍指导意义的世界观和方法论。因此，普遍联系和永恒发展构成唯物辩证法的两大基本原则。为了叙述的方便，我们把这两个基本原则分成两章。本章主要学习普遍联系的观点，其目的是通过研究联系的普遍性、客观性、多样性，掌握认识事物发展规律的方法，自觉按照客观规律办事。

一、普遍联系观点的基本理论及其方法

普遍联系观点是一个古老的观点。早在古代社会，先哲们已经认识到世界上的万事万物是处在普遍联系之中的，并致力于探讨普遍联系的

基础和规律。到了近现代，随着自然科学的发展和人们实践能力的不断提高，人们开始构建普遍联系的理论，黑格尔的辩证法可以说是普遍联系理论的集大成者。遗憾的是，由于其唯心主义哲学体系所决定，他把万事万物普遍联系的本质归结为绝对精神，把物质世界普遍联系和发展的过程看作是绝对精神的外化过程；体系和方法的矛盾，最终导致其理论的解体。马克思、恩格斯批判地改造了黑格尔的普遍联系理论，破除其唯心主义哲学基础，构建起辩证唯物主义的普遍联系理论，也为我们提供了普遍联系的思想方法和工作方法。

（一）普遍联系是辩证法的基本原则

从某种意义上说，普遍联系观点和辩证法的形成是同一个过程。古希腊的哲人在探讨世界的“本原”问题时，已经认识到丰富多彩的大千世界的各种事物是普遍联系的。如泰勒斯认为，“大地浮于水上”，水是万物的本原；世界万物因为水而普遍联系在一起。阿那克西美尼主张，气是万物的本原，万物因气的凝聚与疏散而生成或灭亡；气蒸发生成火，凝结变为风，而后形成云，再凝结为水，继之是土，最后变成石头，又由这些物体生成其他一切物体。亚里士多德提出“实体”概念，认为“实体”是“一切存在着的东西由它而存在，最初由它生成，毁灭后又复归于它，万物虽然性质多变，但实体却始终如一”[①]。可以看出，古希腊哲人把一切存在着的物体因为基于同一“本原”而联系在一起。正如恩格斯所说：“当我们通过思维来考察自然界或人类历史或我们自己的精神活动的时候，首先呈现在我们眼前的，是一幅由种种联系和相互作用无穷无尽地交织起来的画面，其中没有任何东西是不动的和不变的，而是一切都在运动、变化、生成和消逝。这种原始的、素朴的、但

① 苗力田主编：《古希腊哲学》，中国人民大学出版社 1995 年版，第 21 页。

实质上正确的世界观是古希腊哲学的世界观。”[①] 然而，这种普遍联系的观点是原始的和素朴的，因为它只是正确地把握了现象世界的总画面的一般性质，却不能够说明构成这幅总画面的普遍联系的各个细节，而且这种认识带有明显的自发性和猜测性的成分。这种观点的形成是由当时自然科学的发展状况所决定的。当时自然科学正处于搜集材料的阶段，人们往往把整个世界当作一个整体进行观察和研究，力图把握事物之间的联系和发展过程。

到了 15 世纪下半叶，自然科学由搜集材料的阶段发展到对事物进行分门别类研究的阶段。为了对事物进行深入细致的研究，人们把搜集来的材料分解为各个部分和门类，就某一具体事物来进行专门研究。毫无疑问，这种研究方法是自然科学获得巨大进步所必须经历的阶段，事实上也确实推动了自然科学研究取得丰富的成果。然而，这样一种研究方法也给人们留下一种思维习惯，即用孤立的、静止的、片面的思维方式去思考问题。这种思维方式导致人们在绝对不相容的对立中进行思维，如恩格斯所说，在形而上学者看来，“‘是就是，不是就不是；除此以外，都是鬼话。’在他们看来，一个事物要么存在，要么不存在；同样，一个事物不可能同时是自身又是别的东西”[②]。完全否定了事物之间的联系。这就是我们通常所说的形而上学的思维方式。

随着经验自然科学积累了大量的实证材料，就需要将这些材料加以系统化，以便找出各个领域的内在联系的时候，形而上学的思维方式便无法完成这个任务了，那么，从联系和发展方面认识事物的辩证法便产生了。“因为辩证法在考察事物及其在观念上的反映时，本质上是从它们的联系、它们的联结、它们的运动、它们的产生和消逝方面去考察的。”[③]康德在各个领域引发了“哥白尼式的革命”的精神，他关于主

①②③ 《马克思恩格斯文集》第 9 卷，人民出版社 2009 年版，第 23、24、25 页。

体的认识能力和认识形式的研究，是以承认客观世界是普遍联系为前提的，从而开创了蔚为壮观的德国古典哲学运动。黑格尔哲学则使辩证法达到最高的思维形式的同时，肯定了世界是普遍联系的。在黑格尔之前，精神现象学、逻辑学、自然哲学、精神哲学、历史哲学、法哲学、宗教哲学、哲学史、美学等，都被割断联系而进行分门别类的研究；黑格尔打破了这种研究的传统壁垒，把各个领域联系起来加以研究，"力求找出并指明贯穿这些领域的发展线索"①。遗憾的是，黑格尔的哲学体系是客观唯心主义的。他主张，在自然界和人类社会出现之前，就存在着一种"绝对精神"或"绝对观念"，这是唯一真实存在的东西，是整个宇宙的基础，是一切存在的源泉。世界上的其他一切现象，都是由它派生出来的。而且，这种绝对精神经过逻辑阶段、自然阶段和精神阶段的漫长发展过程，把自己全部的丰富内容表现出来，最终在哲学中达到自我认识。恩格斯认为，这样的体系显然是同黑格尔的辩证方法相矛盾的，"这就是把历史的终点设想成人类达到对这个绝对观念的认识，并宣布对绝对观念的这种认识已经在黑格尔的哲学中达到了。但是这样一来，黑格尔体系的全部教条内容就被宣布为绝对真理，这同他那消除一切教条东西的辩证方法是矛盾的；这样一来，革命的方面就被过分茂密的保守的方面所窒息"②。这就导致黑格尔哲学作为体系来说"是一次巨大的流产"。

马克思、恩格斯批判和改造了黑格尔关于普遍联系的思想，吸取自然科学的最新研究成果，特别是细胞、能量转化定律、达尔文进化论的研究成果。恩格斯指出："由于这三大发现和自然科学的其他巨大进步，我们现在不仅能够说明自然界中各个领域内的过程之间的联系，而且总的说来也能说明各个领域之间的联系了，这样，我们就能够依靠经验自然科

①②《马克思恩格斯文集》第 4 卷，人民出版社 2009 年版，第 272、271 页。

学本身所提供的事实，以近乎系统的形式描绘出一幅自然界联系的清晰图画。”[①] 这就是说，马克思、恩格斯确立普遍联系的唯物论基础，指出普遍联系不是某种“精神”或“观念”的联系，而是指外部世界和人类思维的普遍联系；人们对于普遍联系的认识，是对客观世界普遍联系的反映，进而构建了普遍联系的理论体系，阐述了普遍联系的思维方法。

（二）联系的普遍性、客观性、多样性

马克思主义哲学认为，联系是事物之间和事物内部诸要素之间的相互影响、相互制约和相互作用的关系。联系具有普遍性、客观性和多样性等特点。

1. 联系的普遍性。就我们的常识来说，整个世界是一个普遍联系之网，任何事物都是这个网上的一个部分或一个纽结，没有什么事物是孤立存在的。现代科学的发展和人类的实践活动已经提供了足够的证据，说明我们所面对的大千世界，大至宏观的宇宙天体，小至微观的基本粒子，从无机界到有机界，从自然界到人类社会和人的思维，都处在普遍的联系之中，不存在完全孤立的事物。

联系作为一个哲学概念，表达了两层意思：一是指世界上的一切事物、现象和过程都不是孤立存在的，而是以某种方式与其他事物、现象和过程发生着各种各样的联系，整个世界是相互联系的统一整体，这是指事物的外部联系；二是指任何事物、现象和过程内部的各个要素、环节和阶段也是相互联系的，每个事物、现象和过程都是有着内部联系的统一整体，这是指事物的内部联系。对任何一个事物、现象和过程的理解，都必须注意观照到内部联系和外部联系两个维度。任何事物都在与其他事物相互联系之中，而成为普遍联系之网上的一个纽结；同时，事物的内部联系

① 《马克思恩格斯文集》第 4 卷，人民出版社 2009 年版，第 300 页。

使之成为一个独立的个体存在，与其他事物因为具有特定界限而相互区别，从而成为一个具有特性的独立个体。可以说，正是由于事物所具有的内部联系和外部联系的统一，才构成丰富多彩的大千世界。一方面，事物的内部联系使之成为独立具体的存在，许许多多事物组成的大千世界便展示出绚丽多姿、丰富多彩的面貌；另一方面，事物的外部联系使事物之间通过各种方式联系起来，最终使整个世界形成有机统一的整体。

2. 联系的客观性。联系的客观性是指联系是事物本身所固有的、独立于人的意识之外的、不以人的意志为转移的特性。联系的客观性已经被人类的全部实践经验和科学发展所证实。恩格斯曾说，自然科学的“三大发现使我们对自然过程的相互联系的认识大踏步地前进了”①。第一是细胞的发现，说明整个植物体和动物体都是从它的繁殖和分化中发育起来的；这一发现，不仅使我们知道一切高等有机体都是按照一个共同规律发育和生长的，而且使我们通过细胞的变异能力看出，有机体能够通过改变自己的特性来完成比个体发育更高的发育道路。第二是能量转化，它向我们表明了一切在无机界中起作用的所谓力，即机械力及其补充，所谓能、热、辐射、电、磁、化学能，都是普遍运动的各种表现形式，这些运动形式按照一定的度量关系由一种转变为另一种，当一种形式的量消失时，就有另一种形式的一定的量代之出现；因此，自然界中的一切运动都可以归结为一种形式向另一种形式不断转化的过程。第三是达尔文的进化论，它第一次从联系中证明，今天存在于我们周围的有机自然物，包括人在内，都是由少数原始单细胞胚胎长期发育的产物，而这些胚胎又是由那些通过化学途径产生的原生质或蛋白质形成的。同样，20 世纪以来科学发展的新成就，如相对论、量子力学、分子生物学、核能和核技术、航天和空间技术、信息技术、生物技术、互联网和

① 《马克思恩格斯文集》第 4 卷，人民出版社 2009 年版，第 300 页。

人工智能等，都从不同的领域和层面证明了普遍联系的客观性，从而揭开了人类认识事物联系客观性的新视野和新高度。

3. 联系的多样性。联系的多样性是指事物联系的方式、中介、结果是多种多样的。如内部联系与外部联系、本质联系与非本质联系、必然联系与偶然联系、直接联系与间接联系，等等。事物采取什么样的联系方式或中介，不仅决定着事物的性质和存在状态，而且决定着事物的发展趋势。列宁曾说："要真正地认识事物，就必须把握住、研究清楚它的一切方面、一切联系和'中介'。我们永远也不会完全做到这一点，但是，全面性这一要求可以使我们防止犯错误和防止僵化。"①由于事物多种多样的联系是不平衡的，在事物发展过程中的地位和作用也是不相同的，因此，我们在认识事物联系的过程中，必须从多种多样的联系中找出最能决定和影响事物存在和发展趋势的联系。一般说来，事物内部的、本质的、必然的联系，决定着事物的基本性质和发展趋势。我们经常说要认识和把握事物的发展规律，按照事物发展的规律办事。所谓规律就是事物内部的、本质的、必然的联系。所以说，认识事物内部的、本质的、必然的联系，就是认识事物的发展规律。当然，这并不是说事物外部的、非本质的、偶然的联系就是不重要的，是不需要研究的；恰恰相反，很多时候它们对于事物的发展可以起到加速或延缓的作用，甚至在一定条件下可能决定着事物发展的趋势和方向。

（三）普遍联系观点给我们提供的思想方法和工作方法

普遍联系观点告诉我们，世界上的万事万物是普遍联系的，我们就要用普遍联系的方法去观察事物和认识事物，要坚持联系的普遍性、客观性和多样性，做到全面地而不是片面地、客观地而不是主观地、深刻

① 《列宁选集》第4卷，人民出版社2012年版，第419页。

地而不是表面地认识事物，真正把握事物的本质。这个道理大家都能理解。然而，我们在工作过程中经常遇到的困难是，怎么才能真正按照事物联系的普遍性、客观性和多样性的方法来处理问题？这实际上涉及如何认识事物发生联系的过程中所需要的条件。

世界上的万事万物是普遍联系的，也就肯定了事物存在和发展是有条件的。所谓条件是指影响和制约该事物存在和发展的一切因素的总和；这个总和其实就是与一个事物相联系并对它的存在和发展发生作用的其他事物。这就是说，任何事物的存在、发展和消亡都是有条件的。因此，我们认识事物的普遍联系，就是认识事物得以存在、发展和消亡的条件，进而揭示事物存在、发展和消亡的规律；我们要求按照事物发展的规律办事，就是尊重事物存在和发展的条件，按照事物存在和发展的条件来制订工作方案。在工作中要注意以下三个方法。

第一，肯定世界上任何事物的存在和发展都需要一定的条件。世界是普遍联系的，事物与事物之间的相互作用、相互制约，就构成了事物之间互为存在和发展的条件。我们通常说任何事物都不可能孤立地存在，实质上就是说没有任何事物可以离开一定的条件而存在和发展。甚至可以说，任何事物总是在一定条件下产生，又在一定条件下转化或灭亡，是随着条件的变化而变化的。如果撇开一个事物赖以存在的条件而孤立地加以看待，也就是把它当作同其他事物没有任何联系的东西，它就可能成为无法理解的东西。列宁曾经以下雨为例，说明如果撇开条件孤立地考察问题，就连“下雨好不好”这个极简单的问题都无法作出明确的判断和回答，更不用说去考察一些复杂的问题，找到解决复杂问题的办法了。所以，斯大林有一句名言：“一切以条件、地点和时间为转移。”[①] 实际上，就事物存在的普遍联系来说，地点和时间也可以归结

① 《斯大林选集》下卷，人民出版社 1979 年版，第 430 页。

为条件。斯大林这句话的用意在于强调，任何事物在客观上都是有条件的，只有把它放在一定的条件下进行考察和研究才能获得正确的认识。事物普遍联系的方式是多种多样的，与之相对应，事物存在和发展的条件也是多种多样的，如必要条件和非必要条件、决定性条件和非决定性条件、有利条件和不利条件、主观条件和客观条件，等等。因此，我们要获得对事物的正确认识，就必须充分考察和研究事物存在和发展的条件。

第二，肯定世界上任何事物的存在和发展都需要一定的条件，并不意味着我们在条件面前只能消极等待；还要认识到，条件是可以改变的。这里有两层含义：其一是说，随着某一事物的发展和变化，某一事物与其他事物的联系发生了改变，就是说某一事物存在和发展的条件也发生了改变。恩格斯在《路德维希·费尔巴哈和德国古典哲学的终结》一文中谈到辩证发展观时说："一切依次更替的历史状态都只是人类社会由低级到高级的无穷发展进程中的暂时阶段。每一个阶段都是必然的，因此，对它发生的那个时代和那些条件说来，都有它存在的理由；但是对它自己内部逐渐发展起来的新的、更高的条件来说，它就变成过时的和没有存在的理由了；它不得不让位于更高的阶段，而这个更高的阶段也要走向衰落和灭亡。"[①] 这就要求我们只有根据变化了的条件去认识事物，才能获得对事物发展规律性的认识。其二是说，人们在条件面前并不是消极无为的，而是可以经过主观努力，发挥主观能动作用去改变条件，变不利条件为有利条件，甚至可以创造出原来不具备而为事物发展所必需的条件。如果在客观条件面前消极无为，缩手缩脚，就要犯机械主义的错误；如果脱离客观条件而主观冒进，胆大妄为，就要犯唯心主义的错误。毛泽东在《论持久战》中精辟地阐述了发挥人的自

① 《马克思恩格斯文集》第4卷，人民出版社2009年版，第270页。

觉能动性的思想。他说：“一切事情是要人做的，持久战和最后胜利没有人做就不会出现。做就必须先有人根据客观事实，引出思想、道理、意见，提出计划、方针、政策、战略、战术，方能做得好。思想等等是主观的东西，做或行动是主观见之于客观的东西，都是人类特殊的能动性。这种能动性，我们名之曰‘自觉的能动性’，是人之所以区别于物的特点。一切根据和符合于客观事实的思想是正确的思想，一切根据于正确思想的做或行动是正确的行动。我们必须发扬这样的思想和行动，必须发扬这种自觉的能动性。”① 在这里，毛泽东深刻地阐述了人类自觉能动性的含义，即自觉能动性是人们通过实践能动地认识世界和改造世界的能力。它包括认识和实践两个方面，体现了认识和实践的统一，主观和客观的统一。自觉的能动性，既区别于主观唯心主义，又区别于机械唯物主义。

第三，改变和创造条件的活动不是主观任意的，必须遵循事物发展的客观规律，就是说要注意把握事物本质的、内在的、必然的联系。换句话说，我们在改变和创造条件的时候，对事物发展客观规律的认识，是充分而必要的条件。如果违背了事物发展的规律或者不具备某种必要条件而主观地去改变条件、创造条件，只能陷入主观盲目性，进而在实践中碰得头破血流。所以，在改变条件、创造条件的过程中，首先，要正确分析主体是否已经正确把握了事物发展的客观规律，是否已经具备了改变条件、创造条件的能力和手段；其次，要全面分析客观事物发展的状态及其和其他事物的关系，寻找改变或创造事物发展的机遇；最后，在综合分析主、客观条件的基础上，提出实践计划，制订实践方案，确定实践目标，并通过切实可行的实践活动来达到自己的目的。在这个过程中，既要充分考虑和利用对实现人的目的的有利条件，达到事

① 《毛泽东选集》第 2 卷，人民出版社 1991 年版，第 477 页。

半功倍的效果；同时，也必须要考虑对实现人的目的不利的条件及其对实践的制约作用，尽量减少不利条件的负面影响。

我们在实践工作中特别要注意两种倾向：一种是“无条件论”。这种观点背离实事求是、主观与客观相一致的基本原则，在工作中无视事物存在和发展的条件，随心所欲，凭主观愿望办事，从理论上说是唯心主义的，在实践中没有不导致工作的挫折和失误的。另一种是“机械决定论”。这种观点无视人的主观能动性在改变和创造条件中的积极作用，看不到条件是可以改变或创造的，在工作中无所作为，缩手缩脚，听天由命，从思维方式上说是形而上学的，在实践中也不可能开拓工作的新局面。

二、运用普遍联系方法的经典案例

从某种意义上说，能否正确认识和把握事物之间的联系，直接决定着事业的兴衰成败。列宁曾说：“如果从事实的整体上、从它们的联系中去掌握事实，那么，事实不仅是‘顽强的东西’，而且是绝对确凿的证据。如果不是从整体上、不是从联系中去掌握事实，如果事实是零碎的和随意挑出来的，那么它们就只能是一种儿戏，或者连儿戏也不如。”[①] 这就告诉我们，只有坚持用普遍联系观点来观察事物，才能真正把握事物的本质，推动工作和事业的顺利发展。当然，在现实生活中，随意抓取个别事实材料，臆造或编织并不存在的联系，导致工作的失误或事业的挫折，这种教训是非常惨痛的。秦池酒业的辉煌与衰落就是一个典型的案例。[②]

① 《列宁全集》第 28 卷，人民出版社 2017 年版，第 364 页。
② 参见吴晓波：《大败局 I》（修订版），浙江大学出版社 2013 年版，第 2—15 页。

年龄稍大一点的朋友大概还记得秦池酒业，那个天天占据着中央电视台黄金广告时间的企业。可是，怎么忽然就销声匿迹了？

秦池酒厂于 1990 年 3 月在山东省潍坊市临朐县注册成立，年产白酒 1 万吨左右，年销售额不足 2000 万元。1993 年，退伍军人姬长孔来到秦池酒厂担任经营厂长。他一上任便大展拳脚，迅速把秦池酒厂推到行业顶端，同时也为其快速衰落埋下伏笔。我们运用普遍联系的思维方法和工作方法，来梳理其快速崛起的过程，分析其急速衰落的原因，或许可以给大家提个醒。

首先，多方寻求相关性联系，努力拓展秦池酒销售链条。姬厂长任职数月后，便开始了征服中国市场的壮烈之旅。他先到吉林，试图通过朋友和战友的关系帮助打开吉林市场。无奈，饭没少请，酒没少喝，人没少醉，秦池酒却没卖出多少，因为朋友和战友有热情而没有商业经验。吃一堑、长一智，姬厂长迅速移师沈阳，通过各种宣传手段，让秦池酒和老百姓联系起来。他在当地电视台上买断段位，密集投放广告，扩大秦池酒的知名度；他亲自奔走在大街上，沿街请市民免费品尝秦池白酒，让消费者不仅感受到酒的味道，更感受到姬厂长的温度；他和当地技术监督部门做好沟通联系，请他们做出质量鉴定报告，并向消费者郑重推荐，为消费者提供了秦池酒信誉保证；他还租用一艘大飞艇在沈阳闹市区的上空游弋，撒下数万张广告传单，不仅扩大了秦池酒的知名度，也让消费者见识到秦池酒厂的实力和能力。很快，秦池酒在沈阳开始为人所熟知并热销。姬厂长在媒体上发布“秦池酒在沈阳脱销”的新闻，并讲述了一些极富传奇色彩的故事。仅仅一年时间，姬厂长通过强有力的宣传手段，使秦池白酒在北方市场上迅速走俏，1995 年秋销售额已经超过 1 亿元。

其次，进军梅地亚，与顶级媒体建立联系，进一步扩大秦池酒的影响力。1995 年 11 月 8 日，姬厂长第一次出现在北京梅地亚中心。梅地亚中心，是一个理想之地、造梦之地，也是疯狂之地，巨大的诱惑可能使人瞬间失去理智。姬厂长的皮包里带来了 3000 万元，这几乎是上一年秦池酒厂的所有利税之和，他打算在此豪情一搏。当得知 3000 万元在梅地亚中心仅是一个中型炸弹，并不足以爆出一个轰动天下的新闻时，姬长孔连夜与临朐方面联系，并得到了当地政府的支持。唱标会上，山东秦池酒厂以 6666 万元竞得标王，秦池酒迅速成为中国白酒市场上最为耀眼的新贵品牌；1996 年，企业实现销售 9.5 亿元、利税 2.2 亿元，分别为上年的 5 倍、6 倍。

1996 年，声名远播的姬厂长再度来到北京梅地亚中心。此时，他的周围已经聚拢了一批策划大师，秦池开始实施它的品牌提升工程。同时，秦池领导层也开始在产品质量之外下功夫，如购买高档轿车、改造办公大楼，搞所谓的公司形象包装，以便使自己符合中国标王的身份。

11 月 8 日，中央电视台标王大会准时召开。在招待宴会上，姬厂长豪情满怀地说："1995 年，我们每天向中央电视台开进一辆桑塔纳，开出一辆豪华奥迪。今年，我们每天要开进一辆豪华奔驰，争取开出一辆加长林肯。"竞标会上，秦池酒厂以 3.212118 亿元的价格夺得标王。然而，任何事物都具有两面性。秦池中标并在市场上获得前所未有的辉煌成绩本身，就使秦池处于一个两难境地：如果秦池不能够第二次中标，那么其销售量肯定会直线下降，这或许意味着企业的衰落或死亡。如果秦池能够第二次中标，标的相当于 1996 年秦池全年利润的 6.4 倍，秦池能否拿得出这笔天文巨款？很多人都产生了疑问。

最后，秦池造酒的秘密被揭出，虚假的、臆造的联系被戳穿，注定其黯然离场的悲惨结局。1997 年 1 月，秦池被评为中国企业形象最佳单位。而恰恰是这个月，北京《经济参考报》发表一则新闻报道，揭露秦池白酒是用川酒勾兑的内幕。其实，在 1996 年底秦池蝉联中央电视台标王的同时，北京《经济参考报》的 4 位记者便开始对秦池进行暗访调查。他们的疑问是，一个县级小酒厂，怎么能生产出 15 亿元销售额的白酒呢？记者们根据有关线索，赶赴的调查地不是山东临朐，而是千里之外的四川。在四川邛崃市，记者找到了秦池散酒的主要供应方——“春泉”白酒厂。这家酒厂的厂长告诉记者，1995 年“春泉”给秦池供应了 4000 吨散酒；1996 年，又给秦池供应 7000 多吨散酒。由此，一个尴尬的事实终于浮出了水面，秦池每年的原酒生产能力只有 3000 吨左右，他们从四川收购了大量的散酒，再加上本厂的原酒、酒精，勾兑成低度酒，然后以“秦池古酒”“秦池特曲”等品牌销往全国市场。

这则报道刊出后，像风一样迅速地传播到全国各地，并被国内无数家报刊转载，给了尚沉浸在标王喜悦之中的秦池酒业以最凶险、最猝不及防的一击。令人遗憾的是，在如此巨大的危机面前，秦池领导层竟然没有作出任何有效的反应，甚至没有发出一点无辜的声音；而那些所谓的“策划大师”早已不知所踪；靠制造“标王”稳收其利的人也站到了秦池的对立面，扮演起反思与评判者的角色。秦池酒业像一颗璀璨的流星快速划过天空，消失在大众的视野之中。

三、经典案例给予我们的重要启示

学习普遍联系观点，掌握普遍联系的方法，注重普遍联系的条件，是我们有效开展工作的必备能力。普遍联系观点告诉我们，无论是企业的高层管理者、政府部门的领导干部，还是普通百姓，在具体工作实践中能否时时、处处、事事正确地把握好事物的各种联系，深刻认识各种联系的条件，这不仅能够从更深的层面反映一个人理论水平、思想方法及工作能力；而且是我们正确认识事物的发展规律，做好工作的第一步，也是关键一步。

在秦池无言没落之后，关于秦池败因的讨论一直成为业界的谈资。曾写过《与标王共舞》的北京策划人王克历认为，秦池发展有五大危机。一、传媒主导秦池发展，这种发展的来势之猛，令人始料未及，所以，这种发展本身还没有进入“增长战略”层次；二、过分急速的增长可能导致市场与企业不相适应的局面，或使企业失控而超出企业现实规模；三、企业的迅速拉长可能激化与企业管理之间的矛盾；四、短期效应对企业长期发展造成危害；五、发展理念急待更新。

如果我们用普遍联系的方法来探析秦池酒厂遭受挫折的原因，可以给我们带来诸多重要启示。

1. 坚持用普遍联系的方法看待事物发展，反对形而上学的“无条件论”和“机械决定论”。人是社会性动物，每个人都生活在千丝万缕的社会关系之中。企业同样如此，每一个企业的生存和发展，都涉及方方面面的关系，处于各种各样的普遍联系之中。有企业内部各种各样的联系：从人员关系层面讲，有员工与员工之间的联系、员工与管理人员之间的联系、领导者和管理人员等之间的联系；从企业结构层面讲，有管理部门、生产部门、技术部门、质保部门、销售部门等之间的联系。有企业与外部各种各样的联系，与相关党政部门、媒体宣传部门、职能部门特别是广大消费者之间的联系。正是这些普遍的、客观的、多种多样的联系，构成制约和影响企业生存和发展所必需的条件，也构成一个企业生存和发展的生态系统。处在这样一个特定联系之中的企业，只有处理好各种联系，充分发挥各种条件的优势，才能保证企业健康顺利发展。在这些联系当中，有没有最本质性的联系？所谓本质性的联系是说这个联系直接影响和规定着其他联系的存在方式和作用方式，甚至直接影响和制约着企业的生死存亡；而其他联系是由本质性的联系决定和支配着，在企业存在和发展过程中起着次要的作用。

如何选择和把握本质性的联系？很显然，秦池酒业的管理层选择把产品与消费者的联系当作最本质性的联系，把产品销售作为工作的重心。那么，产品销售重要不重要？当然重要。以前中国人不太注重产品销售。我们的营销理念是“好酒不怕巷子深”，只要有好产品，消费者就会蜂拥而至。别忘了那是物资短缺的年代。现在怎么样？“好酒也怕巷子深”。如果有好的产品，却没有很好的营销理念和营销途径，好的产品也只能死在深巷里。现在的“直播带货”“电子商务”“明星小黄车”带起来的商品销售狂潮，令人咂舌。所以，秦池酒业的管理层选择把产品销售作为工作重心本来无可厚非，也通过各种营销途径确实在极短的时间里把秦池酒业的销量推到高峰，把秦池酒业的知名度炒到家喻户晓。然而，秦池酒业人忘了，企业的联系是普遍的、是客观的、是多样的，企业的经营过程由许许多多的环节组成；产品销售是否顺利和成功，固然取决于营销途径或营销模式，更取决于产品的品质和数量；而产品的品质和数量又取决于生产产品的各个环节或工序，取决于企业的全体员工的工作态度，取决于企业的文化和价值观。如果撇开其他联系或环节只抓产品的销售，试图单纯依靠产品销售来扩大企业知名度，以此把企业做强做大，秦池酒业给我们提供了惨痛的教训。从这个角度来说，秦池酒业的管理层背离了事物普遍联系的原则，无视了企业生存和发展所需要的多种条件，犯了形而上学的“无条件论”的错误。同时，当媒体揭露了秦池酒业到外地酒厂购买散酒回来进行勾兑的行为时，他们又采取了“机械决定论”的态度，消极等待着死神的到来，没有采取任何有效的举措去拯救企业。甚至让媒体发出“在如此巨大的危机面前，秦池领导层竟然没有作出任何有效的反应，甚至没有发出一点无辜的声音”的感叹。秦池酒业给我们带来的教训无疑是深刻的，也是刻骨铭心的。

2. 坚持用普遍联系的方法看待事物发展，在确定企业定位的基础上做好发展规划。秦池酒业的教训告诫我们，一个企业要做强做大，必须立足于国际国内市场，了解整个行业的发展情况以及消费者的消费情况，从而在普遍联系之中确定企业的定位，进一步做好发展规划。第一，从联系普遍性的维度去分析企业自身与其他部门的关系，要充分考虑企业发展所受到的政治、经济、社会、技术、自然等因素的影响，研究相关政策的界限，分析经济总体形势，了解社会需求的总体情况，掌握白酒行业的相关技术等，这是企业做好发展规划的必修课。第二，从联系客观性的维度去分析企业所处的行业环境，要充分认识自身的行业竞争力量，分析其行业竞争所具备条件的优劣，特别要研究市场竞争所需的人才、资金、技术、销售渠道等一系列条件，依靠生产出优质高产的产品，真正把企业做强做大。第三，从联系多样性的维度去研究自己的利益相关方，要研究企业自身的联系，包括企业内部的组织结构、管理模式、资金结构、员工状况等，正确处理好企业内部的各种关系，理顺企业内部的诸多联系；要研究顾客的需求，掌握顾客的偏好；因为顾客的需求与偏好往往决定了企业发展的状况和企业发展的规模，必须注重企业与顾客之间的联系，把握顾客的特点，找到顾客的消费偏好，真正满足顾客的需要。

俗话说，“知己知彼，百战不殆。”“知”什么？从普遍联系的角度来看，就是知道企业内部的各种联系，知道企业与外界部门之间的各种联系，在对种种内外部联系获得正确认识的基础上，确立自身在普遍联系之网中的位置，作出正确的判断与预期，才能进行有效的决策。当我们对一个具体事物进行认识时，既要看到它的相对独立性，又要看到它与其他事物的普遍联系，在普遍联系中揭示它独特的质的规定性，这是我们开展一切工作的出发点。否则，如果采用孤立、主观、片面的方法来分析问题、开展工作，必定遭受挫折和失败。

3. 坚持用普遍联系的方法看待事物发展，按事物发展规律办事。规律是事物内在的、本质的、必然的联系。没有事物内在的联系，就不可能掌握规律发展的轨迹；没有事物本质的联系，就不可能把握事物发展的总趋势；没有事物必然的联系，就不可能驾驭事物发展的脉络。世界是一个相互联系的统一整体。不同质的事物，因其联系的特殊方式和发展的特殊状况具有不同的规律；不同量的事物，亦因其内在联系的不同规模、不同顺序、不同层次而呈现不同的规律。制定企业发展战略最重要的是研究企业发展规律，按企业发展规律办事。而企业发展规律不是仅仅靠人脉聚集、媒体造势、形象工程就可以获得的，而是需要运用理性的思维方式，对各方面的联系进行深入细致的调查研究，并对调查得到的材料进行去粗取精、去伪存真、由此及彼、由表及里的分析，真正把握企业的发展规律。即通过理性分析正确把握企业发展过程中所出现的各种联系，排除偶然、间接、外部、非本质的联系，抓住必然、实际、内部、本质的联系，从而制定出科学合理的企业发展战略。从企业的内部联系来看，必须解决好企业管理、利益分配、员工激励、企业股权的划分等问题；从企业的外部联系来看，既要注重企业的横向发展，也要注重企业的纵向发展，将企业发展的短期目标与中长期目标结合起来。从秦池酒厂的短暂兴衰看，一是没有统筹好企业内部联系与外部联系之间的关系，在没有解决好企业内部问题的同时，又盲目追求不合实际的“标王”的称号，使企业陷入了更加艰难的困境之中。二是没有把握好企业自身发展的规律，企业宣传与企业形象的树立固然重要，但是一定要与企业的实力及发展潜力相一致，否则，会呈现出“虚胖”“揠苗助长”式的发展，最终使企业自食苦果。

同时，还要注意，事物每时每刻都在发生变化，要根据事物发展的实际随时调整发展重点。我们必须清醒地认识到，能够夺得“标王”的企业，在中国顶多算是最有勇气的企业，而并非是中国最有实力的企业。秦池酒厂的经历告诉我们，过分注重“标王”的称号，既把秦池酒厂推向企业发展的高峰，也给其带来了难以克服的潜在危机。如秦池酒厂夺得“标王”掀起巨大的新闻热浪，也使其患上了“媒体依赖症”和“标王狂妄症”，自认为通过媒体的不断炒作，便自然会带来产品销售的高潮迭起，从而使企业获得长期发展。实际上，“媒体依赖症”和“标王狂妄症”，恰恰反映了秦池酒业管理层的缺乏底气、心态浮躁、丧失理性、盲目自大的问题。其结果必然导致管理层没有对企业发展所面临的各种情况进行全面的分析，及时调整企业的发展战略，提升企业的内部竞争实力，解决企业内长期存在的相关问题，从而提升秦池酒的品质，开发适合其市场的销售群体，稳定其市场份额；反而，在“标王”争夺之路上越陷越深，企业发展失去了最佳时机。秦池酒厂因“炒作”而兴，最终也因“炒作”而败。

学习联系观点，掌握客观、全面、发展的方法，就是要求党的各级领导干部在具体的工作中，必须在全面了解事物之间联系，把握事物内在规律的前提下，结合自身工作的实际，才能有效地打开工作局面，提升工作效率，做出工作表率。一个部门领导，如果对本部门的情况不了解、不熟悉、不清楚，不能做到了然于胸、运筹帷幄，其工作的效果可想而知。一个基层干部如果对所管辖区域的民情、民生没有具体了解，而只是一味地按自己的老套路行事，那肯定会盲人骑瞎马，随时临深渊而不知。一个领导班子同样如此，班长如果不了解班子成员的情况、班子所担任的任务、班子内部存在的各种问题，在具体的工作中就很难作出有效的决策。因而，不管是处于管理的基层、中层还是高层，不论管理的是大部委还是小乡镇，也不管带领团队规模的大小，必须用联系的观点与方法去分析问题，正确认识事物的发展规律，做到理论与实际的结合。

第四章

学习系统观点，掌握整体、层次、全局和开放的方法

20世纪中叶，系统论逐渐形成并发展起来，与信息论、控制论成为20世纪科学技术发展的标志性成果。系统论的创立不仅在自然科学、社会科学等领域结出了累累的硕果，更重要的是为人们提供了一种认识世界和改造世界的思想方法和工作方法。我们前一章讲过普遍联系观点，这个观点告诉我们世界是以普遍联系的状态存在着，那么，系统论告诉我们世界上的万事万物是以系统的方式普遍联系着。所以，系统论成为马克思主义哲学的重要内容，系统方法成为我们必须学习和掌握的基本思想方法和工作方法。

一、系统观点的基本理论及其方法

系统的存在是客观事实，但人们对系统的认识却经历了漫长的岁月。系统观念萌芽于人类古代社会，发展于近代社会，形成于现代社会。马克思、恩格斯在创立自己学说的过程中，不仅大量使用了系统概念，而且使用系统思维方法研究自然界、社会和人的思维的发展规律，取得了巨大的理论成果。伴随着现代科学的发展，到20世纪20年代一般系统论科学的创立，进一步证实和丰富了唯物辩证法的普遍联系的思想。

（一）系统论的确立

恩格斯曾说："每一个时代的理论思维，包括我们这个时代的理论思维，都是一种历史的产物，它在不同的时代具有完全不同的形式，同时具有完全不同的内容。因此，关于思维的科学，也和其他各门科学一样，是一种历史的科学，是关于人的思维的历史发展的科学。"[①] 人类思想发展史的大量资料证明，在古代社会，无论是中国还是希腊，都存在着原始的自发的系统观念。中国古代很多哲学家把宇宙万物、天与人、人体自身当作一个相互作用、相互影响的整体进行研究。如"五行说"把金、木、水、火、土看作是构成世界万物的本原物质，认为五种物质相生相克构成完整的系统；"阴阳说"用阴与阳的对立统一关系，演绎出运动变化的宇宙整体态势；"八卦说"更是用无数小系统的变化，而构造出宇宙发生和进化的系统模式。此外，系统观念在中国古代农业、军事、医药、天文等方面都有一定程度的反映。如古代农书中对种子与气候、土壤、水分、肥料诸因素之间相互关系都有过整体性的描述；中医学更是把人作为一个系统，通过望、闻、问、切等方法进行辩证治疗；战国时期李冰设计修造的都江堰水利工程，直到今天依然是一个令人叹为观止的运用系统观念的典范；《孙子兵法》则是系统观念在军事上的精彩体现。可以说，在中国古代，系统方法无论是在理论上还是在实践上，都得到充分应用。

在古希腊，德谟克利特在其《世界大系统》一书中，不仅提出了系统的概念，而且试图用原子理论来构建起世界的大系统；柏拉图把系统解释为按程序、正义和美的原则而构成；亚里士多德提出了"整体大于它的各部分的总和"著名命题，至今仍然被普遍认为是基本的系统问题的正确表述。

① 《马克思恩格斯文集》第9卷，人民出版社2009年版，第436页。

然而，到了近代，由于自然科学发展所处的特定阶段，人们更注重通过对收集来的材料进行分门别类的研究，以便探索其中的因果联系；这种研究方法所导致的形而上学思维方法，“就堵塞了自己从认识个别到认识整体，到洞察普遍联系的道路”①。如果说认为事物是孤立的、静止的存在导致形而上学的思维方式，那么，肯定事物是系统性的存在则必然导致辩证法。

19 世纪中叶以来，以细胞学说、生物进化论、能量守恒与转化定律三大发现为代表的近代科学技术的大发展，深刻揭示了客观世界普遍联系和相互作用的本质属性，为马克思、恩格斯关于普遍联系和系统观念的提出奠定了自然科学基础。在马克思、恩格斯的著作中，他们经常使用“系统”“有机系统”“过程的集合体”等概念，充分肯定了“系统”概念的意义和建立系统化的世界图景的必要性，开拓了系统思想的新视野。如恩格斯在《反杜林论》中批判了杜林“原则在先”的唯心主义的认识论，论述了辩证思维发展的自然科学基础，强调“关于自然界所有过程都处在一种系统联系中的认识，推动科学到处从个别部分和整体上去证明这种系统联系”②。恩格斯在《自然辩证法》中指出：“经验的自然研究已经积累了庞大数量的实证的知识材料，因而迫切需要在每一研究领域中系统地和依据其内在联系来整理这些材料。同样也迫切需要在各个知识领域之间确立正确的关系。”③很显然，在每一个研究领域中，系统地和依据其内在的联系来整理所收集到的材料，是持有形而上学思维方式的自然科学家所完成不了的任务；所以，恩格斯要求自然科学家必须学习哲学，提高辩证思维能力。他说，理论思维“这种才能需要发展和培养，而为了进行这种培养，除了学习以往的哲学，直到现在还没有别的办法”④。马克思、恩格斯不仅从理论上阐述了系统理论，更重

①②③④ 《马克思恩格斯文集》第 9 卷，人民出版社 2009 年版，第 438、40、435、436 页。

要的是把系统理论作为一种重要的方法，运用到自己所有的研究工作中。在他们看来，人类社会是一个由生产力和生产关系、经济基础和上层建筑多个子系统构成的有机大系统；资本主义生产过程是由生产、流通、交换、分配等多个子系统所构成的运动系统，等等。

现代意义上的系统思想，是随着现代科学的发展，特别是系统论、信息论、控制论、耗散结构理论、协同学、超循环理论等新兴科学的产生发展而不断确立的。现代系统思想，不仅充分证明了世界的普遍联系，而且也说明了联系的深层根源和形式。通常认为，一般系统论来源于生物学中的机体论，是在研究复杂的生命系统中诞生的。1925 年英国数理逻辑学家和哲学家阿弗烈·诺夫·怀海德在《科学与近代世界》一文中提出，用机体论代替机械决定论，主张只有把生命体看成是一个有机整体，才能解释复杂的生命现象。同时期，奥地利理论生物学家贝塔朗菲发表多篇文章，阐述一般系统论思想。一般系统论范畴包含三个主要方面的内容：一是关于系统科学，又称数学系统论，是用精确的数学语言来描述和研究系统；二是系统技术，又称系统工程，是用系统思想和系统方法来研究工程系统、生命系统、经济系统和社会系统等复杂系统；三是系统哲学，是研究一般系统论的科学方法论的性质，并把它上升到哲学方法论的地位。我们学习系统论的目的，是学会运用系统方法来思考问题和解决问题，提高系统思维能力和工作能力。

（二）系统的基本特征

所谓系统，是指由相互联系，相互作用的若干要素按一定方式组成，并同周围环境相互联系、相互作用的统一整体。在物质世界的普遍联系中，任何事物都是作为系统而存在的。就拿我们人来说，人本身就是一个系统，是由人体的消化系统、呼吸系统、血液系统、神经系统、骨骼系统等所构成的一个复杂的整体。再如，我们通常说到的国民经济，就是由若干个物质生产部门和非物质生产部门构成的有机整体，而且每个部门本身又是由许多要素相互联系交织构成的系统。总之，在我们的视野范围内，如果用系统的观点去观察事物，大千世界的万事万物都是以系统的方式而存在，以系统的方式相联系，以系统之间的相互作用而运动和发展的。现代科学已经证明，大千世界的各种事物无不具有系统性。

从马克思主义哲学的角度对当代系统科学进行总结，可以把系统的基本特征概括为整体性、结构性、层次性和开放性。

其一，系统具有整体性。世界上的万事万物都是以一个整体的面貌呈现在大家面前的，整体性成为系统最基本的特性。整体的系统从来都不是绝对意义上的单一，而是由多个子系统组成的。所以，系统的整体性揭示了系统整体与其组成要素之间的关系。它有两个层面的含义。

第一个层面的含义，系统的整体性只能存在于各个组成要素的相互联系、相互作用之中，系统整体性的性质和功能不等于其各个组成要素的性质和功能的简单相加。也就是说，系统整体性使之具有各个构成要素本身所不具有的性质或功能。古希腊哲学家亚里士多德把这个思想表述为“整体不等于各孤立部分的总和”。在中国传统文化中，类似的表述也是很多的，如“三个臭皮匠，赛过诸葛亮”“一个和尚挑水喝，两个和尚抬水喝，三个和尚没水喝”，等等。三个臭皮匠作为独立的个体，其智慧是有限的；如果三个皮匠凑在一起献计献策，其智慧就可能超过绝顶聪明的诸葛亮；反之，三个皮匠凑在一起相互攻击、相互拆台，必定就是一窝臭皮匠，甚至连个体皮匠的活也干不好了。同理，并不是说和尚数量越多，挑水就越多，功效就越大；相反，如果子系统组织不好，和尚数量越多，大家相互攀比都不干活，就必然没有了工作效率。这两个古语恰恰表达的是现代系统论的整体性特征，即任何系统的整体功能或性质都不是其组成要素功能和性质的简单相加。

第二个层面的含义，处于某个系统中的要素，其性能受到该系统整体影响和制约；换句话说，系统的性质、功能和运动规律，只有从整体的存在和发展过程中才能显示出来。黑格尔说："割下来的手就失去了它的独立存在，就不像原来长在身体上时那样，它的灵活性、运动、形状、颜色等等都改变了，而且它就腐烂起来了，丧失它的整个存在了。只有作为有机体的一部分，手才获得它的地位。"[①] 毫无疑问，长在人的身体上的手是受大脑支配、靠骨骼血液运行的活动器官；而被砍下来的手已经丧失其性质和功能，甚至只是一块腐肉。

那么，是什么原因造成系统整体性的这种特征呢？是因为系统各组成要素之间是相互联系、相互作用和相互影响的，是不可分割的。然而，我们必须注意到，这种相互联系、相互作用和相互影响是正向的还是负向的，就决定着各组成要素之间是相互促进、相互协同、共同提高，还是相互制约、相互削弱、共同衰退；在这个过程中，某些要素性质或功能被放大了，某些性质或功能被减少了，某些性质或功能甚至消失了，某些新的性质和功能出现了。这就导致系统的整体功能有别于其各个组成部分的功能，也不同于其各个组成部分功能的简单相加。所以，这就要求我们要认真研究系统的整体性，努力营造使"三个臭皮匠，赛过诸葛亮"的工作氛围，而尽量避免"三个诸葛亮，成一窝臭皮匠"的现象。

其二，系统的结构性，揭示的是系统中诸要素之间的关系。结构是系统中诸要素之间按一定的比例、秩序、形式、序列而形成的相互联系、相互作用的方式。系统的性质和功能不但取决于其构成要素的性质和功能，而且取决于要素之间的结构。系统的结构变化了，它的性质和功能也会随之发生相应的变化。如石墨和金刚石都由碳原子组成，但由

---

① ［德］黑格尔:《美学》第 1 卷，商务印书馆 1996 年版，第 156 页。

于碳原子结构方式不同，其性质便有了根本的区别。在改革开放的过程中，由于组织结构或经济结构的变化带来企业的性质和功能的变化的案例实在是太多了。所以说，系统的结构决定着系统的功能，结构的变化决定了功能的变化。由相同要素构成的系统，合理的要素结构形式，将促进系统功能的优化，提高系统的效率，推动系统的发展；反之，不合理的要素结构形式，将影响系统功能的发挥，甚至成为系统发展的羁绊。

其三，系统的层次性，揭示的是系统不同层次之间的关系。凡是系统都是有层次的。所谓层次，就是系统中整体与部分在各自依次隶属的关系中所形成的等级。换句话说，整个世界是由各种类型的系统和不同等级的系统所构成的系统世界，但系统和子系统的划分具有相对性。如某一系统本身是构成上一层次系统的子系统，又是构成下一层次子系统的母系统，而母系统的上面还有更高层次的母系统。系统和子系统在这种依次隶属的关系中形成的等级，就是层次。因此，层次性是系统的普遍存在方式。例如，我们通常认为整个世界是由宇观、宏观和微观三个子层次组成；生物界由亚细胞、细胞、器官、机体、群体（种）、群落、生物圈七个子层次组成；社会是由经济系统、政治系统、社会系统、文化系统和生态系统五个子系统组成。当然，每个子系统中又存在着许许多多的子系统。系统的层次性，揭示了自然界和人类社会由简单向复杂、由低级向高级、由无序向有序的自然发展过程。

其四，系统的开放性，揭示的是系统与周围环境的关系。系统总是存在于特定环境之中，并以其特定方式与特定环境相联系的。所谓环境，就是指系统整体存在和发展的全部外界条件的总和。系统与环境处于相互作用、相互影响的过程之中，而这个过程是通过相互交换物质、能量、信息等来实现的。系统正是凭借这种物质、能量、信息的交换和传递，才得以维持和更新自身的结构，不断实现自身的发展，并在更高的程度完善自身的有序性。一旦系统的开放性受到破坏，与外界的物质、能量、信息交换受到阻碍，系统的存在和发展就会受到干扰，导致系统的功能混乱无序，甚至导致系统自身的解体。系统与环境进行物质、能量、信息交换的属性称为开放性。

一般说来，系统开放得越充分有效，越有利于系统的生存发展。系统的开放不够或者根本不开放，系统的生存和发展必然受到影响，严重的话可能导致系统处于病态或者解体。根据系统与环境的关系，我们通常把系统划分为开放系统和封闭系统。从理论上说，世界上不可能存在绝对的封闭系统。我们是否还记得，物理学中的热力学第二定律，也被称为熵增加的理论，得出的结论就是系统的熵会不断增加，系统最后走向热寂。比利时科学家普里高津通过深入的研究发现，热力学第二定律所针对的是封闭系统，也就是系统不与环境发生物质、能量和信息交换，最后就会走向死亡；而如果系统是一个开放的系统，系统时刻与环境发生物质、能量和信息交换，系统就可能形成一个稳定的结构，据此提出了他的著名的耗散结构理论。这一理论强调的就是系统的开放性，并从物理学的角度证明了系统的开放性是系统能够存在和发展的必要性条件。

（三）系统观点给我们提供的思想方法和工作方法

用系统观点来指导我们的认识和实践活动，就形成系统的思想方法和工作方法。与系统的四个基本特征相对应，我们要形成全局性、结构性、层次性和开放性的思维方法和工作方法。

首先，系统的整体性要求我们确立全局性的思想方法和工作方法。确立全局性思维方法和工作方法，要求我们观察和处理问题必须着眼于事物的整体，把整体的功能和效益作为认识和解决问题的出发点和归宿点。我们平时在工作中，常常会遇到一种情况：有些事情从局部看可能是有道理的，是可行的；但是，从全局看却未必如此。因为站在不同的角度，会看到不同的场景。“盲人摸象”的荒唐之处在于，各自摸到大象的一个部分，就高呼着“大象像柱子”“大象像扇子”“大象像一堵墙”，把各自摸到的部分当作大象的整体。我们决不能做摸大象的盲人。因此，我们在处理问题、进行决策时，要立足整体、总揽全局、把握大势、着眼大事，努力寻求实现整体功能和效益的最佳方案。在强调全局性思维方法和工作方法的同时，还要注意研究局部的情况。因为从系统论来说，系统整体性质和功能，取决于构成要素的种类、数量和性质；越是结构严密的系统，其整体性质和功能越是依赖于构成要素的状况；有时一个关键性的要素出了问题，就会影响整个系统的性质和功能。因此，要注重分析各组成要素的情况及其在系统中的地位和作用，根据系统的整体目标，努力提高各要素本身的质量，并以此作为提高系统整体功能的基础。所以，从某种意义上说，全局和局部是相对的。我们工作所面对的环境既是全局，又是局部；这就要求我们在处理复杂问题时，注意摆正全局与局部的关系，处理好个体与组织、眼前与未来、集体与国家的关系，不断提升大局观念和整体观念；在事关全局整体利益的重大问题上，必须旗帜鲜明地维护整体利益，个体服从集体、地方服从中央、局部服从全局，保持全国一盘棋，我们才能无往而不胜。

其次，系统的结构性要求我们确立结构性思想方法和工作方法。系统论告诉我们，结构决定功能，系统结构的变化决定系统的功能也会随之发生变化。合理的结构能促进系统功能的优化，不合理的结构造成系统功能的内耗；因此，必须下大力气通过结构的合理化以实现系统功能的优化。一堆石头杂乱无章地堆在公园里，就是一堆垃圾，影响人们的观瞻，需要花钱找人把石头搬走；同样一堆石头交给园林设计师，设计师把石头砌成错落有致的假山，就给人以视觉的冲击和美的享受；当然，这堆石头还可以建成房子、大桥等。同样一堆石头，只是结构不同，决定其性质和功能也完全不同。正是因为结构性对系统的性质和功能的实现起着如此重要的作用，所以，在当代科学研究和社会实践中，人们越来越重视对各类系统结构的研究。

再次，系统的层次性要求我们确立层次性思想方法和工作方法。人们认识事物的目的是为了把握事物的本质和发展规律。同理，认识系统的目的也是为了把握系统的本质和发展规律。这就要求我们，其一，要注重考察不同层次的结构和功能。一般说来，系统的层次愈高，其结构就愈严密，有序性和组织程度就愈高，功能就愈完备和高级。比如，在社会系统中，国家和家庭就是处于不同层次的系统，国家的结构要比家庭复杂得多，严密得多。考察并把握不同层次系统的特殊结构和功能，在管理和控制系统方面发挥着特殊作用。其二，要注重研究不同层次的运动规律。系统既有共同的运动规律，每个层次又有每个层次的特殊运动规律；研究系统的层次性，就是为了在认识不同层次共同的运动规律的基础上，认识和把握各个层次的特殊运动规律。其三，要注重考察不同层次系统之间的关系。不同层次的系统之间是相互联系、相互制约的。其中，低层次系统是高层次系统的基础，其有序程度和发展状况对高层次系统乃至整个大系统具有重要影响；高层次系统对低层次系统具有主导作用并制约着低层次系统，它对低层次系统的存在方式、发展方向和拓展规模等都有引导和统领的作用。

最后，系统的开放性要求我们确立开放性思想方法和工作方法。开放是系统存在和发展的必要条件，封闭的系统在现实中是不可能存在和发展的。因为，系统的有序程度是同系统内部的能量或信息量成正比的；系统只有实行对外开放，才能从环境中不断吸收能量和信息，维持和增加系统的有序性。一旦系统同外界环境隔断了能量或信息交流，内部的能量或信息量就会自发地趋于衰减，其有序性就会不断下降，最终变成无序，导致混乱。邓小平曾说：“中国长期处于停滞和落后状态的一个重要原因是闭关自守。经验证明，关起门来搞建设是不能成功的，中国的发展离不开世界。”[①] 中国改革开放所取得的举世瞩目的伟大成就，充分证明了邓小平的英明论断。然而，一个值得注意的问题是，开放是系统存在和发展的必要条件，而不是充分必要条件。什么意思呢？所谓必要条件，就是说如果不开放，系统就不可能存在和有序发展；那么，这是不是意味着开放了，系统就一定会存在和有序发展呢？未必！因为还有一个系统怎么开放的问题。就是说，系统既要开放，还要知道怎么开放，才能保证系统的存在和有序发展。这就是充分必要条件。

二、运用系统方法的经典案例

《论持久战》是毛泽东在抗日战争时期撰写的重要军事著作。那个时期，尽管一般系统论还在创立过程中，可是，通读这部著作会深刻地感受到，毛泽东处处运用系统的思维方法，分析抗日战争爆发之后中日两国在政治、经济、文化、军事等方面的情况，揭示了中国抗日战争发展的规律，从而科学预测了抗日战争发展的全过程，完整地阐述了中国共产党的持久战理论，因此成为指导抗日战争取得伟大胜利的纲领性文献。

1937 年抗日战争全面爆发后，战争形势快速变化。日本作为在军力、经济、科技等方面占有绝对和压倒性优势的帝国主义军事强国，成为尚处在半殖民地半封建、备受帝国主义欺凌的中国面前的一个强大的、凶悍的敌人。到 1938 年 5 月，徐州失守，北平、天津、上海、南京等重要城市相继沦陷，饱受战争之苦的中国人民天天在盼望着抗战早

① 《邓小平文选》第 3 卷，人民出版社 1993 年版，第 78 页。

日取得胜利。然而，抗日战争的过程究竟会怎样展开？中国人民能否赢得抗日战争的胜利？中国人民怎样才能赢得抗日战争的胜利？围绕着这些问题，各个阶层的人们议论着、猜测着，也迷惘着。“亡国论”“速胜论”等各种错误观点到处流传。

“亡国论”和“速胜论”的观点也影响到中国共产党内。有人持有消极悲观的情绪，革命精神不足；也有人持有盲目乐观的轻敌思想，过高估计中国的力量，过低估计日本的力量，急于打大仗，对战争的长期性、艰苦性缺乏必要的思想准备。面对这种情况，毛泽东为了批驳当时流传的各种错误观点，澄清党内外的混乱思想，揭示抗日战争发展的客观规律，为全国人民指明赢得抗日战争胜利的光明前途，于 1938 年 5 月 26 日至 6 月 3 日，在延安抗日战争研究会上发表了题为《论持久战》的长篇讲演。

《论持久战》全文共讲了 21 个问题，可以分为三个方面的内容。

首先，全面分析中日两国的基本特点，论述了抗日战争为什么是持久战的理由，说明抗日战争最后胜利是中国的根本原因，批驳了“亡国论”和“速胜论”两种错误观点；分析了妥协和腐败产生的根源和危害，说明“凡属正义的革命的战争，其力量是很大的，它能改造很多事物，或为改造事物开辟道路”[①]。从思维方式的角度批评了亡国论和速胜论，指出：“我们主张为着争取最后胜利所必要的一切条件而努力，条件多具备一分，早具备一日，胜利的把握就多一分，胜利的时间就早一日。”[②]最精彩的是，毛泽东科学地预见了抗日战争发展的三个阶段：战略防御阶段、战略相持阶段和收复失地的战略反攻阶段；而后来抗日战争的整个发展过程，确实印证了毛泽东的分析是完全正确的。毛泽东讲述了抗日战争战术上的特点，说明这是一场犬牙交错的战争，从内线和

①② 《毛泽东选集》第 2 卷，人民出版社 1991 年版，第 457、459 页。

外线、有后方和无后方、包围和反包围、大块和小块等多个维度，论证了战争发展的不平衡性。强调中国抗日战争的持久性同争取中国和世界的永久和平，是不能分离的。我们的战争是神圣的、正义的，是进步的、求和平的。不但求一国的和平，而且求世界的和平；不但求一时的和平，而且求永久的和平。

其次，全面回答怎样进行持久战和怎样争取最后胜利的问题。毛泽东论述在抗日战争中如何发挥人的自觉能动性，实行人民战争的极端重要性和人民战争的战略战术，阐明了怎样进行持久战和怎样争取最后胜利等重大理论问题。阐述了战争和政治的关系，说明战争是政治的继续、是政治的特殊手段的继续；政治是不流血的战争，战争是流血的政治。强调如此伟大的民族战争，没有普遍和深入的政治动员，是不能胜利的；政治动员就是把战争的政治目的告诉军队和人民。说明战争的目的就是保存自己、消灭敌人。全面分析了运动战的战略方针和战术的具体运用，说明战争是力量的竞赛，主观的努力，多打胜仗，少犯错误，是决定因素。全面阐述了赢得抗日战争胜利所要依靠的主体。毛泽东说：“战争的伟力之最深厚的根源，存在于民众之中。日本敢于欺负我们，主要的原因在于中国民众的无组织状态。克服了这一缺点，就把日本侵略者置于我们数万万站起来了的人民之前，使它像一匹野牛冲入火阵，我们一声唤也要把它吓一大跳，这匹野牛就非烧死不可。”①

最后，毛泽东通过上述系统而深入的分析，庄严宣告：“抗日战争是持久战，最后胜利是中国的——这就是我们的结论。”②

①② 《毛泽东选集》第2卷，人民出版社1991年版，第511—512、515页。

三、经典案例给予我们的重要启示

《论持久战》写于 80 多年前，当今的世情、国情和党情已经发生了根本性的变化。然而，重读这部光辉著作，依然令人拍案叫绝，被毛泽东分析问题的思维方法所折服。从系统思维方法的角度可以得到多方面的启示。

（一）把抗日战争放到第二次世界大战的宏观背景下进行研究

把抗日战争放到第二次世界大战的宏观背景下进行研究，充分体现了毛泽东的整体性思维方法。毛泽东开宗明义提出问题：这个战争，在东方历史上是空前的，在世界历史上也将是伟大的，全世界人民都关心这个战争。正是把整个世界作为一个系统的整体性思维方法，使毛泽东并不是把抗日战争作为日本与中国两个国家之间的战争，而是作为两大势力，即代表反动势力的帝国主义与先进势力的广大人民之间的战争。毛泽东指出，我们的战争不是任何别的战争，而是中日两国 20 世纪 30 年代进行的战争。在我们的敌人方面，它是快要死亡的帝国主义，它已处于退步时代，不但和英国灭亡印度时期的英国还处于资本主义的进步时代不相同，就是和二十年前第一次世界大战时的日本也不相同。此次世界大战发动于世界帝国主义首先是法西斯国家大崩溃的前夜，敌人也正是为了这一点才举行这个带有最后挣扎的冒险战争。这样的战争必然是“失道寡助”。而中国在战争中不是孤立的，这一点也是历史空前未有的。在历史上，不论是中国的战争，还是印度的战争，都是孤立的。唯独今天我们遇到世界上已经发生和正在发生的空前广大和空前深刻的人民运动及其对于中国的援助。今天的世界性的人民运动，正在以空前的大规模和空前的深刻性发展着。因此，这样的战争必然是“得道多助”。

毛泽东指出：“历史上的战争分为两类，一类是正义的，一类是非正义的。一切进步的战争都是正义的，一切阻碍进步的战争都是非正义的。”[①]我们的战争是神圣的、正义的，是进步的、求和平的。中国抗日战争的持久性同争取中国和世界的永久和平，是不能分离的。人们不但求一国的和平，而且求世界的和平；不但求一时的和平，而且求永久的和平。

俗话说：“不谋万世者，不足谋一时；不谋全局者，不足谋一域。”整体性思维方法即从事物的整体性、全局性进行分析的方法，要求我们在工作实践中，把可能影响工作进程的所有因素放到整体中来分析和认识，从而找到解决问题的新思路。要做到这一点，就必须树立整体观念和全局意识，具备战略家的胸怀和宽阔的视野，善于从全局出发来掌控事物发展的状态，才能保证各项工作的顺利进行。

（二）对中日两国的优势和劣势进行深入的比较研究

对中国和日本两个国家的优势和劣势进行深入的比较研究，充分体现了毛泽东的层次性思维方法。毛泽东指出：“中日战争不是任何别的战争，乃是半殖民地半封建的中国和帝国主义的日本之间在二十世纪三十年代进行的一个决死的战争。全部问题的根据就在这里。”[②]毛泽东具体分析了中日双方的基本特点。日本是一个帝国主义强国，日本国家的帝国主义制度及其强的军力、经济力和政治组织力，使他们具有很强大的战争力量。这一特点决定日本的进攻能在中国横行一时，而中国作为半封建半殖民地的弱国就不能取得抗日战争的速胜，中国的抗战不可避免地要走一段艰难的路程。但是，日本帝国主义发动的侵略战争是非

①② 《毛泽东选集》第2卷，人民出版社1991年版，第475—476、447页。

正义的、退步的和野蛮的，它所进行的疯狂的战争冒险，只会加剧其本身的内外矛盾，促使它面临着最后崩溃的前夜；而且日本是小国，它的人力、财力、物力不足以支持长期战争；日本虽然得到国际法西斯国家的支持，但由于它推行侵略扩张政策，威胁和损害着其他国家的利益，这就必然会使它受到国际反对力量的遏制。这些都是日本的短处，这些短处是日本自己无法克服的。“总起来说，日本的长处是其战争力量之强，而其短处则在其战争本质的退步性、野蛮性，在其人力、物力之不足，在其国际形势之寡助。这些就是日本方面的特点。”①

中国则正处于向前进步的历史时期。中国是一个半殖民地半封建的国家。然而，中国近百年的解放运动积累到了今日，已经不同于任何历史时期。今日中国的军事、经济、政治、文化虽然不如日本之强，但与中国自己比较起来，却有了比任何一个历史时期更为进步的因素。“中国共产党及其领导下的军队，就是这种进步因素的代表。中国今天的解放战争，就是在这种进步的基础上得到了持久战和最后胜利的可能性。中国是如日方升的国家，这同日本帝国主义的没落状态恰是相反的对照。中国的战争是进步的，从这种进步性，就产生了中国战争的正义性。因为这个战争是正义的，就能唤起全国的团结，激起敌国人民的同情，争取世界多数国家的援助。”②总起来说，中国的短处是战争力量之弱，而其长处则在于战争本质的进步性和正义性，这些都是中国的特点。这些基本特点决定了抗日战争是持久战，最后的胜利是中国的。

毛泽东通过对中日战争双方的特点进行全面、客观、科学的分析，得出一个重要结论：中国抗日战争是持久的，最后胜利是中国的，这就是中国抗日战争基本的规律。

毛泽东对中国和日本两个国家的优势和劣势的研究，实际上是对中

①② 《毛泽东选集》第2卷，人民出版社1991年版，第448、449页。

国和日本两大系统的研究。尽管两个国家都隶属于同样大的时代系统之下，然而，作为子系统，各自又有其独特的存在依据，有其自身发展的特殊规律。正是这种特殊规律的作用，决定着中国抗日战争的必然胜利，日本的侵略战争必然失败。因此，我们在工作中，要特别注意研究不同层次事物发展特殊的规律，以便采取不同的方式解决特殊的问题。当然，处于各级管理系统内的领导干部，在处理具体的工作实际时不能随心所欲，无的放矢，而应当在具体情况下，充分发挥其主观能动性。

（三）正确处理人与武器两个系统的辩证关系

毛泽东关于正确认识和处理人与武器的辩证关系思想，体现其系统的结构性思维方法。人与武器是战争中的关键性因素。然而，在战争中人与武器相比较，哪个是更根本、更重要的因素呢？毛泽东反复强调："武器是战争的重要的因素，但不是决定的因素，决定的因素是人不是物。力量对比不但是军力和经济力的对比，而且是人力和人心的对比。军力和经济力是要人去掌握的。"[①] 在人类战争史上，往往是一些反动势力总是迷信武器的先进性，而一些革命势力的武器在开始时总是不如敌军的武器，但战争的结果，却总是武器差的革命势力战胜武器好的反动势力。当然，毛泽东在批判"唯武器论"的同时，并不否认武器在战争中的重要作用。他指出，武器的质量和数量，不仅影响到军队战斗力的强弱，而且影响到军队的编制和战略战术。毛泽东指出，"唯武器论"是一种主观主义的机械论；否认武器在战争中的作用，同样也是一种主观的、片面的形而上学思维；二者都是落后的、愚蠢的思想，是抗日战争过程中如何处理人与武器关系上的唯心主义的表现。

既然人是战争中更根本、更重要的因素，毛泽东专门强调要充分发

① 《毛泽东选集》第2卷，人民出版社1991年版，第469页。

挥人们的自觉能动性。毛泽东指出，一切事情是要人做的，坐着不动，只有被灭亡，没有持久战，也没有最后胜利。因此，要夺取抗日的胜利，就必须发挥自觉的能动性。他说："我们反对主观地看问题，说的是一个人的思想，不根据和不符合于客观事实，是空想，是假道理，如果照了做去，就要失败，故须反对它。但是一切事情是要人做的，持久战和最后胜利没有人做就不会出现。做就必须先有人根据客观事实，引出思想、道理、意见，提出计划、方针、政策、战略、战术，方能做得好。思想等等是主观的东西，做或行动是主观见之于客观的东西，都是人类特殊的能动性。这种能动性，我们名之曰'自觉的能动性'，是人之所以区别于物的特点。一切根据和符合于客观事实的思想是正确的思想，一切根据于正确思想的做或行动是正确的行动。我们必须发扬这样的思想和行动，必须发扬这种自觉的能动性。"[①] 在这里，毛泽东深刻地阐述了人类自觉能动性的含义，即自觉能动性是人们通过实践能动地认识世界和改造世界的能力。它包括认识和实践两个方面，体现了认识和实践的统一，主观和客观的统一。自觉的能动性，既区别于主观唯心主义，又区别于机械唯物主义。

当然，发挥自觉能动性，必须以客观规律和客观条件为基础。毛泽东指出："指导战争的人们不能超越客观条件许可的限度期求战争的胜利，然而可以而且必须在客观条件的限度之内，能动地争取战争的胜利。战争指挥员活动的舞台，必须建筑在客观条件的许可之上，然而他们凭借这个舞台，却可以导演出很多有声有色、威武雄壮的戏剧来。"[②] 毛泽东用舞台和戏剧的关系生动形象地阐述了客观物质条件和自觉能动性的关系。

①② 《毛泽东选集》第 2 卷，人民出版社 1991 年版，第 477、478 页。

（四）科学预见持久的抗日战争将经过三个阶段

科学预见持久的抗日战争将经过三个阶段，体现毛泽东的系统开放性思维方法。毛泽东根据敌我特点变化发展的客观分析，科学预见持久的抗日战争将经过三个阶段：第一阶段是敌之战略进攻、我之战略防御的时期；第二个阶段是敌之战略保守、我之准备反攻的时期；第三个阶段是我之战略反攻、敌之战略退却的时期。

毛泽东运用系统开放性思维方法，全面分析了三个阶段敌我力量的变化情况，清晰地展示了抗日战争作为持久战的全过程：第一阶段，敌是优势，我是劣势。我之劣势有两种变化，一种是向下的，即经济、军事力量的消耗和土地、人口的缩减等。一种是向上的，即战争中的经验、军队的进步、政治的进步、人民的动员、文化向新方向的发展、游击战争的出现、国际援助的增长等。敌之优势也有两种变化，一种是向下的，表现在经济、军事力量的消耗，士气的颓靡，国内人心的不满，国际舆论的责备等；一种是向上的，即扩大了土地、人口和资源，但这只是暂时和局部的。这就给了我们以能够持久和最后胜利的根据。第二阶段，大体上是日本继续向下，中国继续向上。经过相当长的时间，敌我力量的对比将发生巨大的相反的变化，中国逐渐上升，日本则逐渐下降，先走到平衡的地位，再走到优劣相反的地位。然后中国大体上将完成战略反攻的准备而走到实行反攻、驱敌出国的阶段。第三阶段，中国利用优势实行反攻，驱敌出国。总之，“中国由劣势到平衡到优势，日本由优势到平衡到劣势，中国由防御到相持到反攻，日本由进攻到保守到退却——这就是中日战争的过程，中日战争的必然趋势。”①

毛泽东指出，历史上的战争分为两类，一类是正义的，一类是非正义的。一切进步的战争都是正义的，一切阻碍进步的战争都是非正义

① 《毛泽东选集》第2卷，人民出版社1991年版，第468—469页。

的。我们共产党人反对一切阻碍进步的非正义的战争，但是不反对进步的正义的战争，而且会积极地参加进步的正义的战争。“四亿五千万的中国人占了全人类的四分之一，如果能够一齐努力，打倒了日本帝国主义，创造了自由平等的新中国，对于争取全世界永久和平的贡献，无疑地是非常伟大的。”[①]

毛泽东关于抗日战争进程的分析告诉我们，系统的各要素之间相互作用、相互影响，使系统的存在成为一个开放的、发展的过程。所以，我们在实践工作中，要从事物的普遍联系、运动发展的过程中，对面临要解决的问题进行综合分析，找出解决问题的可行方案。要善于向先进学习，集百家之长、取众人之优，以推动自己的工作平稳有序发展。

① 《毛泽东选集》第 2 卷，人民出版社 1991 年版，第 476 页。

第五章

学习发展观点，确立战略思维方法

物质世界是普遍联系的，又是永恒发展的；永恒发展的观点同普遍联系的观点共同构成唯物辩证法的基本原则和根本观点。学习发展观点，最重要的是帮助我们掌握战略思维方法和工作方法，使我们在实际工作中能够始终从全局的、长远的高度来观察、思考、谋划和处理工作和人生中的各种问题。

一、发展观点的基本理论及其方法

宇宙间一切事物都处于无休止的运动、变化和发展之中，处在不断地产生和灭亡的过程之中。发展是一个古老的范畴，在古代中国和西方的典籍中都有阐述。黑格尔把其提升到哲学层面，成为重要的哲学范畴；马克思、恩格斯吸收最新自然科学成果和社会实践经验，构建起系统的发展理论，为我们提供了认识世界和改造世界的重要方法。

（一）发展观的形成

发展作为一种客观存在的普遍现象，很早就引起了人们的关注和思考。在古代中国，《易经》从人们生活经验经常接触的自然界中选取了八种东西，即天、地、雷、火、风、泽、水、山，演绎成八个基本的卦，即乾、坤、震、离、巽、兑、坎、艮，两个一组，错综配合，结果产生 64 卦和 384 爻。这种观物取象的观念是对事物变化、发展过程长期认识所取得的结果，是力图对事物发展内在原因进行探索的认识结晶。《尚书·洪范》中记载了一个故事，武王问曾箕子："上天保佑下民，使大家和谐居住，有没有什么规律性的东西呢？"箕子回答："我听说从前鲧用土阻塞洪水，违反五行中水的特性，天帝震怒了，不给他洪范九畴，世界的正常秩序被破坏了，鲧也被杀死了。禹继承了鲧的事业，天帝赐给他洪范九畴，才恢复了世界的秩序。"可以看出，箕子以如何治水为例讲述了按事物发展规律办事的重要性。当然，这里有宗教神话传说的因素。列宁曾说："科学思维的胚芽同宗教、神话之类幻想的一种联系。而今天！同样，还是有那种联系，只是科学和神话的比例不同了。"[①] 当孔子站在大河边感叹"子在川上曰，逝者如斯夫！"的时候，发展观念已经深入人心。

在古希腊哲学中，泰勒斯认为，"大地浮于水上"，水是万物之源，强调水的流动变化性。阿那克西美尼认为，万物因气的凝聚与疏散而生成，气蒸发生成火，凝结变成风，而后形成云，再凝结为水，继之是土，最后变成石头，从这些事物中生成其余的一切。这里不仅以气的凝聚与疏散说明宇宙万物的生成，而且从本原自身的内容中去寻找运动变化的原因。最著名的似乎也是违背常识的是赫拉克里特的一句名言："人不能两次踏入同一条河流。"在常识中，黄河永远是黄河，长江永远是长江，人们怎么不能两次踏入同一条河流呢？这不是违背常识吗？在赫拉克里特看来，作为主体的人的思想和肉体每时每刻都在发生变化，作为客体的河流中的水和沙石也是每时每刻都在发生变化，所以，感官上看到的同一个人和同一条河流，在哲学认识层面上已经发生了变化：人已经不是原来的人，河流也不是原来的河流。所以，得出的结论是"人不能两次踏入同一条河流"。这里强调的是万事万物每时每刻都在运

① 《列宁全集》第 55 卷，人民出版社 2017 年版，第 211 页。

动和发展的特性。

黑格尔把发展概念上升到哲学层面来使用，并在其辩证法体系中全面阐述了发展观。恩格斯在评价黑格尔哲学时指出："黑格尔哲学（我们在这里只限于考察这种作为从康德以来的整个运动的完成的哲学）的真实意义和革命性质，正是在于它彻底否定了关于人的思维和行动的一切结果具有最终性质的看法。"① 就人的认识来看，真理不是一堆现成的、一经发现就只要熟读死记的教条，而是在科学长期发展中获得并随着科学的发展而不断从低级阶段向高级阶段的上升的过程。"在哲学认识的领域是如此，在任何其他的认识领域以及实践行动的领域也是如此。"②然而，由于黑格尔把发展看作绝对精神的自我运动过程，世界万物只是绝对精神在不同阶段的外化，而最终目的是达到对绝对精神的认识。因此，辩证的方法与僵化的体系之间的矛盾，最终导致其哲学体系的破产。

马克思、恩格斯批判地改造了黑格尔的发展观，恢复其辩证发展的革命方面，摆脱曾经阻碍其辩证发展观贯彻到底的唯心主义装饰，构建起唯物主义的发展观。恩格斯指出，"我们重新唯物地把我们头脑中的概念看做现实事物的反映，而不是把现实事物看做绝对概念的某一阶段的反映。这样，辩论法就归结为关于外部世界和人类思维的运动的一般规律的科学"③。这就说，在唯物辩证法看来，客观世界不是彼此孤立和一成不变的事物的简单堆积，而是普遍联系和永恒发展的过程的统一体；人的思想作为客观世界在人们头脑中的反映，也是不断运动、变化、发展的；客观世界和人类思想的发展有其内在的必然规律，不以各种表面偶然性为转移；在世界发展变化中尽管有表面的偶然性和暂时倒退，但前进的总趋势是不可阻挡的。这段话可以说是马克思、恩格斯辩

①②③ 《马克思恩格斯文集》第4卷，人民出版社2009年版，第269、270、298页。

证发展观的经典表述。

（二）辩证发展观的基本观点

唯物辩证法认为，事物是普遍联系的。从本质上说，这个观点指出事物内部各要素以及事物之间的相互作用，推动着事物的运动、变化和发展，从而构成宇宙万物千变万化的生动图景。列宁曾说："发展显然不是简单的、普遍的和永恒的生长、增多（或减少）等等。——既然如此，那首先就要更确切地理解进化，把它看作一切事物的产生和消灭、相互过渡。"[①] 应该肯定，列宁为我们研究和把握发展范畴提供了方向性指导。我们要注意的是，与我们在日常生活中经常使用的运动和变化概念相比较，发展作为一个哲学范畴，体现出事物发展的永恒性、质变性和规律性。

1. 发展是个永恒的过程。应该讲这个观点已经是我们的生活常识。然而，我们日常生活中所理解的"发展"往往是和"运动"和"变化"在同等意义上使用。所以，要从哲学的高度来理解"发展"范畴，必须与"运动"和"变化"两个概念联系起来，弄清楚三个概念之间的联系和区别，是理解唯物辩证法的发展观的前提。

一般说来，运动是物质的存在方式，是事物变动不居的动态过程。可以说，运动包括宇宙中发生的一切变化和过程。所以，就一般含义来说，"运动"和"变化"是同等意义的概念，既包括事物发生的量变过程，也包括事物发生的质变过程；既包括事物上升的、进化的过程，也包括事物下降的、衰亡的过程；等等。但是，二者也有一定的细微的区别。如我们谈"运动"的时候，往往更侧重于表述事物存在的一般方式；而"变化"则较侧重于强调运动中所产生的不同的内容，即事物内

① 《列宁全集》第55卷，人民出版社2017年版，第215页。

外部因素所发生的演变。在哲学史上，运动曾被归结为机械运动，被认为只是数量的增减和机械的移动，并不发生本质性的变化。恩格斯把运动归纳为五种形式，即机械的、物理的、化学的、生物的和社会的运动，大大扩展了运动概念的内涵。

然而，“运动”和“变化”作为高度抽象的概念，并没有直接表达或规定运动、变化的总体性质，更没有指出事物运动或变化的趋势或方向。因此，作为哲学层面的发展概念便应运而生了。恩格斯有一段名言：“一个伟大的基本思想，即认为世界不是既成事物的集合体，而是过程的集合体，其中各个似乎稳定的事物同它们在我们头脑中的思想映象即概念一样都处在生成和灭亡的不断变化中，在这种变化中，尽管有种种表面的偶然性，尽管有种种暂时的倒退，前进的发展终究会实现。”[①] 所谓过程，是指一切事物都有其产生、发展和转化为其他事物的历史，都有它的过去、现在和未来。过程是事物发展在时间上的持续和在时空上的延伸，即事物发生、发展和灭亡的历史，是事物自身产生、发展与向其他事物转化的统一。一切事物都是作为过程而存在，作为过程而发展的。丰富多彩的大千世界是个永恒发展的过程。

2. 发展是旧事物灭亡、新事物产生的过程。从世界整体来看，一切事物都处在产生、发展和灭亡的过程中。历史上的任何东西，从当时的历史条件来看，都有其存在的根据和理由；但随着条件的改变，又会丧失其存在的根据和理由，从而转化为其他事物，以此构成整个物质世界生生不息的发展过程。所以，发展作为一个哲学范畴，是在概括运动、变化基本特性的基础上，进一步揭示事物运动的整体趋势和根本方向。就是说，发展是指事物的前进性、上升性的变化，反映着事物由一种质态向另一种质态的飞跃，或者是从一种运动形式中产生出另一种运动形

① 《马克思恩格斯文集》第 4 卷，人民出版社 2009 年版，第 298 页。

式的过程；特别是指人们在现实的社会生活中各个方面所经历的由简单到复杂、由低级到高级、由无序到有序的过程。

由此可见，发展是一种运动和变化，但这并不是说所有的运动和变化都是发展，而只有那些上升的、向上的和进步的运动和变化才是发展。当然，任何事物在发展过程中都不可能呈现出直线性，往往在某个时期或阶段出现下降或倒退的现象；但是，从事物运动和变化的总趋势来看，则是上升的、向上的和进步的。从这个意义上说，发展的实质就是新事物的产生和旧事物的灭亡。所谓新生事物，是指在历史发展过程中具有必然性的、合乎历史前进方向的、具有远大前途的东西；而旧事物则是指历史过程中逐渐丧失其历史必然性、日趋灭亡的东西。当然，判断一个事物是否是新生事物，其一，不能以其出现的时间先后为标准。因为，新出现的事物不一定就是新事物，出现一段时间的事物也未必是旧事物。其二，不能以其数量的多少、力量的强弱为标准。因为，新生事物在刚刚诞生的时候，往往是数量不多，力量弱小；要判断一个事物是否是新生事物，关键要看其是否具有历史必然性，是否符合历史发展的趋势，是否具有旺盛的生命力。

3. 发展过程具有规律性。把发展与规律联系起来，把自然界、社会和人的思维的一般规律作为哲学的研究对象，是马克思、恩格斯所创立的新哲学的一大贡献。恩格斯在《路德维希·费尔巴哈和德国古典哲学的终结》一文中，在充分肯定费尔巴哈是个“杰出的哲学家”的同时，指出其哲学存在四大缺陷，第一个缺陷就是“哲学这一似乎凌驾于一切专门科学之上并把它们包罗在内的科学的科学，对他来说，仍然是不可逾越的屏障，不可侵犯的圣物”[①]，说明费尔巴哈没有对自己的哲学确立科学的研究对象，说明哲学作为学科的不成熟性。恩格斯详细阐述了马

① 《马克思恩格斯文集》第4卷，人民出版社2009年版，第296页。

克思对黑格尔唯心主义辩证法改造的过程，指出“辩证法就归结为关于外部世界和人类思维的运动的一般规律的科学”[①]，这就为辩证法确立了科学的研究对象。恩格斯充分利用当时自然科学的最新研究成果，揭示了自然界的发展规律，并强调：“自然界也被承认为历史发展过程了。而适用于自然界的，同样适用于社会历史的一切部门和研究人类的（和神的）事物和一切科学。”历史唯物主义的任务，“归根到底，就是要发现那些作为支配规律在人类社会的历史上起作用的一般运动规律。”[②]最重要的是，恩格斯不仅为历史唯物主义确立了科学的研究对象，而且全面系统地阐述了人类社会发展的基本规律。

我们肯定事物的发展具有规律性。但是，规律的表现形式和实现方式在不同的领域是不一样的，这就必然影响着我们对事物发展规律的认识。恩格斯告诉我们，在自然界中，全是没有意识的、盲目的力量在彼此发生作用，而一般规律就表现在这些力量的相互作用之中；没有任何事情是作为预期的、自觉的、目的发生的。如老鼠生出来并不是为了给猫吃的。相反，在社会历史领域内，进行活动的是具有意识的、经过思虑或凭激情行动的、追求某种目的的人；任何事情的发生都是人所进行的具有自觉意图、有预期的、有目的活动的结果。正是因为人的有意识、有目的的活动参与，导致自然规律和社会规律的实现方式具有这个本质性差别；这一点不仅直接影响到社会历史的发展进程，也深刻影响到人们对社会历史规律的认识。然而，我们必须认识到，尽管我们肯定人的活动是有计划有目的的，但“它丝毫不能改变这样一个事实：历史进程是受内在的一般规律支配的”。这是因为，虽然人们“行动的目的是预期的，但是行动实际产生的结果并不是预期的”[③]。这说明社会历史发展有着不以人们主观意志为转移的客观规律。同时，在社会历史领

①②③ 《马克思恩格斯文集》第 4 卷，人民出版社 2009 年版，第 298、301、302 页。

域里，表面上也要受到偶然性的支配，但是“在表面上是偶然性在起作用的地方，这种偶然性始终是受内部的隐蔽着的规律支配的，而问题只是在于发现这些规律”[①]。所以，我们在研究和探索社会发展规律的过程中，必须注意社会规律的表现形式和实现方式。

马克思主义哲学不仅告诉我们发展是有规律的，而且告诉我们有哪些规律。即对立统一规律、质量互变规律和否定之否定规律，是存在于自然界、人类社会和思维领域的一般规律；本质和现象、内容和形式、原因和结果、必然性和偶然性、可能性和现实性，等等，是唯物辩证法的基本范畴，从不同侧面进一步揭示了物质世界的普遍联系和永恒发展；生产关系必须适应生产力的发展状况，上层建筑必须适应经济基础的发展状况，是人类社会发展的基本规律。马克思主义哲学不仅把研究和探索自然界、人类社会和人的思维的一般规律作为哲学的研究对象，而且从不同的层面构建起科学的规律体系，使哲学史的发展进入全新的阶段。

（三）把握战略思维方法和工作方法

学习辩证发展观的关键，是把握战略思维方法和工作方法。战略是一个大家耳熟能详的概念，是日常生活中经常使用的概念。战略源自军事理论。中国古代曾将战略称为庙算、谋略、方略、谋划等。孙子被认为是中国古代第一个形成战略思想的伟大人物。学界一般认为，第一个提出战略概念并将其明确定义的人是18世纪德国军事理论家比洛（1757—1807）。他在《最新战法要旨》中说：“战略是关于在视界和火炮射程以外进行军事行动的科学。”[②]此后，理论界对战略问题的讨论风起云涌，战略的定义也五花八门，并且其研究视野也从单纯军事领域扩展到经济、政治、科技、文化、管理、领导力等领域，成为一个被广

① 《马克思恩格斯文集》第4卷，人民出版社2009年版，第302页。
② 参见余海勇：《公司战略的思考》，《博锐管理在线》2005年11月24日。

泛使用的概念。从一般意义上说，战略是指社会主体在普遍竞争的环境中，为实现某种既定的目标而进行的全局性、长远性、根本性的谋划，以实现价值最大化的策略和艺术。把战略理论运用于实际工作中，就形成战略思维方法和工作方法。

所谓战略思维，是指社会主体在进行重大决策的过程中，着重从全局性、长远性、根本性角度进行思考和谋划的思维方法；用战略思维方法来进行工作实践，就形成战略工作方法。战略思维方法和工作方法，至少有三大典型特征。

第一，着眼于全局性，把全局性与局部性统一起来，勇于抓住机遇发展自己。这是制定战略决策的出发点。战略性思维一定是立足于全局的发展状况的，全局性构成战略思维的基本特性。然而，要制定出全局性的战略决策，首先要对自己作为全局中的局部有一个明确的认知，就是说必须具有方位意识。马克思告诉我们，人们自己创造自己的历史。但是每一代人走上历史舞台时，都不是随心所欲地、在自己选定的条件下进行创造活动；恰恰相反，人们只能在直接碰到的、既定的、从过去继承下来的条件下进行创造活动的；这种既定条件的客观性质，决定着人们必定受到各种客观条件的制约，不可能脱离这些客观条件而凭主观愿望进行活动。同时，我们还必须注意到，局部决不是孤立的局部，所谓局部一定是与全局相对应的，一定是全局中的一个组成部分。我们只有着眼于全局发展大势，才能更深刻地认识到自己作为局部的发展未来和趋势；只有通过对全局发展状况的比较研究，才能更深刻地认识到自己发展的优势和劣势，进而充分发挥主观能动性，设计行动蓝图，确立行动目标，形成实现目标等一系列战略思想，并通过艰苦的实践活动予以实现。可以说，战略性思维一定是全局与局部处于特定关联中的整体性思维。因此，战略性思维往往就是一种全局性思维，也是一种系统性、前瞻性以及创造性思维，是我们在系统地、创造性地思考、规划全局性问题时的思维活动过程。

第二，着眼于长远性，把长远性与当下性统一起来，制定科学合理的发展规划。战略总是对未来的、长远的一种安排或导向；而未来和长远是从当下一步步发展的；所以，长远一定是在当下的基础上发展起来的，而当下永远是发展到长远的一个阶段。在进行重大决策的过程中，当下和未来的关系，往往表现为战略思维和策略思维的关系。战略思维和策略思维既有区别也有联系。战略思维往往着重考虑全局性的、长远性的问题，而策略思维往往着重考虑当下性的、近期性的问题。从这个意义来说，当我们制定策略的时候，必须以全局性和长远性为重，当策略因其局部性和当下性而与战略发生冲突或矛盾时，必须无条件地服从于战略需要。所以，战略思维和策略思维相比较，战略思维是处于主导和支配地位的，是决定策略思维的；而策略思维则是服从和服务于战略思维的。我们在决策的过程中，绝不能把二者混淆了。同时，战略思维和策略思维又是相互联系、相互依存、相互浸透的，甚至随着时间和空间条件的变化，战略思维和策略思维也会发生转变。一方面，整体性的、全局性的战略目标的实现，往往表现为一系列正确而恰当的策略所不断取得的局部的、当下的目标的实现过程，没有一个个局部的、当下的策略性目标的实现，战略目标的实现就是一句空话；在某种特殊情况下，能否制定出正确的策略是极为重要的，如我们常说的，“一着不慎，满盘皆输”，强调的就是策略的重要性。另一方面，正确而恰当的策略的制定和实行，一定要依靠正确的战略的指导；如果战略决策是正确的，依此战略决策就能够制定出正确有效的策略；否则，即使策略规划再周密而翔实，甚至取得局部的胜利，最终还是会因为战略上的错误而导致全局失利。这方面的经验教训也是很多的。这就要求我们，必须同时具备战略思维和策略思维，着眼于长远性，把长远性与当下性统一起来，努力做好各项工作。

第三，着眼于目标性，把目标性与实干性统一起来，开拓创新敢于超越自我。目标是社会组织在长期的社会实践中逐渐形成的、能够反映事物发展规律的、具有相对稳定性的价值追求。设立战略目标的目的，是使社会组织的成员能够把个体的价值追求与群体的价值追求相一致，进而认同群体价值追求，从而为群体成员的活动提供精神动力。战略目标一经形成，就能够有力地规范着组织成员所进行的实践活动、选择活动和创造活动，成为其认识世界和改造世界的内在尺度。战略目标的确立能够激发组织群体成员内在或潜在的各种能力，并使之集中到实现组织群体目标的实践活动中，发挥出极大的积极性和创造力，并推动组织群体成员产生并保持对实现战略目标的持续热情，使实践活动能够连续持久进行下去，保证组织群体充满蓬勃发展的生机和活力。然而，战略目标的实现却是全体组织成员苦干加实干的过程。举个例子，战略目标可以看作是一张地图，为我们的出行指明方向和目的地；而战略目标的实现则需要切切实实去走路。地图上可以画一条直线表明出发地和目的地；而现实的道路却迂回曲折，甚至要拐弯掉头。没有目标的指引，我们就会迷失方向；把目标僵化或教条化，实践当中难免会碰得头破血流。同理，战略目标非常伟大而崇高，但是脱离实际而无法实现，也就成了空洞的口号。因此，我们既要胸有战略目标，又要脚踏实地；既要坚守目标的坚定性，又要注意道路选择的灵活性；最终把个人奋斗目标、国家发展目标、党的事业理想追求统一起来。

二、运用发展方法的经典案例

2021 年 10 月 16 日零时 23 分，搭载神舟十三号载人飞船的长征二号 F 遥十三运载火箭，在酒泉卫星发射中心点火发射。随后，神舟十三号载人飞船与火箭成功分离，进入预定轨道，顺利将翟志刚、王亚平、叶光富三名航天员送入太空，飞行乘组状态良好，发射取得圆满成功。

这是我国载人航天工程立项实施以来的第 21 次飞行任务，也是空间站建造阶段的第 2 次载人飞行任务。飞船入轨后，按照预定程序，与天和核心舱和天舟二号、天舟三号组合体进行自主快速交会对接；航天员将进驻天和核心舱，开启为期 6 个月的在轨驻留，创造中国航天员太空驻留时长的新纪录。在这期间，他们开展机械臂操作、出舱活动、舱段转移等工作，进一步验证航天员长期在轨驻留、再生生保等一系列关键技术。其中，王亚平成为中国首位进驻空间站的女航天员，也成为中国首位实施出舱活动的女航天员。人们永远不会忘记，在神舟十三号航天员出征仪式上，她的女儿身穿粉色羽绒服被举高高，一直在喊“妈妈加油！”的画面，令全体观众泪目。

神舟十三号载人飞船的成功发射引发国际社会的极大关注，多国主流媒体第一时间报道了相关消息，并详细介绍了本次执行任务的三位宇航员以及他们在空间站执行任务的相关情况。他们共同感叹，中国航天事业发展速度令人惊叹，这也是中国成为航天强国的又一个里程碑。

中国的载人航天事业起步时间较晚，但发展速度却非常惊人。1992 年 9 月 21 日，党中央正式批复载人航天工程可行性论证报告，中国载人航天工程正式立项。1995 年 10 月，从空军飞行员中选拔出来的中国首批航天员队伍组成。1997 年底，中国人民解放军航天员大队正式成立，这也是世界上第三支航天员大队。1999 年 11 月 20 日，中国第一艘无人试验飞船神舟一号在酒泉卫星发射基地顺利升空，飞行 21 小时后顺利返回地面，考核了飞船舱段连接和分离、调姿和制动、升力控制、防热和回收着陆等 5 项重要技术。2001 年 1 月 10 日，中国第一艘正样无人飞船神舟二号发射成功。2002 年 3 月，首次装载了模拟人的神舟三号发射升空，这套模拟装置为后续的载人飞船奠定了坚实基础。2002 年

12月30日，神舟四号成功发射，其不但是在无人状态下最全面的一次飞行试验，而且还经受了零下29摄氏度低温的考验，突破了中国低温发射的历史纪录。

2003年10月15日，中国第一艘载人飞船神舟五号搭载首位中国航天员杨利伟进入太空，使中国成为世界上继俄罗斯和美国之后的第三个能够独立开展载人航天活动的国家。2005年10月12日，中国第二艘载人飞船神舟六号将费俊龙和聂海胜两名航天员送入太空。2008年9月25日，神舟七号的升空让翟志刚、刘伯明和景海鹏三名航天员实现了太空梦，同时翟志刚在刘伯明的辅助下，进行了19分35秒的出舱活动，使中国成为世界上继美国和俄罗斯之后的第三个实现太空行走的国家。2011年9月29日，安装了对接口的太空实验舱天宫一号发射成功，与此前发射的航天器不同的是，天宫一号在入轨后可以通过对接口与神舟系列飞船进行对接，组装形成一个能容纳三名宇航员工作和生活的空间站雏形。仅仅一个月之后，神舟八号于2011年11月1日发射升空，并与天宫一号进行了首次空间交会对接试验。这是中国载人航天工程“三步走”战略中第二部突破交会对接技术的关键，也为中国在2020年左右建立空间站奠定了重要的技术基础。2012年6月16日，首次搭载女航天员的神舟九号顺利升空，刘洋成为浩瀚太空中的第一位中国女性访客，并实现了与天宫一号的手控交会对接。

在短短30年时间里，通过多次飞行试验，中国已经成功突破和掌握了载人航天的三大基本技术，包括载人天地往返、航天员空间出舱和交会对接技术。同时，中国载人航天工程先后完成了载人航天飞行、多人多天飞行、航天员太空行走、航天器交会对接和航天员入住天宫一号初级空间站等任务，不断进行着新的突破。而中国载人航天器高达100%的发射成功率也显示出中国航天技术人员追求精益求精、全力确保万无一失的高标准高要求，尖端的技术保证，以及对参加航天飞行任务航天员生命健康的责任感和使命感。目前，中国已建成了较为配套的载人航天研制生产试验、测试发射、测量控制的体系，共取得了千余项国家级发明专利和科技进步成果。

载人航天工程是一个国家军事、经济和科技等综合国力的标志性工程，它的发展必将提升国家的国际地位，提升国家在世界人民心中的威望，增强国人的民族自豪感和凝聚力，振奋民族精神。

三、经典案例给予我们的重要启示

一个民族的飞行器飞得有多高，这个民族就能站得有多高。飞行器作为密集型技术的集合体，是国家经济实力、科学技术、人才水平、国防安全、人民素质、领导者的执政能力和政治追求等综合实力的集中展示。中国航天事业的飞速发展并取得的巨大成功，正是中国共产党和中国政府运用战略思维方法和工作方法的真实写照。

（一）着眼世界发展全局，确定本国发展方位，及时提出航天发展规划

中华人民共和国刚刚成立的时候，饱经多年战争创伤的大地上，百业凋敝，满目疮痍，列强环视，危机四起。年轻的执政党面对这样一个烂摊子，没有退缩，没有气馁，而是以大无畏的革命精神，以“进京赶考”的政治勇气，在实践中探索，在探索中前进，很快医治好战争创伤，迅速恢复社会秩序，有条不紊地展开了大规模的社会主义改造和建设过程。

1957 年 10 月 4 日，苏联“斯普特尼克一号”在拜科努尔航天中心发射升空，这是人类第一颗人造卫星。随后，美国、法国、日本相继发

射人造卫星。太空领域争夺战的帷幕已经拉开，加紧太空技术的开发和研究的课题已经摆在各国政府的面前。

中国该怎么办？刚刚建立的新政权面临的现状是，整个经济、文化、社会建设还比较落后，百姓温饱尚没有得到根本性解决，各个领域的科学技术都极端落后，航天技术几乎是空白。面对这种情况，中国要不要搞人造卫星，要不要发展航天事业，一直在争论当中。

1956 年，是我国科学技术发展史上具有里程碑意义的一年。年初，周恩来在中共中央召开的全国知识分子问题会议上，发出了“向现代科学进军”的号召。随后，国务院委托国家计划委员会、中国科学院和有关部门制定了《1956—1967 年科学技术发展远景规划》，年底得到中共中央的批准。1957 年，著名科学家钱学森等积极倡议开展人造卫星的研究工作。1958 年 5 月 15 日，苏联第三颗人造卫星上天，恰逢中国共产党八大二次会议召开之际，毛泽东在中共八大二次会议上提出，“我们也要搞一点卫星。”毛泽东的这个想法，不仅展示其个人的政治胸怀和战略眼光，更体现了中国共产党人发展航天事业的勇气和追求。根据这一战略考虑，中国科学院把研制发射人造卫星列为 1958 年重点任务，并规划出人造卫星的总体设计，甚至提出在 1959 年国庆节时将中国的第一颗卫星送往太空的大胆设想，由此拉开了中国向太空进军的序幕。很显然，这个设计和设想受到了当时“大跃进”极“左”思潮的影响，脱离了中国的经济实力、科技水平和工业基础，因而也缺乏实现的可能性。怎么办？在这个关键时刻，邓小平明确指出，卫星明后年不放，与国力不相称。中国科学院随之调整任务部署，提出“以探究火箭练兵、空间物理探测打基础、不断探索卫星发展方向，筹建空间环境模拟试验室，研究地面跟踪接收设备”的具体方针。现在回过头来看这个具体方针，总体说来还是从中国的实际出发，确定了中国发展太空技术的历史方位，在这个方针的指引下，中国太空技术的开发和研究逐步展开。

1964 年，我国成功发射了第一枚弹道式导弹，爆炸了第一颗原子弹。这一系列的科研进展为发展人造卫星奠定了坚实的基础。

1965 年注定是个不同寻常的年份。1 月 8 日，钱学森建议，将已经暂停研制的人造地球卫星工程重新上马并列入国家任务。同年 5 月，周恩来指示，由中国科学院拿出第一颗人造卫星的具体方案。同年 7 月，中国科学院《关于发展我国人造卫星工作规划方案建议》获得批准，确定将人造卫星研制列为国家尖端技术发展的一项重大任务，并对各项具体工作进行了详细的分工。同年 9 月，中国科学院开始组建由赵九章任院长、代号叫“651”（以钱学森提建议的时间为标志）的卫星设计院（公开名称为“科学仪器设计院”），并把中国第一颗卫星命名为东方红一号。同年 10 月 20 日至 11 月 30 日，召开中国第一颗人造地球卫星总体方案论证会，最后确定东方红一号卫星属于科学探测性质，发射时间确定在 1970 年。当时，对第一颗人造地球卫星发射成功的总体要求是：“上得去，抓得住，听得到，看得见”。所谓“上得去”，就是首先要保证卫星飞上天；“抓得住”就是卫星上天以后，地面设备能对卫星实施测控；“听得到”就是卫星要播送音乐，并且可以被地面设备接收和听到；“看得见”就是卫星在轨飞行时，能让地面上的人用肉眼直接看得见，以便鼓舞人心。1967 年初，中央正式确定中国第一颗人造地球卫星播送《东方红》乐曲，以便让全世界人民都能听到中国卫星的声音。1967 年底，中央最后审定了中国第一颗人造地球卫星的方案。一切按照计划顺利进行，东方红一号作为中国首颗人造卫星于 1970 年 4 月 24 日在酒泉卫星发射中心成功发射。东方红一号的成功发射，开创了中国航天史的新纪元，使中国成为继苏、美、法、日之后世界上第五个独立研制并发射人造地球卫星的国家。

此后，我们研制和生产了各种特殊功能的卫星，主要包括资源卫星、气象卫星、通信卫星、导航卫星、海洋卫星等。以卫星研究、制造和发射为基础，中国太空技术获得长足发展。我们在研究、生产和发展太空飞行器技术及其配套装置技术，把太空飞行器送达预定轨道的运载技术，对太空飞行器进行监视、测控和管理的技术上，都取得了极大的进步。甚至用不了太久，中国的天宫空间站可能成为太空中唯一的空间站。

从中国太空技术发展的历程中不难看出，党和国家领导人在作重大决策的时候，必须着眼于世界发展的全局，精准确定本国的发展方位，从本国的政治、经济、文化、国防等多个方面的实际出发，及时制定出战略性发展规划，才能保证这项重大决策的顺利进行。能够对国情精准定位，并善于把全局与局部很好地统一起来，是我们做好各项工作的基本要求。

（二）着眼国家发展未来，突出科学技术的作用，系统制定科技发展规划

事实上，航天计划只是中国著名的“863 计划”的组成部分。

1983 年 3 月，美国提出了“战略防御计划”，俗称“星球大战”计划；1985 年，欧洲共同体提出“尤里卡计划”；苏联建立的经济互助委员会提出“2000 年科学技术进步综合纲要”，日本也紧随其后提出“今后十年科学技术振兴政策”。这些战略计划不仅着眼于 21 世纪，其实施必将对世界高新技术的发展产生巨大的影响和推动作用，在世界科学技术领域发起一场新的技术革命。

当时的中国属于现代化的起步阶段，改革开放的大门刚刚开启，经济和社会发展等各个方面仍面临诸多问题。欧美、苏、日等国制订的高新技术发展战略计划，毫无疑问再次向中国政府提出挑战。无论是为了能够在未来实现经济的大发展大跨越，还是为了中国能够在国际竞争中占有一席之地，都必须把高新技术的研究纳入工作日程。

邓小平作为中国改革开放的总设计师，历来重视科学技术在经济社会发展过程中的作用。早在 1978 年 3 月，他在全国科学大会开幕式上的讲话中就提出："四个现代化，关键是科学技术的现代化。没有现代科学技术，就不可能建设现代农业、现代工业、现代国防。没有科学技术的高速度发展，也就不可能有国民经济的高速度发展。"并明确肯定："科学技术是生产力，这是马克思主义历来的观点。"① 与这个问题相关联，邓小平明确指出，从事科学技术工作者是社会主义社会的劳动者，是工人阶级的组成部分。由于对这两个长期困扰人们思想认识的问题有了清醒的认识，极大调动了广大科技工作者的积极性和主动性。1986 年 3 月 3 日，王大珩、王淦昌、杨嘉墀、陈芳允四位老科学家给中共中央写信，提出要跟踪世界先进水平，发展我国高技术的建议，信中写道："当今世界的竞争非常激烈，稍一懈怠，就会一蹶不振。此时不抓，就会落后到以后翻不了身的地步……我们若不奋起直追，后果是不堪设想的。"邓小平在接到来信的两天后即作出亲笔批示："这个建议十分重要"，"找些专家和有关负责同志讨论，提出意见，以凭决策。此事宜速作决断，不可拖延"②。

短短两天时间，邓小平便快速批复，足见他对发展高技术研究的重视程度和其高瞻远瞩、审时度势、尊重知识、善于纳谏、勇于创新的战略眼光和领导气魄。在随后的半年时间，中共中央、国务院组织了 200 多位专家进行了三轮广泛全面、极为严格的科学和技术论证，于同年 11 月正式批准并启动实施国家《高技术研究发展计划纲要》。由于该计划的提出时间是在 1986 年 3 月，因此也被称为"863 计划"。

1987 年 3 月，"863 计划"正式开始组织实施，各个不同领域的上

① 《邓小平文选》第 2 卷，人民出版社 1994 年版，第 86、87 页。
② 中共中央文献研究室编，冷溶、汪作岭主编：《邓小平年谱（1975—1997）》（下），中央文献出版社 2004 年版，第 1107 页。

万名科学家潜心研究，进行项目攻关，协同合作，取得丰硕成果。1988年，中国政府先后制定了“星火计划”“火炬计划”“攀登计划”、重大项目攻关计划、重点成果推广计划等系列重要计划。1991年4月23日，邓小平为“863计划”工作会议和高新技术产业开发区工作会议题词：“发展高科技，实现产业化”[①]。这也为中国高新技术的发展进一步指明了方向。

“863计划”的实施，引领了中国高技术的跨越发展，提升了中国的科技竞争力；“863计划”推动了中国高技术产业化，带动了传统产业的升级改造，培育了若干战略性新兴产业生长点，提升了中国产业的竞争力；“863计划”研制了一批具有世界先进水平的重大战略产品和系统，提升了中国的综合国力；“863计划”凝聚、造就、培育了一批高技术研发人才和团队，建立了一批高技术研发团队，为中国高技术发展积蓄了持续发展能力。

（三）着眼科技发展本质，以创新为第一动力，建设创新型国家

战略目标的最终实现，只能依靠创新。习近平总书记从决定民族前途命运的高度反复强调创新的极端重要性。他指出：“抓创新就是抓发展，谋创新就是谋未来。适应和引领我国经济发展新常态，关键是要依靠科技创新转换发展动力。”[②]创新发展注重的是解决发展动力问题，必须要把创新作为引领发展的第一动力，摆在发展全局的核心位置，不断推进理论创新、制度创新、科技创新、文化创新等各方面创新，让创新贯穿各项工作，让创新蔚然成风。

---

① 中共中央文献研究室编，冷溶、汪作玲主编：《邓小平年谱（1975—1997）》（下），中央文献出版社2004年版，第1329页。

② 《习近平关于科技创新论述摘编》，中央文献出版社2016年版，第7页。

党的十八大以来，我国经济转向高质量发展阶段，在保持中高速增长的同时，总体呈现出科技创新引领作用凸显、新旧动能加速转换的显著特征。科技创新方面，载人航天、探月工程、大飞机等一批标志性重大科研成果涌现。中国科技部表示，我国科技进步对经济增长的贡献率由 2001 年的 39% 一路攀升至 2020 年的 60%，与创新型国家的差距越来越小。同时，《国家创新驱动发展战略纲要》《中国制造 2025》《“十三五”国家科技创新规划》《中华人民共和国促进科技成果转化法》等一系列创新发展战略和政策法规体系，系统提出了到 2020 年进入创新型国家行列、2030 年跻身创新型国家前列、2050 年建成世界科技创新强国的战略目标，规划了自主创新战略、原始创新战略、非对称创新战略等具体的创新驱动发展战略。党的二十大提出了建设制造强国、质量强国、航天强国、交通强国、网络强国、数字中国的奋斗目标，为科技发展注入了活力。

我们应该深深地认识到，在当前激烈的国际竞争中，惟创新者进，惟创新者强，惟创新者胜。实施创新驱动发展战略，最根本的是要增强自主创新能力，最紧迫的是要破除体制机制障碍，最大限度解放和激发科技作为第一生产力所蕴藏的巨大潜能。面向未来，增强自主创新能力，最重要的就是要坚定不移走中国特色自主创新道路，坚持自主创新、重点跨越、支撑发展、引领未来的方针，完善科技创新体系，坚持创新在我国现代化建设全局中的核心地位，健全新型举国体制，强化国家战略科技力量，提升国家创新体系整体效能，形成具有全球竞争力的开放创新生态。因此，我们要在全社会树立创新意识，使自主创新成为一种精神、一种品质、一种风尚，一种文化，为创新奠定最广泛、最坚实的社会人文基础。

第六章

学习对立统一规律，掌握矛盾分析方法

对立统一规律是唯物辩证法的根本规律，揭示了事物发展的源泉和动力。学习对立统一规律，重要的是掌握矛盾分析方法，提高分析问题和解决问题的能力。

一、对立统一规律的基本理论及其方法

对立统一规律也称矛盾规律。“矛盾”一词是人们日常生活经常使用的一个词语。然而，矛盾作为一个哲学范畴却经历了漫长的发展过程。马克思、恩格斯在创立唯物辩证法的过程中阐述了对立统一规律；毛泽东在领导中国革命的过程中，把对立统一规律与中国革命具体实际相结合，撰写了《矛盾论》等经典著作，不仅极大地丰富和发展了马克思主义哲学的矛盾规律思想，而且为我们树立了运用矛盾分析方法解决问题的楷模。

（一）对立统一规律的形成过程

矛盾概念或许是人类最早形成的用于表达事物不同方面的差异或对立认识的概念。中国古代典籍《易经》就从复杂的自然现象和社会现象中抽象出“阴”“阳”两个基本范畴，“阳”代表阳性、积极、进取、刚强等特性或具有这些特性的事物；“阴”代表阴性、消极、退守、柔弱等特性或具有这些特性的事物。世界就是在“阴”“阳”两种对抗性的

物质运动推动下运动和发展的。这种思想对中国的哲学和科学的发展产生了深远的影响。春秋时期的老子，则用一系列对立的概念来揭示自然界和人类社会存在的状态。他说："有无相生，难易相成，长短相形，高下相倾，音声相和，前后相随。"在他看来，美丑、难易、长短、前后、有无、损益、刚柔、强弱、祸福、荣辱、大小、生死等，都是相互依存、相互比较而存在的；同时，矛盾的双方在一定条件下可以相互转化。他说："祸兮，福之所倚；福兮，祸之所伏"，"草木之生也柔脆，其死也枯槁"，"天下莫柔弱于水，而攻坚强者莫之能胜"，等等。老子的这些论述已经成为经典名句，深深影响着中国人的思维方式和行为方式。最著名的则是韩非，他在中国哲学史上第一次把"矛盾"这一词语用作哲学概念。他在《难一》一文中讲了一个故事：有一位楚国人在卖盾和矛。他举起盾来，高声对周围的人说："我的盾是最坚固的，没有任何物体可以攻陷它。"他又举起矛来，同样高声对周围的人说："我的矛是最锋利的，没有它攻陷不了的物体。"周围看热闹的人就问他："用你的矛来攻你的盾，结果会如何呢？"卖盾和矛的人无法回答这个问题。"矛盾"一词就此固定下来，成为中国哲学的一个重要范畴。

在西方古希腊哲学中，同样包含着丰富的矛盾思想。米利都学派曾提出蕴含于万物本原之中的是两种对立的力量，如冷和热、凝聚和疏散等，是化生万物的根源。这实际上是把事物的内在矛盾作为事物发展的动力。毕达哥拉斯学派从"数是万物的本原"的命题出发，研究了有限和无限、奇和偶、一和多、右和左、阳和阴、静和动、直和曲、明和暗、善和恶、正方和长方等各种对立的范畴。赫拉克利特则真正认识到对立面之间的斗争和统一是事物运动变化的根源。他提出"相反的力量造成和谐，就像弓与琴一样""向上的路和向下的路是同一条路""生与死、醒与睡、少与老是同一的""我们存在又不存在"等命题。当然，这些认识是朴素的，含有直观的和臆测的因素。此后，各个时代的思想家从本体论、认识论和逻辑学等各个维度来研究和阐释矛盾范畴，并取得了丰硕的理论成果。而真正认识并系统论证矛盾思想的哲学家是黑格尔。黑格尔认为，矛盾的对立面是相互依存、相互转化的，具有同一性。然而，存在着两种截然相反的同一观，一种是抽象的同一，另一种是具体的同一。抽象的同一是排除了差别，不包含差别的，只是形式上的同一，这是形而上学的分析方法；而具体的同一则包含着差别，是真正的同一。包含着差别的矛盾双方的对立和斗争，是事物发展的根本动力。他指出："无论什么可以说得上存在的东西，必定是具体的东西，因而包含有差别和对立于自己本身内的东西。""矛盾是推动整个世界的原则。"① 正是事物内在固有的矛盾推动着有限的事物不断超越自己成为无限，达到对绝对精神的认识，并在这个过程中展示出辩证法的基本规律。恩格斯总结黑格尔的辩证法思想体系，指出："辩证法的规律是从自然界的历史和人类社会的历史中抽象出来的。辩证法的规律无非是历史发展的这两个方面和思维本身的最一般的规律。它们实质上可归结为下面三个规律：量转化为质和质转化为量的规律；对立的相互渗透的规律；否定之否定的规律。所有这三个规律都曾被黑格尔按照其唯心主义的方式当作纯粹的思维规律而加以阐明：第一个规律是在他的《逻辑学》的第一部分即存在论中；第二个规律占据了他的《逻辑学》的整个第二部分，这也是全书最重要的部分，即本质论；第三个规律表现为构筑整个体系的基本规律。错误在于：这些规律是作为思维规律强加于自然界和历史的，而不是从它们中推导出来的。"②

马克思、恩格斯在批判和改造黑格尔唯心主义辩证法、创立唯物主义辩证法的过程中，系统地阐述了矛盾思想。马克思说："两个相互矛

① ［德］黑格尔：《小逻辑》，贺麟译，商务印书馆2011年版，第259页。
② 《马克思恩格斯文集》第9卷，人民出版社2009年版，第463页。

盾方面的共存、斗争以及融合成一个新范畴，就是辩证运动。”[①] 恩格斯在《反杜林论》中，批判杜林否认事物矛盾的观点，全面论述了矛盾规律。恩格斯指出，杜林“矛盾就是背理”的观点是常识，但是常识不等于科学。恩格斯运用举例的方法论证了矛盾的客观性和普遍性，如机械运动本身就是矛盾、生命就是矛盾、思维就是矛盾、数学充满矛盾等。他特别提出一个重要命题：“运动本身就是矛盾。”[②] 就是说，矛盾客观地存在于事物和过程本身之中，是一切运动、变化、发展的源泉；事物的运动都是由其内部所包含的矛盾引起的。把矛盾和运动联系在一起进行考察是很有意义的。因为只有坚持用运动变化的观点去观察事物，才能看到事物自身的运动；只有用矛盾的观点去观察运动，才能把运动看成是事物自身的运动。既然矛盾规律是事物的普遍规律，那么，矛盾分析方法就是研究一切事物发展过程必须应用的根本方法。只有深入分析事物的内在矛盾，才能真正把握事物的发展趋势。

列宁在其著名的《辩证法的要素》一文中提出：“可以把辩证法简要地规定为关于对立面的统一的学说。这样就会抓住辩证法的核心，可是这需要说明和发挥。”[③]1915 年，列宁在研究黑格尔和马克思辩证法思想时，撰写了《谈谈辩证法问题》一文。他开篇就提出：“统一物之分为两个部分以及对它的矛盾着的部分的认识，是辩证法的实质（是辩证法的‘本质’之一，是它的基本的特点或特征之一，甚至可说是它的基本的特点或特征）。”[④]这段话读起来有些拗口，我们分解一下。“统一物之分为两个部分”，就是“一分为二”，指世界上的一切事物都包含着两重关系，即斗争性和统一性，这是事物内部或事物之间的对立和统一的关系。“对它的矛盾着的部分的认识”，这是人类认识的任务和使

① 《马克思恩格斯文集》第 1 卷，人民出版社 2009 年版，第 605 页。
② 《马克思恩格斯文集》第 9 卷，人民出版社 2009 年版，第 127 页。
③④ 《列宁选集》第 2 卷，人民出版社 2012 年版，第 412、556 页。

命。“是辩证法的实质”，在这句话后面，列宁在括号里又写出多个概念，试图在推敲用哪个概念更合适，但其共同点在于揭示了矛盾规律在辩证法体系中的核心地位。围绕着“对立统一规律是辩证法的实质”的核心观点，列宁指出，矛盾规律具有普遍性和客观性，是事物发展的内在源泉和根本动力，提供了理解辩证法其他规律的钥匙，是区分辩证法和诡辩论的试金石。

毛泽东继承了马克思、恩格斯和列宁关于矛盾规律的思想，并结合中国新民主主义革命斗争的实践，于 1937 年撰写了《矛盾论》。他开宗明义提出：“事物的矛盾法则，即对立统一的法则，是唯物辩证法的最根本的法则。”[①] 他指出，在人类的认识史中，从来就有关于宇宙发展法则的两种见解，一种是形而上学的见解，一种是辩证法的见解，形成了互相对立的两种宇宙观。毛泽东阐述了两种宇宙观的基本特征、发展过程和历史作用；说明两种宇宙观对立的实质和斗争的焦点，在于是否承认事物内部的矛盾是事物发展的根本动力。因此，他提出，学习辩证法的宇宙观，主要地就是教导人们要善于去观察和分析各种事物的矛盾的运动，找到解决矛盾的方法。为了帮助大家学习和掌握对立统一规律，毛泽东在《矛盾论》中构建起系统的对立统一规律体系。

（二）对立统一规律的基本内涵

学习对立统一规律，首先要正确理解辩证矛盾的内涵。“矛盾”一词，大家很熟悉，而且在日常生活中经常使用。如果用心体会一下，就会感受到人们在使用矛盾概念时，往往表达了不同的含义。一般说来可以分成两类，即逻辑矛盾和辩证矛盾。所谓逻辑矛盾是指违反形式逻辑的矛盾律所导致的逻辑错误。所谓矛盾律是说，不允许在同一时间、同

① 《毛泽东选集》第 1 卷，人民出版社 1991 年版，第 299 页。

一条件下，对同一事物作出两个完全相反的论断。前面提到的《难一》里那个卖矛和盾的人，就是犯了自相矛盾的逻辑错误。形式逻辑的矛盾律反映了事物质的相对稳定性，是人们在思考问题时必须坚持的基本原则。辩证矛盾是指客观事物本身所固有的既对立又统一的辩证本性，是更高级的思维方式。比如，按照形式逻辑的要求，说李四是活人，就不能同时说李四是死人。这是生活的常识。在辩证矛盾看来，肯定李四是活人的同时，也要承认李四这个活人包含着死亡的因素，在一定条件下会转化为死人。这就是辩证矛盾所说的，在肯定的理解中包含着否定的理解，包含着对现在事物的必然灭亡的理解。

学习对立统一规律，要把握三个基本观点。

第一，同一性和对立性揭示了辩证矛盾的基本属性。矛盾的同一性或统一性指矛盾着的对立面在一定条件下相互联结、相互依存、相互渗透、相互贯通的性质。它包括两方面的含义：一是矛盾双方相互依存，共存于一个统一体中，有共同的基础；它们互为存在的条件，失去一方，另一方就不复存在了。二是矛盾双方相互渗透、相互贯通，有一条由此达彼的桥梁，这就决定着对立的双方在一定的条件下，可以彼此相互转化，而永远不可能转化为其他事物。如鸡蛋在一定条件下可以转化为小鸡，因为鸡蛋内含着转化为小鸡的所有基因；同理，石头则绝对不能转化为小鸡。战争转化为和平，和平转化为战争，因为战争与和平是人类社会存在的两种基本状态。

矛盾的斗争性是指矛盾双方相互排斥、相互对立、相互否定、相互分离的倾向。斗争性是一个具有广泛含义的哲学范畴，有多种表现形式，既包括矛盾双方的激烈对抗和冲突，也包括矛盾双方的区别和差异。

矛盾的同一性和斗争性既相互区别，又相互联系。首先，同一性和斗争性是矛盾的两种相反的基本属性，各自的内涵不同、地位不同、性质也不同。矛盾的同一性是有条件的、相对的；矛盾的斗争性是无条件的、绝对的。其次，同一性和斗争性又相互联结，相互依存。同一性是包含斗争性的同一性，没有斗争性也就无所谓同一性；同时，斗争性寓于同一性中，没有同一性为存在的基础，对立的双方也就无斗争性可言。矛盾的同一性和斗争性在事物发展中都起着重要作用，两者的共同作用推动了事物的发展。

第二，普遍性与特殊性揭示了辩证矛盾的存在状态。科学和科学发展的历史证明，一切事物都是对立统一的，矛盾是客观存在的，是不以人的意志为转移的，没有矛盾就没有世界。矛盾普遍性有两方面的含义：其一，矛盾存在于一切事物的发展过程中，即事事有矛盾；其二，每一事物发展过程中存在着自始至终的矛盾运动，即时时有矛盾。从空间上说，矛盾无处不在；从时间上说，矛盾无时不有。也就是说，无论是自然界、人类社会，还是思维领域都存在着矛盾。同时，在自然界、人类社会和思维领域内，无论是过去、现在还是将来，都存在着矛盾。

矛盾特殊性是指具体事物所包含的矛盾各有其特点。因为客观事物是复杂多样的，其矛盾也具有复杂性。矛盾的特殊性是一事物区别于其他事物的特殊本质，是世界上事物之所以千差万别的原因或根据。从某种意义上说，认识事物内部矛盾的特殊性是科学地认识事物和正确解决矛盾的前提。因为，事物的本质是由其内在矛盾的特殊性决定的，不同质的矛盾要用不同的方法去解决。所以，只有认识矛盾的特殊性，才能确定一事物区别于其他事物的特殊的本质，找到事物运动发展的内在根据，确定解决矛盾的切实可行的办法。

矛盾的普遍性与特殊性的关系，是矛盾的共性与个性、绝对性和相对性的关系。矛盾的普遍性是指，矛盾存在于一切事物的发展过程中，并贯穿于每一发展过程的始终，这是共性、绝对性；矛盾的特殊性是指矛盾具有自己的特点，这是个性、相对性。毛泽东曾说："这一共性个性、绝对相对的道理，是关于事物矛盾的问题的精髓，不懂得它，就等于抛弃了辩证法。”①

第三，主要矛盾与次要矛盾揭示了辩证矛盾及其各个方面的地位和作用。我们应该注意，与这个问题相关的有两个提法：一个提法是主要矛盾与次要矛盾，这是以一个复杂的矛盾体系为研究维度的；另一个提法是矛盾的主要方面和矛盾的非主要方面，这是以一个矛盾的不同方面为研究维度的。因为篇幅所限，加上两者的研究思路是相同的，我们只从第一个提法即复杂的矛盾体系的维度，来研究主要矛盾和次要矛盾的关系。

在一个现实的、复杂的矛盾体系中，总是有众多的矛盾同时存在，它们相互作用，形成一种合力，共同推动事物的发展。在众多矛盾中，必有一个矛盾居于支配地位，起着主导的、决定的作用，规定或影响着其他矛盾的存在和发展，这个矛盾就是主要矛盾。那些处于次要和服从地位的，不能规定或影响其他矛盾存在和发展的矛盾，就是非主要矛盾。

主要矛盾和次要矛盾相互依存，互为存在的前提。没有主要矛盾，就无所谓次要矛盾，反之亦然。因为主要矛盾影响着次要矛盾的性质和作用，规定着事物发展的方向和趋势，所以，我们在工作中如果能够解决好主要矛盾，次要矛盾就可能迎刃而解。如果主要矛盾解决得不好，次要矛盾也不可能得到很好的解决。同时，主要矛盾的存在和发展固然规定和影响着非主要矛盾的存在和发展，恰当地处理好非主要矛盾，也有利于主要矛盾的解决。

主要矛盾和次要矛盾在一定条件下可以相互转化。主要矛盾和次要矛盾的区分不是一成不变的，随着事物存在的主客观条件的变化，主要

① 《毛泽东选集》第1卷，人民出版社1991年版，第320页。

矛盾和次要矛盾的地位会发生变化，主要矛盾可能转化为次要矛盾，次要矛盾也可能上升为主要矛盾。

（三）对立统一规律给予我们提供的思想方法和工作方法

学习对立统一规律需要把握的思维方法和工作方法有很多。结合我们工作的实际，主要讲三种方法。

1. 把握事物发展的内部根据和外部条件，确定认识和解决问题的出发点。我们都知道，辩证思维是在克服形而上学思维的基础上创立的。形而上学思维方法的基本特征是否认矛盾，特别是否认事物内部的矛盾，也就必然否定事物的联系、运动和发展，采取了孤立、静止、片面的思维方法去认识事物。唯物辩证法认为，事物发展的根本原因在于事物的内部，在于事物内部的矛盾性。当然，也不否认外部矛盾在事物发展过程中的作用。因为，普遍联系的原理告诉我们，就一个具体事物的发展来说，内因和外因都是不可缺少的。然而，内因和外因的作用是不一样的。内因是根本原因，外因是第二位的原因，内因是变化的根据，外因是变化的条件，外因通过内因而起作用。内部矛盾决定着事物的本质，决定着事物发展的特殊规律和基本趋势；外部条件只是加速或延缓事物发展的进程，局部地改变事物发展的面貌。这个理论给我们提供的最重要的思考是，我们的社会主义建设是坚持“自力更生”，还是“依靠外援”？如何贯彻“自力更生为主、争取外援为辅”的方针？这看起来是一个老生常谈的问题。然而，用这个理论为指导来反思我们的社会主义建设所走过的历史进程，能够总结出丰富的经验，当然也有许多教训。

2. 把握共性和个性的辩证关系，确定认识和解决问题的着力点。矛盾的共性是指矛盾的普遍性，而矛盾的个性是指矛盾的特殊性。共性和个性的关系有三层含义：其一，矛盾的共性和个性是相互联结的。即矛盾的普遍性、共性寓于矛盾的特殊性、个性之中，绝对的东西存在于相对的东西之中，二者不可分割地联系在一起；没有离开一般的个别，也没有离开个别的一般。如水果作为一般，总是表现为苹果、葡萄、香蕉等；而离开了苹果、葡萄、香蕉等，也就没有了一般的水果。其二，矛盾的共性和个性又是相区别的。即矛盾的共性只是概括了矛盾的个性中共同的、本质的东西，这就使共性总是比个性普遍和深刻，而个性总是比共性具体和丰富。如“水果”作为共性，可以表达为“可以食用的植物的果实”，这是对苹果、葡萄、香蕉等特性的高度抽象的表达。而说到苹果、葡萄、香蕉等，我们就会联想到产地、形状、颜色、口味等，丰富多彩，琳琅满目。其三，矛盾的共性和个性在一定条件下可以相互转化。由于事物范围的极其广大和发展的无限多样，在一定时空条件下为共性的东西，在另一时空条件下就转化为个性的东西，反之亦然。如与水果相对应，苹果是个性的。如果就苹果本身来说，苹果本身又是抽象的共性的东西，因为苹果总是表现出产地、颜色、口味、品种的差别，每一种苹果都呈现出自己的个性。我们在工作中，掌握事物发展的普遍性、共性的东西固然重要；而一个高明的领导者、管理者，一个有智慧的人，更重要的是要研究事物的特殊性、个性，掌握了事物发展的特殊规律，以此确定认识和解决问题的着力点。在这个问题上，毛泽东在《矛盾论》中对矛盾特殊性的分析，给我们树立了光辉的榜样。

3. 把握主要矛盾和次要矛盾的辩证关系，确立认识和解决问题的关键点。马克思主义创始人十分重视研究矛盾地位的特殊性问题。恩格斯说：“应当时刻牢记主要的东西，不因那些无谓的吹毛求疵而迷失方向。”[①]20 世纪 30 年代苏联哲学教科书尽管提出“主要矛盾”和“矛盾之主导方面”的概念，但没有对其内涵作出明确规定，也缺乏全面系统

① 《马克思恩格斯全集》第 38 卷，人民出版社 1972 年版，第 270 页。

的论证。毛泽东在分析中国社会错综复杂的矛盾体系的基础上，不但明确提出作为哲学范畴的主要矛盾和矛盾的主要方面，而且详细论证了主要矛盾和次要矛盾、矛盾的主要方面和次要方面的区别、联系和转化的相互关系，说明研究这些问题的重要意义。毛泽东指出："任何过程如果有多数矛盾存在的话，其中必定有一种是主要的，起着领导的、决定的作用，其他则处于次要和服从的地位。因此，研究任何过程，如果是存在着两个以上矛盾的复杂过程的话，就要用全力找出它的主要矛盾。捉住了这个主要矛盾，一切问题就迎刃而解了。"[①]这就是，抓住了主要矛盾，就可以带动全局，其他矛盾就比较容易解决。抓不到主要矛盾，就如堕烟海，找不到中心，也就找不到解决问题的正确方法。所以，在复杂的现实生活中，要善于抓住主要矛盾，集中精力解决主要矛盾，这是无产阶级政党制定正确的战略策略的一个重要原则。当然，强调抓主要矛盾，并不是说可以忽略非主要矛盾。因为恰当地适时地解决好非主要矛盾，也有利于主要矛盾的解决。所以，在集中力量解决主要矛盾的同时，必须适当考虑次要矛盾和矛盾的非主要方面。同时，还要注意到，矛盾的地位不是固定不变的，主要矛盾和非主要矛盾在一定条件下可以相互转化。一种情况是，原来的主要矛盾解决了或基本解决了，而次要矛盾上升为主要矛盾；另一种情况是，原来的主要矛盾虽未解决，但由于条件的变化而下降为次要矛盾的地位，其他矛盾则上升为主要矛盾。这两种情况会使事物发展过程呈现出阶段性来。因此，我们在工作的过程中，必须清醒地估计主要矛盾的变化，并且根据这种变化而坚定地实现工作中心的转移。

① 《毛泽东选集》第1卷，人民出版社1991年版，第322页。

二、运用矛盾分析方法的经典案例

我们讲两个经典案例。

第一个案例，讲一讲袁隆平，一位独立自主地研究出“东方魔稻”、解决了中国人吃饭问题的模范人物。在国外，许多人把“东方魔稻”看作是继中国古代“四大发明”之后的第五项重大发明。

袁隆平是一位无党派人士。西南农学院毕业后，满怀“到祖国最需要的地方去”的豪情，来到湖南省十分偏僻落后的湘西安江农校当老师。在校期间，他讲授植物学、作物栽培等农业方面的课程，并开始进行一些科学研究，为日后的重大科研攻关打下了坚实的基础。1960 年，罕见的自然灾害导致全国性的粮食短缺。袁隆平不仅亲眼看到了这场来势凶猛的大灾难，而且也经历了饥饿的痛苦。这种严酷的现实深深地刺痛了他的心灵。他决心进行杂交水稻的研究，解决人们的吃饭问题。经过半个多世纪的努力，他带领自己的团队，克服各种各样的困难，突破遗传理论的禁区，提出水稻杂交新理论，实现了水稻育种的历史性突破。近些年，袁隆平担任首席科学家的海水稻研究团队在山东、浙江、江苏、海南、青海等多个省份开展海水稻种植研究，已建立多个区域试验种植基地，覆盖示范种植面积数万亩。2020 年 10 月，在江苏如东栟茶方凌垦区进行测产，经专家团队对三块各一亩左右稻田机收实测，“超优千号”耐盐水稻的平均亩产量达到 802.9 千克，这个产量创下盐碱地水稻高产新纪录。

从国际上来看，耐盐碱水稻研究许多国家都在做，包括印度、日本、韩国等国家，甚至有些国家已经研究了几十年，但进展都不大。为什么我们仅通过短短几年研究，就有所突破？袁隆平回答：“因为我们将水稻耐盐碱基因与水稻杂种优势利用结合了起来。”他提出的发展耐盐碱水稻的目标是，在10年内，选育出耐盐度在千分之三至千分之六、耐碱在pH9以上的耐盐碱水稻品种，且年推广面积达1亿亩，平均亩产300千克，这样每年就可增产300亿千克粮食。“300亿千克粮食”是一个什么概念呢？这相当于湖南目前全年粮食总产量，可以多养活近8000万人口。我国有15亿亩荒芜的盐碱地，是国家重要的后备耕地资源。以袁隆平为先锋的我国水稻科研工作者，致力于突破“藏粮于地”空间、拓展“藏粮于技”储备，为保障国家粮食安全和生态安全，提供了一条全新的思路。

第二个案例，中国共产党人是如何研究中国社会的主要矛盾，从而开创了中国新民主主义革命的道路和中国特色社会主义道路。在20世纪初，面对“中国向何处去”的时代焦虑，几乎所有的中国思想家都在探索中国社会发展的出路问题。严复作为一位著名的思想家和翻译家，可谓学贯中西。他对中国封建专制制度进行了全方位的批判，最终却把所有的问题归结为“民”的问题，提出解救社会的良方是“鼓民力，开民智，新民德”。号称“道天下所不敢道，为天下所不敢为”的思想家梁启超，同样把中国社会的问题归结为“民”的问题，提出“新民为今日中国第一急务”。胡适作为新文化运动的著名人物，号称要“重新估定一切价值”，积极倡导科学思想、科学精神和科学方法，却把中国社会的问题归结为“贫穷、疾病、愚昧、贪污、扰乱”等五大问题，提出“我们必须承认我们自己百事不如人，不但物质上不如人，不但机械上不如人，并且政治社会道德都不如人”，要“死心塌地的去学人家”的“全盘西化”的观点。很显然，这些理论观点都没有找到中国社会问题的症结所在，也就根本无法医治中国社会的疾病。

善于抓住和集中力量解决主要矛盾，是无产阶级政党正确解决战略策略问题的重要哲学依据。以毛泽东同志为主要代表的中国共产党人在全面分析中国社会客观情况的基础上，提出中国社会的主要矛盾是帝国主义和中华民族的矛盾，封建主义和人民大众的矛盾，进而确定了中国社会的性质、革命的任务、革命的动力、革命的前景，从而取得新民主主义革命的伟大胜利。

中华人民共和国成立后，随着对农业、手工业和资本主义工商业的社会主义改造的基本完成，我国社会制度、经济结构和阶级关系都发生了深刻变化，疾风暴雨式的阶级斗争已经过去，中国的社会主义建设进入全新的历史时期。1956 年 9 月，中国共产党第八次全国代表大会隆重召开。会议正确分析了国内形势和国内主要矛盾的变化，明确提出党和全国人民在新形势下的主要任务；指出我们国内的主要矛盾，已经是人民对于建立先进的工业国的要求同落后的农业国的现实之间的矛盾，已经是人民对于经济文化迅速发展的需要同当前经济文化不能满足人民需要的状况之间的矛盾；党和全国人民当前的主要任务，就是要集中力量解决这个矛盾，大力发展社会生产力，实行大规模的经济建设，把我国尽快地从落后的农业国变为先进的工业国。中共八大召开以后，中国各方面事业蓬勃发展，经济建设快速推进，民族工业体系开始建立，整个经济社会的发展呈现出一片欣欣向荣的大好局面。

然而，随着苏共二十大的召开，“波兰事件”和“匈牙利事件”的发生，对国内也造成了一定影响。1957 年夏天，毛泽东谈到党和国家要“较为能够经受风险”的问题。然而，如何认识和化解社会主义建设过程可能遇到的风险，年轻的执政党显然缺乏经验，对中国社会主要矛盾的认识也开始发生变化。1962 年，党的八届十中全会提出了“无产阶级同资产阶级的矛盾为整个社会主义历史阶段的主要矛盾”，党的基本路线也随之变为“以阶级斗争为纲，阶级斗争必须年年讲，月月讲，天天讲。”由此拉开了漫长的政治运动和思想改造的序幕，最终导致“文化大革命”的十年动乱，给党和国家事业的发展造成了极大危害。

党的十一届三中全会的胜利召开，拉开了中国改革开放的序幕。中国要进入全新的历史时期，必须从理论到实践进行一系列的拨乱反正，而其中最根本的是对中国社会主要矛盾的重新认识。党的十一届六中全会明确提出：“在社会主义改造基本完成以后，我国所要解决的主要矛盾，是人民日益增长的物质文化需要同落后的社会生产之间的矛盾。党和国家工作的重点必须转移到以经济建设为中心的社会主义现代化建设上来，大大发展社会生产力，并在这个基础上逐步改善人民的物质文化生活。”①1982 年 9 月，邓小平在党的十二大开幕词中明确提出，走自己的道路，建设有中国特色的社会主义。在对社会阶段发展的判断上，我们纠正了脱离中国国情的“超阶段论”，概括出社会主义初级阶段理论；在对评价标准的认识上，我们纠正了“一大二公”的生产关系评价标准，提出生产力标准和“三个有利于”的评价标准；在对经济发展体制的选择上，我们改变高度集中的计划经济体制，逐步建立和完善社会主义市场经济体制；在发展模式上，我们冲破单纯追求经济效益、速度的问题，提出科学发展。可以说，中国社会主义改革开放事业高歌猛进，取得了世界瞩目的成绩。

党的十八大结束后，习近平总书记带着新当选的政治局常委和海内外媒体见面，他说：“人民对美好生活的向往，就是我们的奋斗目标。”②这是当代中国共产党人给中国人民的庄严承诺。党的十九大回顾了五年来的工作成就，作出一个重大战略判断：“我国社会主要矛盾已经转化为人民日益增长的美好生活需要和不平衡不充分的发展之间的矛盾。”③我国稳定解决了十几亿人的温饱问题，人民美好生活需要日益广泛，不仅对物质文化生活提出了更高要求，而且在民主、法治、公平、正义、

① 中共中央文献研究室编：《三中全会以来重要文献选编》（下），人民出版社 2011 年版，第 168 页。
② 《习近平谈治国理政》第 1 卷，外文出版社 2018 年版，第 4 页。
③ 习近平：《决胜全面建成小康社会 夺取新时代中国特色社会主义伟大胜利——在中国共产党第十九次全国代表大会上的报告》，人民出版社 2017 年版，第 11 页。

安全、环境等方面的要求日益增长。同时，我国社会生产力水平总体上显著提高，社会生产能力在很多方面进入世界前列，更加突出的问题是发展不平衡不充分，这已经成为满足人民日益增长的美好生活需要的主要制约因素。因此，党的十九大报告提出："必须认识到，我国社会主要矛盾的变化是关系全局的历史性变化，对党和国家工作提出了许多新要求。我们要在继续推动发展的基础上，着力解决好发展不平衡不充分问题，大力提升发展质量和效益，更好满足人民在经济、政治、文化、社会、生态等方面日益增长的需要，更好推动人的全面发展、社会全面进步。"[①]党的二十大提出："从现在起，中国共产党的中心任务就是团结带领全国各族人民全面建成社会主义现代化强国、实现第二个百年奋斗目标，以中国式现代化全面推进中华民族伟大复兴。"

2022 年 1 月，习近平总书记在省部级主要领导干部学习贯彻党的十九届六中全会精神专题研讨班上的讲话中指出："党的百年奋斗历程告诉我们，党和人民事业能不能沿着正确方向前进，取决于我们能否准确认识和把握社会主要矛盾、确定中心任务。什么时候社会主要矛盾和中心任务判断准确，党和人民事业就顺利发展，否则党和人民事业就会遭受挫折。"相对于主要矛盾来说，中心任务是主体围绕着解决主要矛盾所进行的一系列有计划、有目标的活动过程，是合规律性与合目的性的统一。因此，我们在实践过程中必须妥善处理社会主要矛盾和中心任务的辩证关系。习近平总书记指出，面对复杂形势、复杂矛盾、繁重任务，没有主次，不加区别，眉毛胡子一把抓，是做不好工作的。我们要有全局观，对各种矛盾做到了然于胸，同时又要紧紧围绕主要矛盾和中心任务，优先解决主要矛盾和矛盾的主要方面，以此带动其他矛盾的解决，在整体推进中实现重点突破，以重点突破带动经济社会发展水平整体跃升，

① 习近平：《决胜全面建成小康社会　夺取新时代中国特色社会主义伟大胜利——在中国共产党第十九次全国代表大会上的报告》，人民出版社 2017 年版，第 11—12 页。

朝着全面建成社会主义现代化强国的奋斗目标不断前进。①

三、经典案例给予我们的重要启示

学习矛盾规律可以掌握许多的思想方法和工作方法。结合上述两个经典案例，讲三点重要启示。

（一）坚持独立自主的精神，把饭碗端在中国人自己的手上

我们在工作中，是坚持独立自主精神，排除来自各方面的干扰和困难，找到解决问题的新思路，拼搏向上；还是总是寄希望于外部因素，希望得到外部因素的援助，甚至产生一切依赖外部因素的心理，自弃自馁；这两种思想方法和工作方法，决不仅仅关系到工作的成败，在一些关系到国计民生的重大问题上，可能直接关系到国家前途和民族命运。袁隆平成功培育出“东方魔稻”的案例给我们带来许多启示。

中国是一个人口大国，也是一个农业大国。古语说：“民以食为天。”可见粮食对一个人口大国来说是多么重要；能否生产出足够的粮食，满足人们的基本生存需要，直接关系到国家安危和民族存亡。1994年，美国学者莱斯特·布朗曾提出一个质疑：“谁能养活中国？”他认为，尽管中国的粮食基本能够自给自足，但是从长远看，“中国的粮食产量不足以满足自身需要，未来中国将是粮食进口大国，这将引起世界粮价上涨及粮食供应紧张”②。布朗的观点引起国际社会的高度关注，也引起国际舆论的喧嚣。一时间，质疑者有之，批评者有之，肯定者也有之。

① 参见：《习近平在省部级主要领导干部学习贯彻党的十九届六中全会精神专题研讨班开班式上发表重要讲话强调 继续把党史总结学习教育宣传引向深入 更好把握和运用党的百年奋斗历史经验》，《人民日报》2022年1月12日。

② 李仁臣：《外国人看中国改革开放20年》，湖北人民出版社1999年版，第177页。

中国共产党和中国政府在粮食问题上，一直坚持“自力更生为主，争取外援为辅”的方针，积极支持科技工作者进行粮食品种的培育，以提高粮食的产量和质量。袁隆平是一位无党派人士，他的研究工作始终得到党和政府的直接关心和支持。早在“文化大革命”期间，袁隆平的研究工作遇到困难，数千次的杂交试验，结果都不理想。对“水稻杂交优势”的质疑、对袁隆平的质疑也不绝于耳。在这个关键时刻，1970 年 6 月，湖南省革委会在常德召开“湖南省农业学大寨科技经验交流会”，袁隆平作为一个中专老师破例被请上主席台发言。他在发言中流露出愧对大家的期望，叙说了其间的艰辛和技术实现的难度。当时的省委领导华国锋听完袁隆平的发言后，专门找他谈话，鼓励他一定要继续研究下去，把杂交水稻搞成功。华国锋还向湖南省有关部门打招呼，要求他们对杂交水稻研究大力支持。这次谈话使袁隆平从党和国家的关怀中获得力量，抬起头，挺起胸，知难而进，勇往直前。

在改革开放的新时期，党和政府一如既往积极支持袁隆平的研究工作。1991 年 3 月 16 日，时任中共中央总书记江泽民到湖南农业科学院考察，在袁隆平陪同下参观了湖南杂交水稻研究中心，欣然挥毫题写了“湖南杂交水稻研究中心”。2013 年 4 月 28 日，习近平总书记看望劳动模范代表，共庆“五一”劳动节。袁隆平说，我有两个梦：一个是“禾下乘凉梦”，另一个是“杂交水稻覆盖全球梦”，并详细介绍了自己的研究目标和计划。听完后，习近平总书记和大家一起为这位老科学家的奉献精神热烈鼓掌。2018 年 4 月 12 日，习近平总书记到三亚考察的第二站，就到国家南繁科研育种基地（海南），看望袁隆平。2020 年 9 月 29 日上午，当中共中央总书记、国家主席、中央军委主席习近平向袁隆平颁授“共和国勋章”时，两人说起了“悄悄话”。袁隆平事后接受媒体采访时透露了“悄悄话”的内容。总书记问我，有什么进展？我说，我们正在向 1200 公斤亩产冲刺。在人民大会堂的直播现场，在数亿人的众目睽睽之下，党和国家最高领导人和一位顶级科学家关心的不是“勋章”，而是中国人民的肚子能否吃饱、能否吃好！袁隆平说：“今天被授予‘共和国勋章’，这是最高奖励，我们激动，这是对我们的最大鼓舞。”

“东方魔稻”对中国和世界意味着什么？

美国著名农业经济学家帕尔伯格对此作出了回答：袁隆平发明的东方魔稻，解决了中国人的吃饭问题，为中国乃至全世界的粮食安全作出了巨大的贡献；“他把西方国家远远甩到了后面，成为世界上第一个成功地利用了水稻杂种优势的伟大科学家，袁隆平为中国争取到了宝贵的时间，这样也降低了人口增长率。随着农业科学的发展，饥饿的威胁正在退却，他必将引导中国和世界过上不再饥饿的美好生活。”因此，我们把袁隆平先生称为“杂交水稻之父”或者“东方魔稻之父”，他的成就不仅是中国的骄傲，而且是全世界的骄傲，他的成就给全人类带来了福音。

早在 1995 年 8 月，袁隆平在一次高级别国际会议上向全世界郑重宣布：中国人民不仅能完全解决自己的吃饭问题，而且还能帮助世界人民解决吃饭问题。这句话又一次生动地体现了以袁隆平为代表的中国人，所具有的伟大的使命感和责任感；体现出中国人依靠科技创新，不仅要解决中国人的吃饭问题，而且要为解决世界人口的吃饭问题作出贡献。

这个案例让我们认识到，必须把“自力更生为主，争取外援为辅”作为一项治国的根本方针长期贯彻下去。当然，贯彻这个方针，离不开科学技术工作者的艰苦努力、忘我拼搏、百折不挠、无私贡献的精神；更需要党和政府的全力支持，包括国家发展规划的安排、精神上的鼓励和财力上的援助等。只有这样才能万众一心，形成社会主义建设的磅礴伟力。

（二）善于把握矛盾的特殊性和个性，真正做到一切从实际出发

恩格斯在《路德维希·费尔巴哈和德国古典哲学的终结》这部著作中，比较了德国资产阶级及其哲学和法国资产阶级及其哲学的异同。他说："正像在 18 世纪的法国一样，在 19 世纪的德国，哲学革命也作了政治变革的前导。"所谓"一样"，是带有普遍性、共性的东西，一句话就可以说清楚了。"但是这两个哲学革命看起来是多么不同啊！"所谓"多么不同啊"，是讲两个国家资产阶级及其哲学的特殊性和个性的东西。恩格斯用了大量的篇幅来分析他们的不同。"法国人同整个官方科学，同教会，常常也同国家进行公开的斗争，他们的著作在国外，在荷兰或英国印刷，而他们本人则随时都可能进巴士底狱。"18 世纪法国哲学家是唯物主义者。虽然他们在反对封建制度和宗教统治的激烈斗争中受到了种种迫害，却最终把法国国王推上断头台，表现出哲学革命和政治革命的一致性。相反，"德国人是一些教授，一些由国家任命的青年的导师，他们的著作是公认的教科书，而全部发展的最终体系，即黑格尔的体系，甚至在某种程度上已经被推崇为普鲁士王国的国家哲学！在这些教授后面，在他们的迂腐晦涩的言词后面，在他们的笨拙枯燥的语句里面竟能隐藏着革命吗？"[①] 正是从这种"多么不同"中，恩格斯揭露了 19 世纪德国资产阶级的两面性：一方面不满意于封建专制统治，表示出革命的愿望；另一方面又害怕发生暴力革命，害怕无产阶级和劳动群众。这种政治上的双重性表现为哲学体系的内在矛盾性、语言的笨拙枯燥性、内容的迂腐晦涩性。黑格尔哲学集中体现了德国资产阶级哲学的特点。

毛泽东同样十分重视对特殊矛盾的分析。他指出："马克思主义的

① 《马克思恩格斯文集》第 4 卷，人民出版社 2009 年版，第 267 页。

最本质的东西，马克思主义的活的灵魂，就在于具体地分析具体的情况。”[①] 毛泽东在《矛盾论》中深入浅出地分析了矛盾特殊性的五种情形。其一，各种物质运动形式中的矛盾，都带特殊性；其二，每一物质运动形式在其发展运动中的每一个过程中的矛盾具有特殊性；其三，每一发展过程中的矛盾的各个方面具有特殊性；其四，每一发展过程中的不同阶段上的矛盾具有特殊性；其五，每一发展阶段上的矛盾的各个方面也具有特殊性。

认识事物内部矛盾的特殊性，是科学地认识事物和正确地解决矛盾的基础。因为，毛泽东强调：“不同质的矛盾，只有用不同质的方法才能解决……用不同的方法去解决不同的矛盾，这是马克思列宁主义者必须严格地遵守的一个原则。”[②]任何事物内部都包含着自身特殊的矛盾，这种特殊的矛盾构成了一事物区别于其他事物的本质。所以，只有认识矛盾的特殊性，才能确定一事物不同于其他事物的特殊本质，发现事物运动发展的特殊原因或根据，找到解决矛盾的正确方法。

毛泽东提出认识矛盾特殊性的正确方法。就人类认识运动的秩序说来，总是由认识个别的和特殊的事物，逐步地扩大到认识一般的事物，把握诸多事物的共同本质。然后，又以这种共同认识为指导，向着尚未研究过的或者尚未深入研究过的各种具体的事物进行研究，找出其特殊的本质，这样才可以补充、丰富和发展这种对事物共同的本质的认识，而使这种共同的本质的认识不致变成枯槁的和僵死的东西。毛泽东指出：“这是两个认识的过程：一个是由特殊到一般，一个是由一般到特殊。人类的认识总是这样循环往复地进行的，而每一次的循环（只要是严格地按照科学的方法）都可能使人类的认识提高一步，使人类的认识不断地深化。”[③]

①②③ 《毛泽东选集》第1卷，人民出版社1991年版，第312、311、310页。

毛泽东批评了教条主义的错误，指出教条主义者是懒汉，不了解应当用不同的方法去解决不同的矛盾，拒绝对于具体事物做任何艰苦的研究工作，他们把一般真理看成是凭空出现的东西，把它变成为人们所不能够捉摸的纯粹抽象的公式，完全否认了并且颠倒了这个人类认识真理的正确秩序，这就只能使革命遭受挫折，或者将本来做得好的事情弄得很坏。

（三）善于认识和把握主要矛盾，确定工作的主导方向

我们都知道认识和解决主要矛盾的重要性。然而，如何认识和解决主要矛盾？

第一，深入实际搞调查研究。早在 1925 年 12 月，毛泽东就撰写了著名的《中国社会各阶级的分析》一文。文章开篇提出："谁是我们的敌人？谁是我们的朋友？这个问题是革命的首要问题。中国过去一切革命斗争成效甚少，其基本原因就是因为不能团结真正的朋友，以攻击真正的敌人。革命党是群众的向导，在革命中未有革命党领错了路而革命不失败的。我们的革命要有不领错路和一定成功的把握，不可不注意团结我们的真正的朋友，以攻击我们的真正的敌人。"[①] 毛泽东认为，一个阶级对待革命的立场和态度，是由其社会经济地位决定的。以此为理论依据，他对当时中国社会存在的地主阶级和买办阶级、中产阶级、小资产阶级、半无产阶级、无产阶级等阶级的经济地位、生活需求、政治态度进行了生动而深刻的分析，为中国革命的顺利开展提供了阶级分析的可靠保障。

第二，宏大的全球性眼光。毛泽东把中国反对帝国主义和封建主义的民主主义革命放到世界无产阶级革命的宏观背景下进行研究，强调以

① 《毛泽东选集》第 1 卷，人民出版社 1991 年版，第 3 页。

1914年第一次世界大战爆发和1917年俄国十月革命建立起世界上第一个社会主义国家为界，把中国资产阶级民主主义革命划分为资产阶级民主主义革命和新民主主义革命。新民主主义革命不再是旧的、资产阶级领导的、以建立资本主义的社会和资产阶级专政的国家为目的的革命，而是新的、无产阶级领导的、以在第一阶段上建立新民主主义的社会和建立各个革命阶级联合专政的国家为目的的革命；这种革命又为社会主义的发展扫清道路。

第三，深邃的历史性回眸。毛泽东历来喜欢阅读史书，研究历史发展的规律，为探索中国革命道路提供史学支持。在《中国革命与中国共产党》一文中，毛泽东以抓主要矛盾为主线，透过纷繁复杂的社会现象，呈现出每一个社会形态的核心问题。如中国自周秦以来就进入了封建社会。“中国历代的农民，就在这种封建的经济剥削和封建的政治压迫之下，过着贫穷困苦的奴隶式的生活。农民被束缚于封建制度之下，没有人身的自由。地主对农民有随意打骂甚至处死之权，农民是没有任何政治权利的。地主阶级这样残酷的剥削和压迫所造成的农民的极端的穷苦和落后，就是中国社会几千年在经济上和社会生活上停滞不前的基本原因。”他由此得出结论：“封建社会的主要矛盾，是农民阶级和地主阶级的矛盾。”[①] 自从19世纪中叶外国资本主义开始入侵以来，中国社会的社会经济结构发生了重大变化，阶级构成也发生了重大变化。帝国主义列强侵入中国的目的，不是将中国变成资本主义国家，而是通过军事的、政治的、经济的、文化的手段将其变为殖民地、半殖民地。这就决定着“帝国主义和中华民族的矛盾，封建主义和人民大众的矛盾，这些就是近代中国社会的主要的矛盾。”[②] 伟大的近代和现代的中国革命，是在这些基本矛盾的基础上发生和发展起来的。因此，毛泽东明确提出，

① 《毛泽东选集》第2卷，人民出版社1991年版，第624、625页。
② 《毛泽东选集》第2卷，人民出版社1991年版，第631页。

中国革命的对象是帝国主义和封建主义，是帝国主义国家的资产阶级和本国的地主阶级；中国革命的任务是对外推翻帝国主义压迫和对内推翻封建地主压迫，而最主要的任务是推翻帝国主义的压迫；中国革命的动力是无产阶级、农民阶级、各种类型的小资产阶级等；中国革命的性质，既不是资产阶级民主主义的革命，也不是无产阶级社会主义革命，而是由无产阶级领导的新式的特殊的资产阶级民主主义的革命；中国革命的前途是社会主义和共产主义；中国革命的领导者只能是无产阶级的先锋队——中国共产党。

历史告诉我们，善不善于抓住主要矛盾，能不能够正确地抓住主要矛盾，从党和国家事业的高度来说，往往直接决定着我们的路线方针政策的制定，进而决定着我们的事业是否能够顺利发展。从个人的工作来说，则往往直接决定着我们工作的成效，决定着人生的发展方向。所以，我们每个人都要努力培养自己抓住主要矛盾的思想方法和工作方法，提高自己抓住主要矛盾的本领。

第七章

学习质量互变规律，掌握底线思维方法

质量互变规律是唯物辩证法的基本规律之一。如果说对立统一规律揭示了事物发展的动力和源泉，那么，质量互变规律则揭示了事物发展所呈现的基本状态。在当代中国社会条件下，学习质量互变规律，最重要的是掌握底线思维方法，提高防范和化解重大风险的能力。

一、质量互变规律的基本观点

质量互变规律告诉我们，质量互变规律具有客观性和普遍性，不是人为臆造或主观想象的；事物是由质和量构成的统一体；事物在发展的过程中，呈现出量变和质变两种状态，表现为由量变到质变、又由质变到量变，说明发展是在量变基础上由旧质向新质的飞跃。

（一）质量互变规律的客观性和普遍性

中西方古代哲人已经初步认识到事物的质变和量变问题。黑格尔把质变和量变问题上升到哲学的高度，用来阐述自己的绝对观念的发展过程，构建起系统的质量互变规律学说。

毫无疑问，在今天，任何一个思维正常的人都会认同质量互变规律，肯定其客观性和普遍性。然而，当年马克思、恩格斯却因为运用质量互变规律的思维方法来研究资本主义生产过程，受到来自资产阶级和小资产阶级思想家的指责和攻击。我们都知道，马克思、恩格斯批判地改造了黑格尔的质量互变规律的学说，把质量互变规律作为唯物辩证法的三大基本规律之一，并运用质量互变规律研究资本主义生产的运行过程，揭示了货币转化为资本的内在奥秘，进而揭露了资本主义生产的实质是生产剩余价值。然而，马克思对质量互变规律的运用，却遭到来自资产阶级思想家的疯狂攻击和指责。如小资产阶级思想家杜林就攻击马克思的《资本论》，认为《资本论》中关于“货币转化为资本”的理论是对黑格尔的质量互变观念的套用，甚至提出“任何一种预付款项的量的增加都会变为资本”这个混乱的模糊观念。恩格斯在批判杜林反动观点的过程中，着重阐述马克思主义的质量互变规律。他指出，马克思不是根据黑格尔量转化为质的规律才得出“预付款项达到一定界限时就变为资本”的结论；恰恰相反，马克思说：“只有当价值额达到虽然因条件不同而有所不同但在每一个场合都是一定的最低限量时，它才能转化为资本——这一事实是黑格尔规律的正确性的证明。”[①] 这就是说，质量互变规律是客观存在的普遍规律，而不是单纯证明的工具。恩格斯又举出自然界和社会生活中大量事例，进一步说明质量互变规律的客观性和普遍性。

恩格斯在《自然辩证法》一文中，更是从自然领域、生命领域和社会领域等多个维度论述了质量互变规律的客观性和普遍性。他指出：“量转化为质和质转化为量的规律。为了我们的目的，我们可以把这个规律表述如下：在自然界中，质的变化——在每一个别场合都是按照各自的严格确定的方式进行的——只有通过物质或运动（所谓能）的量的增加或减少才能发生。”“自然界中一切质的差别，或是基于不同的化学构成，或是基于运动（能）的不同的量或不同的形式，或是——差不多总是这样——同时基于这两者。所以，没有物质或运动的增加或减少，

① 《马克思恩格斯文集》第 9 卷，人民出版社 2009 年版，第 132 页。

即没有有关物体的量的变化，是不可能改变这个物体的质的。”[①] 按照这个理论逻辑，恩格斯分别研究了自然界的机械运动、电、化学分解和化学元素活动过程中的质量互变规律的存在及其表现形式。在这个深入研究的基础上，恩格斯指出：“在生物学中，以及在人类社会历史中，这一规律在每一步上都被证实了。”所以，尽管有些资产阶级和小资产阶级思想家诽谤质量互变规律是神秘主义和不可理解的先验主义的，“但是，第一次把自然界、社会和思维的发展的一个一般规律以其普遍适用的形式表述出来，这毕竟是一项具有世界历史意义的勋业”[②]。

现代自然科学的发展和人类实践已经充分证明，无论是在自然界、人类社会，还是在人的思维，不论何种层次、何种运动、何种状态的质的变化，都是由其本身的量的变化所引起的，质量互变规律是客观存在的、普遍性的规律。

（二）事物是质和量的统一体

任何事物都具有一定的质和一定的量，是质和量的统一体，我们应当在质和量的统一中认识和把握事物。

1. 所谓质是指一事物区别于另一事物的内在规定性。世界上的事物之所以千差万别，就是因为他们各有自己特殊的质的规定性。事物的质和事物的存在是直接统一的，不可分割的。这包含两方面的含义：其一，事物总是具有一定质的事物，不具有一定质的事物是不存在的。其二，质总是一定事物的质，脱离了一定事物的质也是不存在的。换句话来说，事物能够保持自己特定的质，这个事物就能够持续存在着；事物一旦失去自己特定的质，就会丧失自己存在的内在规定性而转变为另外的事物了。如水被冻成冰，就失去其液态性质而成为固态物质；苹果腐

①② 《马克思恩格斯文集》第 9 卷，人民出版社 2009 年版，第 464、469 页。

烂，就不成其为食物，而成为垃圾。

正确认识和把握事物的质，要注意区别两种情况：一是正确区别事物的质和事物的属性。一般来说，事物的质是一事物区别于另一事物的内在规定性，是一事物成为一事物的根本点。属性，又称性质，往往是一事物与其他事物发生联系时所表现出来的某一个方面的质；由于一事物与其他事物联系是复杂多样的，因而事物的质在不同的联系中会表现出多种多样的属性。如从不同的联系中认识人的属性，在与自然的联系中，人便具有自然属性；在人与群体的联系中，人便具有社会属性；在人与对象的联系中，人便具有思维属性；等等。这些属性既是人的质在不同联系中的表现，也共同构成人的质的基本内涵。所以说，质所表达的是事物的整体性的规定，是事物多种属性的统一体；而属性是质在不同联系中所表现出来的一个方面，是质的内在规定性的外在表现，是受事物的质所决定的。

二是正确区别本质属性和非本质属性。在事物的多种属性中，有本质属性和非本质属性。本质属性是事物的质的根本性属性的直接表现，如果事物丧失其本质属性，这个事物就不存在了；如果事物的本质属性发生了变化，这个事物的性质也就发生了变化。非本质属性是事物的质的非根本性属性的外在表现，如果事物丧失其非本质属性，事物不会发生根本性变化。当然，在现实生活中，本质属性和非本质属性错综复杂交织在一起，构成千姿百态的各种事物；随着一事物与其他事物联系的改变或重构，本质属性和非本质属性的地位也在发生变化。

我们在实际工作中，通过认识事物的本质属性来认识事物的质，是一个非常重要的思维方法和工作方法。因为，只有认识了事物的质，才能把一事物与其他事物区别开来，才能认识和把握事物发展的特殊规律，从而找到解决问题的特殊方法。

2. 所谓量是事物存在和发展的规模、程度、速度等可以用数量表示的规定性。量和质一样，也是事物本身所固有的。例如，体积的大小、运动的快慢、数量的多少等，都是我们研究事物必然涉及的量的规定性。

理解事物的量的规定性，要注意两点：其一，与质的规定性不同，量的规定性和事物不是直接统一的。就是说，质的规定性与事物的存在是直接统一的，某一事物失去了自己的质，就变成了其他事物；量的规定性则不同，同一事物可以有不同的量，在一定量的范围内，量的增减并不影响事物的存在。其二，量的规定性是多方面的。如果说，事物通过质的规定性而把自己与其他事物区别开来，那么，事物则通过量的规定性把同质的事物从量上区别开来，同质的事物可以有不同的量。当然，质和量作为事物固有的两种规定性，我们只能在思维中把它们分开进行研究；而在现实中，二者是相互依存、相互联结，不可分割的。

我们在实际工作中，认识事物的质固然十分重要，认识事物的量同样不可忽视。因为，在对事物的认识过程中，确定事物的质是开展工作的基础和前提。同时，必须对事物的量进行精确化的分析和把握，把定性分析和定量分析结合起来，才能准确获得对事物的完整的、全面的认识，从而制订出科学的工作方案。定性分析是定量研究的基础，重点在于确定事物“是什么”；定量研究是定性分析的精确化，把定性和定量结合起来是我们工作的重要方法。

3. 把事物的质和量统一起来，便出现一个重要的概念：度。曾经有一位非常喜欢学习哲学的企业家告诉我，他认为就整个马克思主义哲学来说，如果选一个最重要的概念，那就一定是“度”。他的话是有道理的。为什么？所谓度是特定事物的质和量的统一，是特定事物保持自己质的数量界限，是特定事物的质所能容纳的量的活动范围或变化幅度。换句话说，度是规定事物质的数量界限。一个特定事物只要是在度的范围内，无论怎样活动和变化，都依然是该事物；一旦超过了度，就失去自己存在的现实性，而转化为其他事物了。最简单的例子是水。水在标准大气压下 0 °C 到 100 °C 之间呈现出液体状态；水在低于 0 °C 时就会结成固态的冰，而在高于 100 °C 时就会汽化为气态。水的“度”就是 0 °C 和 100 °C，超过了这两个点，水就不成其为水了。

由此可以看出，度作为事物的两端的界限叫作关节点或临界点。关节点或临界点是一定质的事物所能容纳的量的活动范围的最高界限和最低界限。事物的量在度的范围内变化，事物不会发生质变；然而，当事物的量变超出度的范围，便会发生质的变化，成为另一事物了。因此，当我们需要改变某种事物的质的时候，就要发挥主观能动性去创造条件，使事物的量的变化突破度的关节点，从而产生新的质态的事物；而当我们需要保持某种事物的质的时候，就要千方百计把事物的量的变化控制在度的范围内，以实现事物的稳定发展。

在实际工作中，认识和把握事物的“度”所告诉我们的重要方法论意义，就是要确立“适度”的思维方法和工作方法。“过度”就会走到事物的反面。古语所说的“注意分寸”“掌握火候”“过犹不及”等，都是“适度”方法的具体应用。如每个家长都会疼爱自己的孩子，希望孩子健康成长；但如果疼爱过度，把疼爱变成溺爱，就有可能损害孩子的成长；所以疼爱孩子要适度。医生给病人开药，剂量太小，没有疗效；剂量太大，可能导致病人药物中毒；所以用药要适度。作为企业管理者，制度太松，可能会导致员工散漫，工作效率低下；制度太严，可能会导致员工僵化，企业没有生机活力；所以制度管理要适度。

（三）事物量变和质变的辩证统一关系

事物基于其内部矛盾的运动，呈现出量变和质变两种基本状态。量变是指事物数量的增减和场所的变更，是一种连续的、逐步的、不显著的变化，是在度的范围内所发生的变化。我们日常所见到的相持、平衡、静止等，都是事物处在量变过程中呈现的状态。质变是指事物根本性质的变化，是渐进过程的中断，是事物由一种质态向另一种质态的转变，是对原有度的突变和超越。事物的分解、平衡、静止等的破坏就是事物处在质变过程中呈现的状态。因此，事物的变化是发生在度的范围之内还是超出度的范围，是区分量变与质变的根本标志。

事物的发展变化总是先从量变开始的。量的增加或减少，在一定限度内不会引起质的变化；但是，量的变化一旦超出了一定的限度，就会引起事物的质变，导致旧质的灭亡和新质的产生，这是由量变到质变的转化。而新质的产生，既是原来量变过程的终结，又是新的量变过程的开端，在新质的基础上，又进行着新的量变过程，这是质变到量变的转化。这就形成了量变—质变—新的量变—新的质变，如此相互转化、相互交替，循环往复以至于无穷，构成了事物无限多样的发展过程，也就是哲学上所说的质量互变规律。

量变和质变的关系是辩证统一的。其一，量变是质变的必要准备，质变是量变的必然结果。没有量变的积累，就不可能发生质变；量变积累到一定程度，就必然会引起质变。我们要注意的是，事物在进行量变过程中，会同时存在着两种方向的量变。这就意味着，事物的量变并不简单地表现为量的增加或减少，而且表现为两种量的对比的变化：正方向的量变会推动事物向兴旺发达壮大的方向发展，而反方向的量变会推动事物向衰落灭亡的方向前进。所以，量变不仅是质变的前提，而且决定着会导致什么样的质变。其二，质变引起新的量变，并为新的量变开辟道路。因为旧质限制了量的活动范围，如果不通过对旧质的根本变革，量的变化就不能超出旧有的界限。只有通过质变，事物才能在突破旧质界限的基础上开始新的量变。无论是自然界、物体或粒子的变化都会引起结构、速度等量的规定性的变化，随之会出现新的运动形式及其规律。质变意味着发展过程中的飞跃，即新事物的产生，意味着新质和新量相结合并构成新的度，从而使事物在新的度的范围内开始新的量变，开始新的渐进性发展。

从理论上讲，量变和质变作为事物发展的两种基本状态很容易理解，似乎也很容易说清楚。但是，在现实世界中，量变和质变及其关系的具体表现又是错综复杂的。

量变的复杂性主要表现为两种情况：其一，量变形式的多样性。可以分为两种类型：一种类型是数量的增加或减少，如水的温度的高低、人口的多少、运动速度的快慢等。这种情况在日常生活中非常多见，也是容易理解的。另一种类型是构成事物的成分在空间关系即排列次序和结构形式上的变化。这种情况相对比较复杂，例如化学上，元素的排列组合方式的变化；企业管理上，组织程度的高低变化；物理学上，物体相互作用力的大小变化；等等。这种量变形式大量存在，且需要我们很好地进行研究。

其二，总的量变过程中包含着部分质变。这里也可以分为两种类型。一种类型是事物的根本性质未变而比较次要的性质发生了变化，使事物的发展呈现出阶段性，可称之为阶段性的部分质变。阶段性的部分质变是由事物内部根本性矛盾和非根本性矛盾发展的不平衡性所引起的。毛泽东在《实践论》中有非常精彩的论述。他专门指出："如果人们不去注意事物发展过程中的阶段性，人们就不能适当地处理事物的矛盾。"[①] 这种类型的量变在我们日常生活中非常多见。如正常情况下，人的一生可以分为幼年、童年、少年、青年、中年、老年等依次递进的多个阶段。我国新民主主义革命经历了第一次国内革命战争、第二次国内革命战争、抗日战争和解放战争等几个阶段。另一种类型是事物全局的性质未变而其中个别部分发生了性质的变化，可以称之为局部性的部分

① 《毛泽东选集》第 1 卷，人民出版社 1991 年版，第 314 页。

质变。这种质变的发生是因为组成事物的各个部分矛盾发展的不平衡性所引起的。这种情况也是非常多见的。例如在实际工作中，一个新的重大改革措施的贯彻落实，总是先要在局部进行试点，取得成功经验之后再去推广到全局。从局部试点到推广全局，就是从局部性的部分质变向全局性的根本质变转化的过程。

质变的复杂性主要表现为质变形式的多样性。可以毫不夸张地说，每一种事物都有自己独特的质变形式，甚至有许多种不同的质变形式。可是，从矛盾对立统一的特性出发，从质变过程中的对抗性和非对抗性的角度，可以把质变划分为爆发式飞跃和非爆发式飞跃两种基本形式。爆发式飞跃是解决对抗性矛盾的质变形式，通常表现为对立双方剧烈的外部冲突。如自然界的火山爆发，使地球内部压力得以释放，随后地球处于相对平稳的存在状态；如社会领域里尖锐的阶级矛盾，通过激烈的阶级斗争或战争的形式，或者是一方推翻另一方，或者是双方进行妥协，使社会进入相对稳定的和平发展时期。非爆发式的飞跃是解决非对抗性矛盾的质变形式。这种飞跃形式不发生剧烈的外部冲突，而是通过新质要素的逐渐积累和旧质要素的逐渐衰亡而实现的。如语言的演进、科学技术的变革、世界观的转变等，都是非爆发式的飞跃。

恩格斯在《路德维希·费尔巴哈和德国古典哲学的终结》一文中曾谈到两种飞跃形式。他说："在发展进程中，以前一切现实的东西都会成为不现实的，都会丧失自己的必然性、自己存在的权利、自己的合理性；一种新的、富有生命力的现实的东西就会代替正在衰亡的现实的东西——如果旧的东西足够理智，不加抵抗即行死亡，那就和平地代替；如果旧的东西抗拒这种必然性，那就通过暴力来代替。"[1] 由此可见，事物的不同飞跃形式是由事物本身的性质决定的。如果旧事物认识到自己

① 《马克思恩格斯文集》第4卷，人民出版社2009年版，第269页。

行将衰亡，能够自觉地、主动地退出历史舞台，那就通过和平的方式实现飞跃；如果旧事物不能认识到自己行将衰亡，不愿意退出历史舞台，那就通过暴力革命的方式实现飞跃。所以，在客观事物发展的过程中，量变和质变是相互依存、相互作用、相互制约的，这就造成了量变和质变的错综复杂的情形。在实际工作中，我们既要避免把一切变化都归结为纯粹的量变，否认质变在事物发展过程中作用的观点；也要避免把一切变化都归结为纯粹的质变，否认量变在事物发展中的作用的观点。我们只有充分把握量变质变的复杂性，才能遵循质量互变规律，推动各项工作顺利发展。

二、运用质量互变规律方法的经典案例

学习质量互变规律，把握量变和质变的辩证关系，最重要的是坚持底线思维方法，增强防范和化解重大风险的能力。

一般说来，所谓风险是社会主体在认识和实践过程中，可能遇到的与主体价值目标相违背的危害。从质量互变规律来说，风险是事物发展的量变过程中，由于多种原因所导致与社会主体价值目标相背离的质变。风险爆发是事物发生了质变，但这个质变不是事物发展正方向的质变，而是反方向的质变，从而给社会主体造成了危害，给社会发展带来灾难。与危险相比较，风险是处于无法直接感知的、潜在的、未然状态的危害。具有以下特点：其一，风险爆发具有不确定性，就是说风险既有可能发生，也有可能不发生；其二，风险的危害具有潜在性，往往隐藏在“安全”的表象之后，容易使社会主体放松警惕；其三，风险爆发往往具有人为性，就是说能否发生风险、能否准确判断风险的发生和危害的程度、能否有效防范风险的发生、能否有效化解风险或控制风险的

危害程度，都取决于主体的主观能动性；其四，风险具有广延性，在社会生活中的各个领域都存在风险。

讲两个经典案例。

第一个案例：匈牙利事件，是指 1956 年 10 月 23 日到 11 月 4 日发生在匈牙利由群众和平游行而引发的武装暴动。此事件成为国际共产主义运动史上一个标志性事件。

匈牙利共产党成立于 1918 年 11 月，由革命的社会主义者、左翼社会民主党人和从苏联回国的共产党人组成。1919 年 3 月，在承认无产阶级专政的基础上，匈牙利共产党和匈牙利社会民主党合并，改名为匈牙利社会党。其间几经解散、流亡和改名。1944 年 9 月，恢复匈牙利共产党的名称。1945 年 4 月，伴随着二战的胜利，匈牙利全国获得解放。5 月，从苏联回国的党员同国内党组织召开匈牙利共产党全国代表大会，代表党员 15 万名。拉科西 · 马加什当选为党中央总书记。1947 年 8 月，匈牙利共产党在国民议会选举中获得 22% 的选票，成为全国第一大党。次年，匈牙利共产党和社会民主党召开合并大会，改名为匈牙利劳动人民党。合并后其党员总数 112.7 万名，约占全国总人口的 12%。此后，伴随着社会主义经济建设取得的巨大的成就，党的主要领导人拉科西 · 马加什等人，不顾本国的历史传统与现实，一味照搬苏联模式，并且大搞个人崇拜和集权政治，犯了严重教条主义和宗派主义的错误，不仅损害了国家的利益，更伤害了匈牙利人民的感情。

苏共二十大后，苏联对东欧国家的内政外交政策做出了一系列调整。时任匈牙利部长会议主席的纳吉 · 伊姆雷实施了“新方针”，开启了探索“非苏联模式化”的进程。然而，由于多方面的原因，“新方针”实施了不足两年就被迫中断。纳吉以著述的方式进一步提出以匈牙利社会主义道路取代苏联模式、以主权独立与民族平等反对苏联控制，这些思想在党内知识分子中产生了共鸣。“新方针”中断后，匈牙利向旧政策复归，国内的政治、经济形势随之恶化，人民的生活水平不断下降。党内外有识之士要求改革的呼声越来越高。

正在匈牙利风雨欲来之际，波兰事件爆发。1956 年 10 月，波兰选举了主张探索波兰模式发展道路的哥穆尔卡为第一书记。这个消息极大地鼓舞了匈牙利的学生和知识分子。10 月 23 日，匈牙利青年人举行集会，并提出要走匈牙利自己的道路，反对苏联的干涉等要求。随后，示威游行开始。当日中午 12 点，内务部长通过电台，播出了禁止任何公众集会和示威游行的通告。这个通告更加引起学生的愤恨。迫于各方面的压力，电台又广播取消通告，这一做法极大地增加了人民群众对政府的蔑视和不满。下午 3 点，上万名学生从各自的学校出发，向匈牙利革命诗人裴多菲的雕像和波兰将军约瑟夫·贝姆的纪念碑行进。沿途不断有人加入，人民群众的不满在聚集，事件发展已经到了十分危急的时刻。而此时匈牙利劳动人民党第一书记格罗·艾尔诺不仅没有及时出面了解游行者的诉求，协商如何解决问题、化解矛盾；相反，他于晚上 8 点在电台发表了措辞严厉的讲话，把几十万示威群众称为“匈牙利人民的敌人”，将人们对匈牙利与苏联不平等关系的指责斥为“卑鄙的谎言、怀有敌意的杜撰”。这番讲话把示威人群的情绪由不满转化为愤怒。愤怒的结果是，人群推倒了位于布达佩斯市中心斯大林广场上的斯大林铜像。随后示威者冲进电台，要求向全国广播他们的要求；要求遭到拒绝后，他们开始向电台大楼发起攻击，流血冲突开始了。

为了缓和矛盾和稳定局势，匈牙利劳动人民党中央连夜召开紧急会议，对党和国家最高领导机构的人事做出了调整，吸纳改革派纳吉重新出任部长会议主席。24 日中午，纳吉通过电台发表了“告匈牙利人民书”，向人民承诺：全力实现国家在党的生活、国家生活、政治生活、经济生活等各个方面的彻底民主化，“走符合我们民族特点的建设社会主义的匈牙利道路”。1956 年 10 月 27 日，纳吉宣布吸收了几位拥护人民民主的著名民主人士参加的新政府组成名单。新政府成立后面临的第一个问题，就是如何定性这场骚乱。10 月 28 日下午，纳吉公布新政府宣言，认为这是一场民族民主运动，是“不久以前的严重罪行引发了这次声势浩大的运动”；他还公布了新政府的施政纲要，作出了两个有关时局的决定，一是制止流血事件，立即实行全面停火；二是匈苏两国政府将就苏军尽早撤离达成协议。然而，这一切来得太晚了，除了愤怒的人民群众外，有近万名刑事罪犯卷入到混乱之中，他们通过各种途径得到了武器，四处打砸抢劫，制造各种惨案，杀害党员干部和军人，甚至布达佩斯市委书记也不幸遇难。最终，历时 13 天的匈牙利事件在苏联的两次干涉下获得平息，但也给匈牙利国家和人民带来了巨大的物质损失和人员伤亡。据统计，共计 2700 人死亡，20 多万匈牙利人逃到西方；大批党员纷纷退党；国民经济发展受到严重破坏。1958 年 1 月，纳吉被指控犯有“发动并领导阴谋推翻人民民主制度的罪行和叛国罪”；6 月 16 日，媒体公布了《匈牙利人民共和国司法部关于判处纳吉 · 伊姆雷和他的同谋者死刑和徒刑的公告》，纳吉随后被判处死刑，终年 62 岁。

第二个案例：乌坎村事件。乌坎村隶属汕尾陆丰市东海镇，是富甲一方、名闻遐迩的社会主义新农村，曾先后被授予“全国先进基层党组织”光荣称号，被评为“全国文明村镇建设先进单位”。从最初的报道来看，事件发生前，乌坎村村委会几位领导干部以国家允许农村土地流转的理由，私自将村里的土地卖给承包商，从中获取巨额利润，却没有给村民必要的土地补偿。当村民找领导干部询问情况时，却被哄骗搪塞。于是，2011 年 9 月 21 日，村民开始组织起来进行上访，希望借助上级政府的力量查清土地买卖获利情况和领导贪腐问题。事情看来并不复杂，如果当地政府能够认真了解民意，组织专人调查情况并给予妥善处理，后续事情就不会发生了。然而，当地政府对上访者采取了先劝阻后阻拦，甚至派出民警和警车的办法，这些办法无疑激起了民众的愤怒。21 日下午，部分村民在村里及村周边企业聚集、打砸、毁坏他人公共财物和冲击围困村委会、公安边防派出所的事件。22 日上午，部分村民组织阻挠、打砸进村维持秩序的民警和警车。对此，汕尾、陆丰两级党委政府高度重视，启动应急预案，第一时间赶赴现场协调。与此同时，汕尾市派出工作组到陆丰督导，陆丰市、东海镇组成工作组进村做工作、回应诉求、维持秩序。9 月 22 日晚事态平息，23 日乌坎村内恢复了正常的生活和生产秩序。

然而，这种正常秩序的恢复只是表面的，因为村民的诉求没有真正得到满足。大量媒体的介入本来是一件好事，然而有的媒体的错误宣传导向反而激化了村民与地方政府之间的互不信任的紧张关系。同时，有的地方政府官员按照常规思维，简单地把村民与警员的冲突定性为一场与境外反动势力勾结，并通过媒体不断渲染升级的非法事件。到 11 月中旬，少数村民在互联网上贴出《“乌坎村村民临时代表理事会”计划组织村民于 11 月 21 日游行上访，并请中外记者报道》的帖子，致使事件出现反复。随后，汕尾市和陆丰市两级党政领导干部开展全面进村入户做村民工作，使部分村民的思想开始发生转化，24 日全村恢复正常生产生活秩序。然而，12 月 9 日，村民薛锦波等五人作为“9 · 21”事件中打砸为首分子被刑事拘留。不幸的是，薛锦波在被关押的第三天突然死亡。官方验尸结果得不到家人的认同。这两件事情再次激起村民的强烈不满情绪，乌坎村事件被推上风口浪尖，引起越来越多的国内外媒体的注意，也引起了省委和省政府的注意。

省委、省政府高度重视和关心乌坎村群众的利益诉求，决定成立省工作组，以最大决心、最大诚意、最大努力解决群众的合理诉求，尽快恢复乌坎村正常的生产生活和社会秩序。2012 年 1 月 15 日，乌坎村召开党员大会，宣布村党总支正式成立。广大村民在村党总支的组织和主持下，选举出公道正派、能真正代表群众利益的村委会，以配合省工作组落实相关问题的解决方案，带领乌坎村民共谋发展。乌坎村事件终于落下帷幕。

三、经典案例给予我们的重要启示

匈牙利事件和乌坎村事件，空间上远隔万里，时间上相差半个世纪。尽管这两个事件给后人留下了许许多多的思考，也有着许许多多的争论。然而，从学习和掌握质量互变规律，坚持底线思维方法，提高防范和化解重大风险能力方面，给了我们许多启示。

（一）坚持量变导致质变的思想方法，增强防范化解重大风险的能力

应该肯定，从人类社会进入政党政治时代以来，执政党的执政风险就是一个如影随形的问题。特别是从 20 世纪 80 年代以来，世界政党发展史上出现了一幕又一幕令人震惊的现象：在一些国家和地区长期单独连续执政甚至政绩还不错的政党，接二连三地失去执政地位。如苏共连续执政 74 年，墨西哥革命制度党连续执政 71 年，日本自民党连续执政 38 年，却都最终走下历史舞台。尽管这些执政党走下历史舞台有其复杂的内外因素，而其背后更深刻的经验教训告诉我们：执政党在执政过程中总是伴随着执政风险，不会出现也不可能出现绝对意义上的执政安全。特别是在当今世界，政治多极化、经济全球化、科技智能化、文化多元化、交往虚拟化、自信网络化的宏观背景下，影响以至危及执政安全的因素明显增多，执政风险问题日益突出，防范和化解执政风险的问题更加紧迫地提上议事日程，成为世界各国执政党面临的带有普遍性、根本性的问题。

中国共产党人历来有着清醒的防范和化解执政风险的意识，并不断提高防范和化解执政风险的能力。毛泽东早在党的七届二中全会的讲话中就指出："夺取全国胜利，这只是万里长征走完了第一步……中国的革命是伟大的，但革命以后的路程更长，工作更伟大，更艰苦。"[①] 邓小平作为改革开放的总设计师，不仅有清醒的防范和化解各类执政风险的意识，也积累了防范和化解各类执政风险的经验。江泽民在庆祝中国共产党成立 80 周年大会上的讲话中明确提出，我们必须继续围绕在新的历史条件下建设一个什么样的党和怎样建设党这个基本问题，进一步解决提高党的执政能力和领导水平、提高拒腐防变和抵御风险能力这两大历史性课题，全面推进党的建设的新的伟大工程。胡锦涛更是强调，全党同志要勇于变革、勇于创新，永不僵化、永不停滞，不动摇、不懈怠、不折腾，不为任何风险所惧，不被任何干扰所惑。习近平总书记警醒全党："历史使命越光荣，奋斗目标越宏伟，执政环境越复杂，我们就越要增强忧患意识，越要从严治党，做到'为之于未有，治之于未乱'，使我们党永远立于不败之地。"[②] 党的十九大报告提出，领导十三亿多人的社会主义大国，我们党既要政治过硬，也要本领高强，并系统阐述了构成党的执政本领的八大本领。其中第八个本领是"增强驾驭风险本领，健全各方面风险防控机制，善于处理各种复杂矛盾，勇于战胜前进道路上的各种艰难险阻，牢牢把握工作主动权"[③]。2019 年初，在中央党校（国家行政学院）举办了省部级主要领导干部坚持底线思维着力防范化解重大风险专题研讨班，体现了当代中国共产党人对所处错综复杂、瞬息变幻的世情国情党情的清醒认识，对改革开放伟大事业进程中

① 《毛泽东选集》第 4 卷，人民出版社 1991 年版，第 1438 页。
② 中共中央文献研究室编：《十八大以来重要文献选编》（中），中央文献出版社 2016 年版，第 92 页。
③ 习近平：《决胜全面建成小康社会　夺取新时代中国特色社会主义伟大胜利——在中国共产党第十九次全国代表大会上的报告》，人民出版社 2017 年版，第 69 页。

可能遇到的各种困难挫折的理性预见，对战胜在全面完成自己肩负神圣历史使命的过程中各种风险挑战的坚定信念。党的二十大提出：“我们必须增强忧患意识，坚持底线思维，做到居安思危、未雨绸缪，准备经受风高浪急甚至惊涛骇浪的重大考验。”[①] 应该说，能不能防范和化解风险，能防范和化解多大的风险，既体现了中国共产党人防范和化解风险能力的大小，也体现了中国共产党人执政能力和执政水平的高低。意味着处在中国特色社会主义新时代的中国共产党人，对中国共产党自成立以来防范和化解重大风险成功经验进行的全面总结，对国际环境所发生巨大变化进行的深入思考，对我国改革发展稳定所面临的新情况新问题新挑战进行的重新认识，对执政党执政规律进行的深刻揭示，从而对中国共产党所肩负的决胜全面建成小康社会、建设富强民主文明和谐美丽的社会主义现代化强国的历史使命提供了坚强保障。

“备豫不虞，为国常道。”有执政就会有风险，执政风险始终伴随在执政党执政活动的全过程。执政风险的最大危害就是使执政党失去其执政地位。特别是在中国特色社会主义新时代，党面临的执政考验、改革开放考验、市场经济考验、外部环境考验是长期的、复杂的、严峻的，党面临的精神懈怠危险、能力不足危险、脱离群众危险、消极腐败危险更加尖锐地摆在全党面前。同时，随着全面深化改革的推进，体制机制的重构，利益格局的调整，文化交流的频繁，国际交往的扩大，也可能使党和政府面临着诸如“中等收入陷阱”“制度陷阱”“塔西佗陷阱”和“修昔底德陷阱”等一系列发展过程中的两难选择。我们还面临着来自政治领域、意识形态领域、经济领域、科学技术领域、社会领域、涉外领域和党的建设领域等的风险。这一切都成为执政党必须要面对和破解的历史性课题。因此，我们必须清醒地认识到，实现中华民族伟大复兴

---

① 《高举中国特色社会主义伟大旗帜 为全面建设社会主义现代化国家而团结奋斗——在中国共产党第二十次全国代表大会上的报告》，《人民日报》2022 年 10 月 26 日。

的中国梦，我们面临难得的机遇，具备扎实的基础，拥有坚定的信心。同时，前进道路从来不会是一片坦途，必然要面对各种重大挑战、重大风险、重大阻力、重大矛盾，必须不断提高防范和化解执政风险的能力，牢牢掌握防范和化解各种执政风险的主动权。

（二）坚持质量统一思想方法，精准判断事件的性质

任何事物都是质和量的统一体。事物的发展都是由量变开始，经过量变的积累，最终导致质变。能不能够在事物发生量变的过程中准确认识事物的质？善不善于在事物发生量变的过程中准确认识事物的质？这往往决定着我们工作的成败。从两个事件的前期来看，作为领导者都没有及时地给予事件以准确的定性。如在匈牙利事件爆发之前，整个社会主义阵营在苏共二十大之后，都在反思苏联模式对本国经济社会发展的影响，力图探索具有本国特色的社会主义道路，这是社会主义运动发展的大势。由于多方面的原因，匈牙利青年学生和知识分子率先提出这个想法，并用集会的形式表达出来。作为匈牙利劳动人民党的领导人，本应认真听取人民群众的呼声，反思自己工作的失误和不足，及时提出改革的措施，满足人民群众要求改革的诉求。然而，他们在缺乏调查研究的基础上，草率地在电台上播出了禁止任何公众集会和示威游行的通告，又简单地把几十万示威群众定性为“匈牙利人民的敌人”，甚至请求苏联出兵帮助平息事件。这一系列的草率操作，不仅贻误处理事件的最有利的时机，而且激怒了广大人民群众，导致矛盾进一步激化，最终把和平集会演变成武装暴乱。乌坎村事件发生的第一阶段，也出现了类似的情况。

我们看看毛泽东是怎么看待波兰和匈牙利事件的。毛泽东称 1956 年是“多事之秋”，各种思想继续暴露出来，希望同志们注意。他在 11 月召开的中共中央政治局常委扩大会议上说：“波匈事件应使我们更好地

考虑中国的问题。苏共二十大有个好处，就是揭开盖子，解放思想，使人们不再认为苏联所做的一切都是绝对真理，不可改变，一定要照办。我们要自己开动脑筋，解决本国革命和建设的实际问题……根据波匈事件的教训，好好总结一下社会主义究竟如何搞法。矛盾总是有的，如何处理这些矛盾，就成为我们需要认真研究的问题。”[①] 毛泽东在充分调查研究的基础上，在 1957 年 2 月召开的最高国务会议第十一次扩大会议上的讲话中，完整地阐述了关于正确处理人民内部矛盾的思想。他指出：“我国广大的人民群众是拥护社会主义的，他们很守纪律，很讲道理，决不无故闹事。但是这并不是说，在我国已经没有了发生群众闹事的可能性。在这个问题上，我们应当注意的是：（一）为了从根本上消灭发生闹事的原因，必须坚决地克服官僚主义，很好地加强思想政治教育，恰当地处理各种矛盾。只要做到这一条，一般地就不会发生闹事的问题。（二）如果由于我们的工作做得不好，闹了事，那就应当把闹事的群众引向正确的道路，利用闹事来作为改善工作、教育干部和群众的一种特殊手段，解决平日所没有解决的问题。应当在处理闹事的过程中，进行细致的工作，不要用简单的方法去处理，不要‘草率收兵’。对于闹事的带头人物，除了那些违犯刑法的分子和现行反革命分子应当法办以外，不应当轻易开除。在我们这样大的国家里，有少数人闹事，并不值得大惊小怪，倒是足以帮助我们克服官僚主义。”[②] 乌坎村事件最后得到顺利解决，恰恰是践行了毛泽东的这个思想方法和工作方法。

（三）坚持底线思维方法，推动事件向着有利方向发展

所谓事物发展的关节点，是事物发展的质变，也就是事物发展超出

① 中共中央文献研究室编，逄先知、冯蕙主编：《毛泽东年谱（1949—1976）》第 3 卷，中央文献出版社 2013 年版，第 23 页。
② 《毛泽东文集》第 7 卷，人民出版社 1999 年版，第 236—237 页。

了度的范围。事物发展超出度的范围会有两个方向，一个是向着事物的有利方向、正方向发展，使事物发展呈现出勃勃生机；另一个是向着事物的不利方向、负方向推进，使事物运动呈现出衰亡或灾难，这也就是我们常说的事物发展冲破了底线。所谓底线又被称作红线、边界线等。在实践活动中，底线往往表现为不可逾越的警戒线；底线一旦被突破，往往会给实践主体带来难以承受的风险或灾难。

当我们在日常生活中，发现事物向着不利的、负面的方向发展的时候，怎么才能确定事物质变的关节点，坚持底线思维，推动事物向有利的、正面方向发展，是需要很高的政治智慧、领导艺术和谈话技巧的。如乌坎村事件发展的第二个阶段，特别是薛锦波在被关押后突然死亡，村民的不满情绪已经到了极点，国内国外的一些媒体也在推波助澜，很多不明真相的人们也在议论和猜测，当然更有一些居心叵测的人在看笑话。这时乌坎村事件已经不是一个村、一个镇、一个市的事件，而是一个影响全国的舆情事件，甚至会成为一些人攻击社会主义制度、谩骂执政党的理由。

在这个危急时刻，省委多次听取汇报和研究部署处置工作，时任省委书记的汪洋对依法依规处置事件及时作出重要指示，认为“乌坎事件的发生有其偶然性，也有必然性，这是经济社会发展过程中，长期忽视经济社会发展中发生的矛盾积累的结果，是我们工作‘一手硬一手软’的必然结果。”作为负责任的政府，必须直面和解决好这些矛盾和问题。并立即组织工作组奔赴乌坎开展工作。根据群众的诉求，省工作组设村集体土地问题、村财务问题、村干部违法违纪问题和村委换届选举问题等专项工作组，每个专项工作组都公布联系电话，随时倾听乌坎村民的诉求。工作组到位后，立即召开大会，陆丰布四套班子成员、纪委副书记，陆丰乡镇干部，乌坎村民、教师代表共 400 多人参加当天大会。在会议召开前，工作组组长会见了乌坎村民联谊会部分代表，并情深意切地讲了处理问题必须坚持的五个原则，得到广大村民的普遍认同。

乌坎村事件的处理方式告诉我们，任何一个事物都有底线，这是客观存在的，不容冲破的。如高速公路限速是最高车速不得超过每小时120公里，这是高速公路行驶的底线，任何人都不能违背；违背了就意味着违法，就要受到法律的制裁。中国共产党是个政治组织，有一系列完整的规章制度，这是党作为政治组织的底线，任何党员都不能违背，违背了就必然受到政治纪律的制裁。坚持底线思维，是中国共产党人在长期革命、建设和改革开放过程中形成的一个重要的思维方法。习近平总书记多次强调："坚持底线思维，增强忧患意识，提高防控能力，着力防范化解重大风险。"[①]底线思维能力，就是人们在认识事物发展规律的基础上，客观地设定最低目标，积极推进事物向积极方面转化，实现最大期望值的能力。因此，我们必须强化底线思维，提高底线思维能力，主动设置和完善社会主义建设各领域的底线，力求防患于未然，增强底线的权威性和威慑力；同时，提醒广大党政干部严守底线，决不触碰、逾越或践踏那些事关社会主义建设各个领域的底线和原则，不断增强坚守底线的坚定性和自觉性。

① 《习近平谈治国理政》第3卷，外文出版社2020年版，第219页。

第八章

学习否定之否定规律，坚定勇毅前行的信念

否定之否定规律是唯物辩证法的基本规律之一。如果说对立统一规律揭示了事物发展的动力和源泉，质量互变规律揭示了事物发展的基本状态，那么，否定之否定规律揭示了事物发展的趋势和方向，阐明了事物发展是螺旋式的上升或波浪式前进的过程。学习否定之否定规律，重要的是确立事物发展是前进性和曲折性统一的思维方法，克服“直线性”或“循环论”的形而上学的思维方式，坚定勇毅前行的信念。

一、否定之否定规律的基本观点及其方法

否定之否定规律是客观的和普遍存在的规律。这个规律告诉我们，任何事物内部都包含着肯定和否定两种因素；由于肯定和否定两种因素相互作用，使事物转化为自己的对立面，即由肯定达到对自身的否定，再由否定达到新的否定，即否定之否定。由此，事物经过一个完整的发展周期，经历三个阶段，两次否定，呈现出前进性与曲折性相统一的发展过程。

（一）否定之否定规律的客观性和普遍性

中国和西方的古代哲学已经初步认识到事物发展是一个曲折的、波浪式的前进过程。从哲学的高度用否定之否定规律来描述和概括这个过程，应该归功于黑格尔。在黑格尔看来，事物内部存在着肯定和否定的

因素，否定性因素不仅不是死亡的因素，而且是真正的生命的力量和原则，否定性因素构成了推动事物运动发展的内在动力。否定并不是全盘否定，也不是抽象的否定，而是具体的特殊的否定，即否定的结果是从否定之中产生的有内容的东西，它在否定旧事物的同时也将其某些因素以新形式包含于自身之中，这就使事物发展到更高、更新、更丰富的阶段。黑格尔把这种辩证的否定称为“扬弃”，说明它既意味着保存、保持，又意味着停止、终结。所以，扬弃或辩证的否定包含三个环节：一是否定，二是在否定中保留了有价值的东西，三是向更高阶段的过渡。就是说，事物内部肯定因素和否定因素的相互作用形成事物发展的后一阶段，这个后一个阶段是前一个阶段矛盾运动的必然结果，既保留了前一阶段的合理因素，也是对前一个阶段的继承和发展。于是，整个事物发展过程就呈现为一个相互联系、永恒发展的有机整体。可以说，辩证的否定构成黑格尔辩证法的核心。恩格斯曾说：“黑格尔哲学（我们在这里只限于考察这种作为从康德以来的整个运动的完成的哲学）的真实意义和革命性质，正是在于它彻底否定了关于人的思维和行动的一切结果具有最终性质的看法。”“这种辩证哲学推翻了一切关于最终的绝对真理和与之相应的绝对的人类状态的观念。在它面前，不存在任何最终的东西、绝对的东西、神圣的东西；它指出所有一切事物的暂时性；在它面前，除了生成和灭亡的不断过程、无止境地由低级上升到高级的不断过程，什么都不存在。”[①]遗憾的是，黑格尔哲学出发点是绝对观念，整个否定之否定的运动过程的实质是绝对观念的自我运动、自我完成、自我实现的过程；而且，这个辩证的过程最终被其僵化的唯心主义体系所扼杀。

马克思、恩格斯在批判地改造黑格尔辩证法的同时，也使其否定之否定规律奠定在唯物主义的基础之上。马克思在《资本论》第1卷第

① 《马克思恩格斯文集》第4卷，人民出版社2009年版，第269、270页。

二版跋中，针对一些资产阶级思想家对《资本论》把所使用的方法歪曲成是使用了黑格尔的辩证法，说了一段脍炙人口的名言：“辩证法在对现存事物的肯定的理解中同时包含对现存事物的否定的理解，即对现存事物的必然灭亡的理解；辩证法对每一种既成的形式都是从不断的运动中，因而也是从它的暂时性方面去理解；辩证法不崇拜任何东西，按其本质来说，它是批判的和革命的。”[①]

恩格斯在《反杜林论》中揭露了杜林关于“辩证法的拐杖”的观点，系统阐述了否定之否定规律。杜林认为，马克思在《资本论》中所得出的关于资本主义必然被社会主义所代替、生产资料私有制必然被生产资料公有制所代替的结论，是依靠黑格尔否定之否定的“拐杖”。恩格斯指出：“当马克思把这一过程称为否定的否定时，他并没有想到要以此来证明这一过程是个历史地必然的过程。相反，他在历史地证明了这一过程一部分实际上已经实现，一部分还一定会实现以后，才又指出，这是一个按一定的辩证法规律完成的过程。”[②]这再次说明，唯物辩证法是关于自然、人类社会和思维的运动和发展的普遍规律的科学，是科学的世界观和方法论，而不是单纯的证明工具。为了驳斥杜林的攻击，恩格斯举出自然界、科学研究、社会领域等大量事例论证了否定之否定规律的客观性和普遍性，并得出结论说：“否定的否定究竟是什么呢？它是自然界、历史和思维的一个极其普遍的、因而极其广泛地起作用的、重要的发展规律；这一规律，正如我们已经看到的，在动物界和植物界中，在地质学、数学、历史和哲学中起着作用。”[③]恩格斯阐述了辩证否定观与形而上学否定观的对立，揭示辩证否定观的实质。在形而上学者看来，否定就是简单说“不”，或宣布某一事物不存在，或用任何一种方法把它“消灭”。辩证的否定观认为，否定是事物的自我否定，

① 《马克思恩格斯文集》第 5 卷，人民出版社 2009 年版，第 22 页。
②③ 《马克思恩格斯文集》第 9 卷，人民出版社 2009 年版，第 141、148 页。

否定是发展的环节，否定是联系的环节，否定就是“扬弃”。事物经过两次否定、三个阶段，大体完成一个周期。在否定之否定阶段，重复肯定阶段的某些特征、特点，但这是在更高阶段上的重复。这表明，发展是一个由低级到高级的前进上升运动，是旧东西的灭亡和新东西的产生；同时，发展又是一个螺旋式的曲线运动。因此，前进性和曲折性的统一，上升性和回复性的统一，是事物发展的趋势和道路，是否定之否定规律揭示的主题。

（二）辩证的否定观

学习和掌握否定之否定规律，首先要学习和掌握辩证的否定观。唯物辩证法认为，否定是事物的自我否定，是事物发展和联系的环节，否定的实质是扬弃。

否定是事物通过内部矛盾而进行的自我否定。任何事物内部都包含着肯定与否定两个方面。肯定方面是事物保持自身存在的方面，否定方面是促使该事物逐步灭亡的方面，即促使事物逐步转化为其他事物的方面。肯定方面和否定方面既斗争又统一，当事物肯定的方面处于优势地位的时候，事物就保持原有的质而继续存在；当否定方面处于优势地位的时候，事物就会丧失原有的质而转化为其他事物，旧事物就被新事物所取代了。我们必须注意，否定是一事物向其他事物的转化，是质的飞跃。引起否定的根本原因是事物的内在矛盾，事物被否定是通过事物内部的否定力量战胜肯定方面来实现的，是事物的自我否定。事物正是通过这种自我否定而实现自我运动，自我发展的。这就是说，一个事物在其产生的时候，体内就存在着否定的因素。“生命总是和它的必然结局，即总是以萌芽状态存在于生命之中的死亡联系起来加以考虑的。”[①]“祸

① 《马克思恩格斯文集》第9卷，人民出版社2009年版，第546页。

兮，福之所倚；福兮，祸之所伏”“否极泰来”说的都是这个意思。随着事物的发展，否定因素最终会战胜肯定因素；一切事物最终都要被否定，不存在着所谓永世长存的东西。正如恩格斯所说，事物发展的过程“按本性说是对抗的、包含着矛盾的过程，一个极端向它的反面的转化，最后，作为整个过程的核心的否定的否定”①。这就是辩证法的彻底的革命的性质。

事物的否定是联系的环节和发展的环节。所谓联系的环节，是说任何新事物都不是凭空产生的，而是从旧事物中发展而来的，是以吸取并改造旧事物中的积极的东西作为自身发展基础，同时又赋予其新的意义。新事物对旧事物的否定，不是把旧事物全盘抛弃，而是在否定中有所肯定，在抛弃中有所继承。它抛弃的是那些消极的过时的因素，继承的是那些积极的合理的因素。新旧事物之间正是通过否定的环节联结起来的。所谓发展的环节，是说任何事物都是在一定的历史条件下产生的。事物对于其赖以存在的历史条件来说，都有其产生和发展的必然性和合理性；但是，随着时间的推移、条件的变化，它就会逐渐丧失其存在和发展的必然性和合理性，而被新事物所取代；事物的发展是通过否定来实现的，这种否定是旧事物向新事物的飞跃，是旧质向新质的转变；可以说，没有新事物对旧事物的否定，就没有新事物的产生和旧事物的灭亡，就没有整个大千世界的万事万物由低级到高级、由简单到复杂、由无序到有序的发展。列宁曾指出：“辩证法的特征的和本质的东西不是单纯的否定，不是徒然的否定……而是作为联系环节、作为发展环节的否定，它保持着肯定的东西，即没有任何动摇、没有任何折中。”②

辩证否定的实质是扬弃。辩证的否定既是事物发展的环节，又是事

① 《马克思恩格斯文集》第 9 卷，人民出版社 2009 年版，第 148 页。
② 《列宁全集》第 55 卷，人民出版社 2017 年版，第 195 页。

物联系的环节，是事物发展的连续性与非连续性的统一。辩证的否定，一方面是新事物克服旧事物，是事物的质的根本性变革；另一方面又保留和继承了旧事物中积极的、有利的因素，使事物发展到一个新的阶段。新旧事物之间的这种既克服又保留、既变革又继承的关系，哲学上称之为扬弃。新事物既克服旧事物中消极的东西，是就发展的环节而讲的，它表明新旧事物之间有一条确定的界限，是事物发展中连续性的中断，是发展中的非连续性；新事物又保留旧事物中的积极成果，是就联系的环节而讲的，它表明新旧事物之间存在着继承关系，是事物发展的历史延续，是发展中的连续性。辩证的否定就是这种连续性和非连续性的对立统一。可见，"扬弃"一词深刻地揭示了新事物与被它否定的旧事物之间的本质关系，体现了辩证否定的实质。正确地理解扬弃，是正确地把握辩证否定的关键。

（三）否定之否定规律给我们提供的思想方法

辩证的否定观告诉我们事物发展的实质是扬弃。而任何事物的发展都不是通过一次否定就能够完成的，而是要经历两次否定，才能完成。就是说，任何事物内部都包含着肯定方面和否定方面，当否定方面上升为矛盾的主要方面时，便完成了第一次辩证的否定。新事物内部的否定方面经过斗争，对否定阶段再一次否定，即否定之否定阶段。恩格斯曾指出，事物的发展不能简单地停留在单纯的否定，即第一个否定上，而必须在做第一个否定时，就必须做到使第二个否定可能发生或者将有可能发生。只有重新回到出发点的第二次否定，才是真正的辩证否定。

事物发展过程中出现的否定之否定过程，是事物内在矛盾发展的必然结果，充分展示了事物自我运动、自我发展的丰富内容，呈现出事物自我运动、自我发展的一个完整过程。因为，任何事物在其发展过程中，最终都会向其对立面转化，经过两次否定，即从肯定阶段到否定阶段，再从否定阶段到否定之否定阶段，达到了肯定和否定的对立面的统一，构成了事物自我发展的一个完整周期。一般说来，事物在经过第一次否定时，尽管保存了事物中的积极因素，却往往包含着一定的片面性；只有再通过一次否定，即否定之否定阶段，才能既克服了肯定阶段和否定阶段的片面性，又保留了这两个阶段的积极成果，达到肯定和否定的对立统一，从而使事物的自我发展、自我完善得到充分的体现。从外在形式上看，事物的否定之否定阶段总是重复肯定阶段的某些特征、特性，好像又回到了原来的出发点；但是，这种回复不是简单的重复，而是在新的基础上的回复，在更高阶段上的回复；可以说，是在形式上的回复，内容上的前进。举一个大家都很熟悉的例子。小麦的生长过程，首先是把作为麦种的麦粒种到地里；随着麦种的发芽成苗，麦株否定了麦粒的形式，却保留了麦粒中所存在的所有基因；随着麦苗的发育成熟，最终结出丰硕的果实，而果实呈现为麦粒，麦粒是对麦株的否定。通过两次否定的过程，即麦株否定了麦粒、麦粒再次否定麦株，小麦完成了自我运动、自我发展的完整过程。这里，我们清醒地认识到，作为否定之否定的结果的麦粒，与作为麦种的麦粒，形式上看是一样的；但是，结果的麦粒在内容上继承了麦种的内在基因，在自我发展的过程中又会赋予新的内容，如数量上大大增加，品质上也可能发生遗传变异，或许是往更优良的方向发展，也不排除会向衰落的方向堕落。

这里要注意的是，在理解否定之否定规律的时候，必须坚持逻辑与历史相统一的原则，科学确立事物否定的起点。还是以小麦生长过程为例，小麦生长否定的逻辑与历史统一的起点和顺序，一定是麦粒——麦株—麦粒，而绝不可以随意地把小麦的生长周期概括为麦株—麦粒—麦株。因为小麦的客观生长周期表现为从麦粒开始，经过麦株的阶段，最后到麦粒状态结束。这就是我们经常说的，主观辩证法是客观辩证法的反映，历史从什么地方开始，逻辑就应该从什么地方开始。随意把事物发展过程中的某个点作为否定之否定过程的起点，就无法正确掌握客观事物自己运动的周期，也就无法认识客观事物的发展规律。

否定之否定规律告诉我们，事物发展的总趋势是前进的、上升的，而具体过程是曲折的、波浪式前进的。前进性是事物螺旋式发展的重要特点，是事物发展总方向和总趋势。因为在由三个阶段、两次否定所组成的事物的一个完整的发展周期中，每一次否定都是一次扬弃，舍弃了旧事物中存在的消极因素，继承并发展了旧事物中的积极因素，并加进了富有生命力的新的因素，从而把事物推向全新的、更高级的、更完善的发展阶段。事物正是通过这种辩证否定的过程逐步实现了由低级到高级，由简单到复杂的发展。然而，具体事物的发展过程是曲折的、波浪式的前进过程。因为，在事物发展的过程中，高级阶段往往重复低级阶段的某些特征和特性。这里所讲的“重复”，一方面，是一事物保持自身特质的需要，是事物自我发展所带来的必然结果。我们试想一下，如果麦粒经过一次否定不是生长为麦株，而是生长为松树苗，而松树苗经过否定又成为大熊，如此等等。这个世界会成为什么样子？否定之否定规律还具有科学性吗？还能成为普遍存在的客观规律吗？肯定不能。所以，事物的发展一定是由内部因素决定的自我运动、自我发展的过程，保持事物的质的规定性。另一方面，事物的“重复”又往往会让人产生旧事物复归的印象；而实际上这种重复恰恰是矛盾双方两次向对立面转化所引起的，是事物自我发展、自我完善过程中的正常途径和形式。

这里要注意的是，事物发展过程中有“积极”的曲折与“消极”的曲折之间的区别。特别在社会实践过程中，区别“积极”的曲折与“消极”的曲折，具有更重要的意义。所谓“积极”的曲折，如古话所说：“以退为进”“欲擒故纵”等，就是根据事物发展的客观规律，在认真研究事物发展的主客观条件下，主动采取的某些曲折的措施。所谓“消极”的曲折，是在发展过程中没有发挥人的主观能动性，甚至是主观上犯了错误，放任或导致事物向着违背主体价值追求的方向发展，从而使工作和事业受到挫折。所以，在日常工作中，“积极”的曲折表现为一种高超的领导艺术和政治智慧，而“消极”的曲折则需要我们高度警惕和防范。

二、运用否定之否定规律的经典案例

我们在工作中，运用否定之否定规律的思想方法来分析问题、解决问题的案例是很多的。我们就讲两个案例，一个是毛泽东以退为进，“要用一个延安，换取整个中国”的案例。一个是全国解放前夕，关在敌人牢狱里的共产党员绣五星红旗的案例。

第一个案例，有一种胜利叫撤退，有一种失败叫占领。1945 年，在抗日战争即将取得胜利之际，共产党和国民党在重庆举行谈判。经过 43 天的艰苦谈判，于 10 月 10 日，国共双方代表签订了《政府与中共代表会谈纪要》（即《双十协定》）并公开发表。国民党政府接受中共提出的和平建国的基本方针，强调“必须共同努力，以和平、民主、团结、统一为基础”，“长期合作，坚决避免内战，建设独立、自由和富强的新中国”。11 日，毛泽东启程返回延安；当夜，蒋介石在日记里写下“甚叹共党之不可与同群”。这句话不仅反映了蒋介石对待中国共产党的一贯立场，而且也成为重庆谈判之后蒋介石对付共产党的指导思想。《双十协议》刚刚签订，蒋介石便调集 110 万军队，分三路向华北解放区进攻，图谋打开进入东北的通道，然后在美国人的支持下，最终占领长春、吉林等地。1946 年 5 月，国民党政府宣布还都南京。同年 6 月 26 日，国民党军队 22 万人进攻中原地区。这既是全面内战的爆发，也是全国解放战争的正式开始。

1947年2月，蒋介石飞抵西安，亲自部署进攻延安，决定以国民党军胡宗南部为主力，并率马鸿逵、马步芳、邓宝珊等部共34个旅25万余人，100余架飞机，由南、西、北三面对陕甘宁边区实施重点进攻。从3月中旬开始，国民党南线集团组成左右两个兵团，由宜川、洛川等地向延安发起大规模进攻，国民党飞机对延安及附近地区实施轮番轰炸。胡宗南坐镇洛川，要求“三天占领延安”，彻底解决西北问题。

面对如此严峻的形势，中央书记处召开会议专门研究击破国民党重点进攻的问题。毛泽东亲自制定了外线配合内线作战，保卫延安的计划。同时决定，必要时主动放弃延安。然而，这个消息一经传出，就引起了轩然大波。当时延安的许多军民都想不通，从感情上也不能接受。当时中央书记处办公室主任师哲就想不通。他回忆说：“在延安保卫战打响后的一天晚上，我特地从枣园骑马急行几十里赶到王家坪去见毛主席。”“我忧心忡忡地问主席备战工作到底应该怎么做？一定要疏散吗？可否设法保住延安而不撤退？”“主席点燃了一支烟，转过来微笑着打开了话匣子：你的想法不高明，不高明。不应该拦挡他们进占延安。你知道吗？蒋介石的阿Q精神十足，占领了延安，他就以为自己胜利了。但实际上只要他一占领延安，他就输掉了一切。首先，全国人民以至全世界就都知道了是蒋介石背信弃义，破坏和平，发动内战，祸国殃民，不得人心。这是主要的一面。不过，蒋委员长也有自己的想法：只要一占领延安，他就可以向全国、全世界宣布：‘共匪巢穴’共产党总部已被捣毁，现在只留下股匪，而他只是在剿匪，这样，也就可以挡住外来的干预。不过这只是蒋委员长自己的想法，是他个人的打算，并非公论。但此人的特点就在这里。他只顾想他自己的，而别人在想什么，怎么想的，他一概不管。另外须知，延安既然是一个世界名城，也就是一个沉重的包袱。他既然要背这个包袱，那就让他背上吧。而且话还得说回来，你既然可以打到延安来，我也可以打到南京去。来而不往非礼也嘛。”[①] 毛泽东的这段话充满了辩证发展的哲学智慧啊！面对老乡们的疑惑，毛泽东用更加通俗的语言耐心做他们的工作。他说道：“譬如有一个人，背个很重的包袱，包袱里尽是金银财宝，碰见了个拦路打劫的强盗，要抢他的财宝。这个人该怎么办呢？如果他舍不得暂时扔下包袱，他的手脚很不灵便，跟强盗对打起来，就会打不赢，要是被强盗打死，金银财宝也就丢了。反过来，如果他把包袱一扔，轻装上阵，那就动作灵活，能使出全身武艺跟强盗对拼，不但能把强盗打退，还可能把强盗打死，最后也就保住了金银财宝。我们暂时放弃延安，就是把包袱让给敌人背上，使自己打起仗来更主动，更灵活，这样就能大量消灭敌人，到了一定的时机，再举行反攻，延安就会重新回到我们的手里。”[②]毛泽东还鼓励广大战士：“我军打仗，不在一城一地的得失，而在于消灭敌人的有生力量。存人失地，人地皆存；存地失人，人地皆失。敌人进延安是握着拳头的，他到了延安，就要把指头伸开，这样就便于我们一个一个地切掉它。要告诉同志们，少则一年，多则两年，我们就要回来，我们要以一个延安换取全中国。”[③]

1947 年 3 月 18 日，毛泽东、周恩来从容地吃过晚饭，一道撤离延安。在此后一个半月的时间里，西北人民解放军按照毛泽东提出的“蘑菇战术”，以不足 3 万人的兵力同比自己多达 10 倍的国民党军队从容周旋，三战三捷，消灭国民党军 14000 多人，拖住了胡宗南这支蒋介石的战略预备部队，有效地策应了其他战场的人民解放军，并为西北战场和整个解放战争的胜利奠定了基础，真正实现了毛泽东所说的“用一个延安换取全中国”的设想。

美国政府在 1949 年发表的《白皮书》，对这段历史有着这样的评

①② 中共中央文献研究室编，金冲及主编：《毛泽东传（1893—1949）》，中央文献出版社 2004 年版，第 821—822、822 页。

③ 中共中央文献研究室编，逄先知主编：《毛泽东年谱（1893—1949）》（下），中央文献出版社 2002 年版，第 176 页。

价：国民党军“攻占延安曾经宣扬为一个伟大的胜利，实则是一个既浪费又空虚的、华而不实的胜利”。有一种胜利叫放弃，有一种失败叫占领，或许就是否定之否定规律的最好体现。

第二个案例。我小时候家里有一本非常老旧的《四角号码字典》，借助于这本字典，我读的第一本小说是《欧阳海之歌》，第二本小说是《红岩》。《红岩》成功地塑造了江雪琴、许云峰、华子良、小萝卜头等一系列英雄人物的形象，深深影响和教育了我，甚至可以说深深影响和教育了几代中国人。其根本原因就在于，这个英雄团体虽然身陷国民党的牢狱，但在生死考验面前，他们坚守信念、坚定信仰，对未来充满着希望，对革命胜利充满着信心，对自己的使命充满着崇高感和神圣感。特别是小说中女监里江姐等人绣红旗的情节更是感人至深，令人泪目。很多人认为，这是文艺作品的虚构情节。错了！这个是真实发生的真人真事，只是《红岩》小说的作者把发生这个事件的地点由男监改写成女监。

1949 年 10 月 1 日，毛泽东主席在天安门广场升起第一面五星红旗，象征着新中国的成立。当这个消息传到重庆白公馆监狱后，大伙兴奋得像孩子一样又蹦又跳，或紧紧拥抱，或互相拥着在地上连连打滚，用独特的方式庆祝共和国的诞生。夜已经很深了，大家却激动得久久不能入睡。罗广斌（《红岩》小说作者之一）也激动不已，提出做一面五星红旗，有机会时扛着这面国旗冲出牢房。他扯下自己的红花被面，有人找到了黄纸做五星。当然，在牢狱中的他们不可能见到国旗，他们想象着五星的颜色以及排列方式，大的五星放在国旗中央，四个小星放在四个角落，象征着祖国四万万同胞紧紧团结在党的周围。经过通宵奋战，他们制作出珍贵的五星红旗；他们围着红旗又是跳又是轻声低唱，低声呼喊着“中华人民共和国万岁”。他们还集体创作了一首诗：《我们也有一面五星红旗》。

我们有床红色的绣花被面，
把花拆掉吧，这里有剪刀，
拿黄纸剪成五颗明亮的星，贴在角上，
再找根竹竿，就是帐杆也罢！
瞧呀，这是我们的旗帜！
鲜明的旗帜，猩红的旗帜，
我们用血换来的旗帜！
美丽吗？看我挥舞它吧！
别要性急，把它藏起来呀！
等解放大军来了那天，
从敌人的集中营里，我们举起大红旗
撒着自由的眼泪，
一齐出去。

为了防止敌人发现，他们把牢房的楼板撬开一块，将红旗藏在里面。由于敌人的大屠杀，参加制作红旗的同志多数牺牲在解放的黎明之前。重庆解放的第三天，幸免于难的罗广斌重新回到白公馆，在楼板里取出了这面五星红旗，并把红旗交给了党组织。至今这面五星红旗仍保存在红岩革命历史博物馆，成为珍贵的历史文物，也成为生命不止、奋斗不息的共产党人的生动写照。

三、经典案例给予我们的重要启示

否定之否定规律告诉我们，事物的发展是波浪式前进和螺旋式上升的，体现了事物发展过程的前进性与曲折性的统一。前进中必然出现曲折，或者说前进是以曲折发展的形式来实现的。然而，如何对待曲折？

是消极等待、悲观失望，还是积极利用曲折，赢得前进的机遇？就体现着不同的思想方法和工作方法。

（一）自觉面对曲折，在曲折中赢得胜利

认识事物发展的否定之否定规律，自觉地面对曲折，积极地应对曲折，在曲折中赢得革命的胜利。这是党中央主动放弃延安的案例告诉我们的真理。革命战争的发展必定是曲折的，特别是面对猖狂进攻、武器装备明显优于我军的国民党军，毛泽东主张放弃延安。然而，这个放弃决不是消极的放弃，而是积极运用战争发展曲折性的规律作出的伟大决策。而作出这个伟大决策是需要具备一系列主观和客观条件的。

首先，我们有坚强的党的领导。当党中央作出放弃延安的决定后，有人出于安全考虑，坚持要“中共中央离开陕北，东渡黄河到较安全的地方”。这个主张当然是有道理的。然而，毛泽东站在全局的视角，明确指出自己不能走，并要求党中央也最好不要走，以便拖住胡宗南部为其他地方的战争赢得有利条件。最终，中共中央同意了毛泽东的建议，决定继续留在陕北指挥作战。转战之路险象环生，困难重重。当转战到王家湾时，应任弼时女儿任远志的要求，毛泽东题写了“光明在前”四个大字。这个题字如此坚定，给人无限鼓舞。据时任中央警备团战士郤吉成后来回忆，转战中尽管有艰难、有危险，战士们有时会感到非常紧张，但他们从不曾感到消沉，从不曾产生过失望。因为有毛主席在，有毛主席运筹帷幄，部队就会无往不胜。对革命必胜的信念、对战争必胜的信心，时刻都在激荡着全体军民。

其次，有一支英勇善战的军队。在陕北地区，根据中央指示，彭德怀、习仲勋指挥西北野战兵团，采取“蘑菇战术”与敌巧妙周旋，于撤离延安后 45 天内，在青化砭、羊马河、蟠龙镇三战三捷，歼敌 1.4 万余人；而后在沙家店战役全歼胡宗南部整编第 36 师师部和两个旅。到 8 月间，

国民党军队对陕北的重点进攻被粉碎。而在山东战场上，华东野战军在陈毅、粟裕等指挥下，先是在莱芜地区全歼国民党第二“绥靖”区副司令长官李仙洲部 5.6 万人，后又在孟良崮战役中全歼国民党军精锐主力整编第 74 师 3.2 万余人。国民党对山东解放区的重点进攻基本上被粉碎。在其他解放区，广大军民对转入守势的国民党军队实施战略性反攻，有效地消灭了敌人，发展了自己的军队，以新的姿态准备迎接全中国的解放。

再次，有广大人民群众的支持。“得人心者，得天下”，这是一句古话，也是永恒的真理。然而，真正做到却太难了。在延安曾流传着一个小故事。1940 年秋天的一个上午，按照计划毛泽东要到马列学院作报告，马列学院便派出 4 个学员到杨家岭接毛泽东。当 4 个学员走到延水河桥头时，没想到却遇到迎面走来的毛泽东。毛泽东打量了来接他的 4 个人，严肃认真地说：“从杨家岭到马列学院，才十里八里路。二万五千里长征都走过来了，这几步算不了什么。我又不是不知道，不要接接送送。我们要养成一种新的作风——延安作风。我们要用延安作风打败西安作风。”[①] 正是因为有了延安作风，我们才得到广大人民群众的信任和支持。当地流传的军民鱼水情深的故事非常感人。有主动为部队带路的老大爷，有赶着牲口送粮的小队，有运送一捆捆军鞋的青年；在黄河渡口，为了让部队顺利渡河，老大爷甚至赶着牛车，送来了自己的棺材板。据清涧县统计，转战陕北之初，全县支前超过 28 万人次，出动牲口 23 万次，运送军粮 10 万多石，做军鞋 2 万多双，有 2100 名青年参加了解放军。“自己的党、自己的部队”，是扎根于当时老百姓的心中的认知，也是中国共产党和人民军队能够历经曲折最终取得胜利的根本原因。

1948 年 3 月 23 日，毛泽东从陕西省榆林市吴堡县川口村渡口东渡黄河。历时 1 年零 5 天的转战陕北结束，中国革命进入新的篇章。在抵达东

① 参见：《古希腊神话“安泰之死”的警示——如何保持党同人民群众的血肉联系》，《人民日报》2017 年 4 月 27 日。

岸的山西后，毛泽东回望对面苍茫的陕北大地，深情地说："陕北是个好地方！"

这个案例告诉我们，当我们在工作中遇到重大困难的时候，要认真分析事物发展的客观规律，顺应事物发展的历史逻辑，积极主动地采取正确的战略战术，该前进时就大胆勇毅地前进，该后退时就要果敢坚定地后退。前进并不意味着都是胜利，后退并不意味着都是失败。这是我们必须要掌握的一个重要的思想方法和工作方法。

（二）相信前途一定是光明的，新事物不可战胜

毛泽东有一句脍炙人口的名言："前途是光明的，道路是曲折的。"[①]然而，当一个人处在曲折之中，特别是处在重大的曲折之中，还能够坚信"前途是光明"的吗？"放弃延安"和"绣红旗"的案例都告诉我们一个重要道理，当人生和事业处在重大曲折的时候，一定要坚信前途是光明的，新事物是不可战胜的，才能坚定意志，为自己的远大理想去积极拼搏。

我们都很熟悉一个场景：1921 年 7 月 23 日，在上海的一栋石库门楼房的客厅里，一群年轻人在开会，商量成立中国共产党的相关事宜。他们中年龄最大的 45 岁，最小的只有 19 岁，平均年龄 28 岁。会议因发生意外情况而被迫中断，只得转移到浙江嘉兴南湖的一艘游船上继续举行。大会讨论并通过了中国共产党的第一个纲领和决议，并选举产生党的领导机构，中国共产党正式成立。而那时，我们党只有五十多名党员。中国共产党一经成立，就把实现共产主义作为党的最高理想和最终目标，义无反顾肩负起实现中华民族伟大复兴的历史使命，团结带领人民进行了艰苦卓绝的斗争，谱写出气吞山河的壮丽史诗。正是因为中国

① 《毛泽东选集》第 4 卷，人民出版社 1991 年版，第 1163 页。

共产党人具有“放弃延安”的智慧，具有“光明在前”的信念，具有“绣红旗”的大无畏牺牲精神，具有为实现中华民族伟大复兴的历史使命，才使得中国共产党初心不改、矢志不渝，无论是弱小还是强大，无论是顺境还是逆境，都能够团结带领人民历经千难万险，付出巨大牺牲，敢于面对曲折，勇于修正错误，攻克了一个又一个看似不可攻克的难关，创造了一个又一个彪炳史册的人间奇迹。

通过这个案例我们要把握三点启示：其一，敏锐地发现新事物，坚信新生事物具有强大的生命力。所谓新生事物是指在历史发展过程中具有必然性的、进步的、具有远大发展前途的事物。而旧事物是指在历史发展过程中逐渐丧失其存在的必然性和日趋灭亡的东西。与旧事物相比较，由于新生事物符合客观事物的发展规律，适应客观事物发展的需要，因而具有强大的生命力，具有旧事物不可比拟的优越性。无论在自然界或人类社会，一切新生事物都是不可战胜的，而一切旧事物不论其势力多么庞大，最终是要退出历史舞台的。这是不可抗拒的历史发展规律。其二，确立科学的判断标准，准确判断一个事物是否是新生事物。判断一个事物是不是新生事物，不能简单地以其出现的时间先后为标准，认为以前出现的事物就是旧事物，后来出现的事物就是新事物；很多时候，由于复杂的原因，后来出现的事物并不是新事物，已经出现很长时间的事物也不一定都是旧事物。同样，也不能简单地以其空间分布的多少为标准，认为空间分布少的就是新事物，空间分布多的就是旧事物。科学判断是否是新事物的标准，只能看其是否具有历史发展的必然性，是否具有强大的生命力。其三，热情地扶持新事物，创造条件帮助新生事物快速发展起来。新生事物的成长总是由小到大、由弱到强、由不完善到相对完善，总要经历曲折的发展道路。尽管新生事物的本性决定其最终会战胜保守的、衰落的、趋于灭亡的旧事物。但是，在新生事物特别是社会领域的新生事物的成长过程中，还必须得到必要的呵护和帮助。中国有句老话：“枪打出头鸟”。所以，为了不被枪打，谁也不愿当、不想当、不敢当“出头鸟”，结果人们更喜欢“从众”，更愿意“随大流”。实际上，这个“出头鸟”很可能就是新生事物，很可能因为不“从众”、不“随大流”而被扼杀掉。所以，我们在工作中，特别是在全面深化改革的过程中，要善于及时发现并辨别新生事物，热情地扶持新生事物，当新生事物的发展遇到困难和挫折时，能够坚定地站在新生事物一边，勇敢地捍卫和支持新生事物，这是每一个人所必须具备的思想方法和工作方法，也是领导干部所必须具备的高贵品质和卓越的领导能力。

（三）确立辩证否定观，克服外因论、循环论和直线论的思想方法

否定之否定规律告诉我们，因为事物内部肯定和否定因素的相互作用，事物的发展呈现出前进性和曲折性的统一，上升性和回复性的统一的状态。用形象的语言来说，否定之否定是事物的自我运动、螺旋式上升、波浪式前进的过程。这就要求我们在日常工作中，要注意克服外因论、循环论和直线论的思想方法和工作方法。

所谓外因论以割裂事物是肯定因素和否定因素的统一体为基础，认为否定不是事物的自我否定，而是毫无内在根据的、纯粹由外力强加给事物的否定。这就把事物的自我否定当成了纯粹偶然的、随心所欲的儿戏了。恩格斯在《反杜林论》中生动地描述了这种思维方式的愚蠢。他说：“现在有人会提出反驳，说这里所实现的否定根本不是真正的否定：如果我把大麦粒磨碎，我也就否定了大麦粒；如果我把昆虫踩死，我也就否定了昆虫；如果我把正数 a 涂掉，我也就否定了正数 a，如此等等。”这样能得出什么结果呢？“这些反驳其实就是形而上学者反对辩证法的主要论据，它们同形而上学思维的狭隘性完全合拍。在辩证法中，否定不是简单地说不，或宣布某一事物不存在，或用随便一种方法把它

毁掉。”[①] 否定是事物的自我否定，是联系的环节，是扬弃。

所谓直线论则把事物的发展看成是直线式的，否认事物发展的曲折性，割裂了事物发展的前进性与曲折性的统一。持有这种思维方法的人，因为对事物发展的曲折性认识不足，往往抱有小资产阶级的狂热，总认为工作和事业必然处处顺利；一旦在工作中遇到困难和挫折，往往会迅速从狂热到冰冻，消极悲观、怨天尤人、无所作为。例如，有人简单地认为，改革开放就能解决社会发展过程中出现的所有问题；然而，他们认识不到改革开放是一个极其复杂的系统工程，旧的问题解决了，必然会出现新的问题，社会就是在不断出现问题、不断解决问题的过程中前进的道理；所以，面对改革开放过程中出现的新问题，他们不是积极地去解决问题，而是直接简单地否定改革开放，甚至公开反对改革开放。直线性思维方法是必须要克服的。

与直线论相反，所谓循环论是片面夸大事物发展的曲折性，把一切事物的运动变化看成是简单的周而复始、无限循环的过程，否认事物发展所具有的前进的、上升的趋势，实质上是否认了事物的发展。持有这种思想方法的人，往往消极悲观，正如鲁迅所刻画的“九斤老太”，总是感觉“一代不如一代”。循环论的错误在于，片面抓住事物发展中的某些重复的现象，把它夸大为绝对循环，抹杀了事物发展过程中低级阶段和高级阶段之间的本质区别。这种思想方法也是十分有害的。

① 《马克思恩格斯文集》第9卷，人民出版社2009年版，第149页。

第九章

学习能动反映论，掌握认识和坚持真理的方法

认识论是人类哲学发展史上一个古老的问题。马克思、恩格斯继承了人类认识论思想的精华，把实践引入认识论，科学地揭示了认识的本质及其发展规律，构建起马克思主义以能动反映论为特征的认识论体系。学习马克思主义认识论，最重要的是掌握认识和坚持真理的思想方法和工作方法。

一、能动反映论的基本理论及其方法

恩格斯有一段名言："思维和存在的关系问题还有另一个方面：我们关于我们周围世界的思想对这个世界本身的关系是怎样的？我们的思维能不能认识现实世界？我们能不能在我们关于现实世界的表象和概念中正确地反映现实？用哲学的语言来说，这个问题叫做思维和存在的同一性问题，绝大多数哲学家对这个问题都作了肯定的回答。"[①] 这段话的三个问号实际上说明三个问题：其一，研究认识论的问题同研究其他哲学问题一样，是以回答物质和意识的关系何者为第一性这个哲学基本问题为前提的。凡是主张物质第一性、意识第二性的唯物主义者，基本上都把认识看作是对物质世界的反映；反之，凡是主张意识第一性、物质第二性的唯心主义者，都必然这样或那样地否认认识是对物质世界的反

① 《马克思恩格斯文集》第 4 卷，人民出版社 2009 年版，第 278 页。

映。其二，我们的思维能不能认识客观物质世界？对这个问题的不同回答可以分为可知论和不可知论。一般说来，不仅唯物主义者是可知论，而且绝大多数唯心主义者也是可知论。区别在于，唯物主义的可知论是以承认物质第一性、精神第二性为前提的反映论；而唯心主义的可知论是以肯定精神第一性、物质第二性为前提，认为存在同一于思维，用精神的本原性来说明思维和存在的同一性的可知论。其三，我们的思维能否正确认识物质世界？这个问题的内涵就非常丰富了，包括人的认识的来源、发展动力、检验认识是否正确的标准、认识的目的、认识的发展过程，等等。可以说，恩格斯提出的这三个问题，构成马克思主义认识论的核心内容。

（一）人类认识思想发展的历史轨迹

无论在中国还是西方，认识论问题都是思想家们最早关注的重要问题之一。早在中国先秦时代的老子，就提出丰富的认识论思想："以身观身，以家观家，以乡观乡，以邦观邦，以天下观天下"；要求按照事物的本来面目去认识事物。"不出于户，以知天下；不窥于牖，以知天道。其出弥远，其知弥鲜"；很显然，这个观点轻视感觉经验在认识过程中的作用，强调理性思维在认识过程中的重要性。孔子作为一位伟大教育家，在阐述其教育思想的同时，也阐述了许多认识论的思想。如"毋意，毋必，毋固，毋我。"就是说，认识事物不要臆想猜测、不要主观意志、不要固执己见、不要自以为是。而墨家则比较全面地认识到感觉和思维的区别及其作用，主张感觉是五官的功能，是认识的开始，而思维是更深刻的认识。他们把知识按其来源分成三种："亲知"是亲身体验得到的知识；"闻知"是由传授得到的知识，又分为"亲闻"和"传闻"；"说知"是由推理得来的知识。"亲知"是"闻知"和"说知"的基础，是最重要的知识来源。韩非认为："聪明睿智，天也；动静思虑，人也。人也者，乘于天明以视，寄于天聪以听，托于天智以思虑。”肯定人的认识能力是一种天然的属性。韩非强调：“务致其福，则事除其祸；事除其祸，则思虑熟；思虑熟，则得事理；得事理，则必成功；必成功，则其行之也不疑；不疑之谓勇。”人只有认识事物的发展规律，按照事物发展的客观规律办事，才能取得成功，这是勇。此外，他还阐述了检验人的认识是否正确的标准等一系列问题。总之，先秦的思想家关于认识论的思想和观点，奠定了中国认识论思想发展的基础，体现中国认识论思想发展主题和特色。

在西方，一般认为，赫拉克利特是最早涉及认识论的思想家。他充分肯定了通过感官获得认识的必要性，又认为自然惯于掩盖自己，人们很难认识自然的逻各斯，即自然的本性或规律；其认识论带有明显的怀疑论倾向。巴门尼德在阐述其“存在论”的过程中，也涉及认识论问题。他认为，存在是思想的对象，存在也只能由思想来把握，靠感觉是无能为力。他提出一个非常重要的命题：“作为思想和作为存在是一回事情。”这个命题不仅第一次对概念性认识的本质作出了规定，而且后来被简化为“思维与存在的同一性”命题，成为西方哲学史上理性主义哲学的经典公式。苏格拉底则提出，认识的目的在于认识事物“是什么”，而认识的方法就是“辩证法”，等等。应该说，古希腊思想家关于认识论的思想和观点，奠定了西方认识论发展的基础，体现了西方认识论思想发展的主题和特色。

欧洲上千年黑暗的中世纪，一切都是神学的婢女。当欧洲思想家们从愚昧、无知、非理性的中世纪苏醒过来时，哲学家们则围绕着“上帝是否存在”展开了激烈的争论，形成唯理论和经验论两大派别。然而，唯理论者没有办法用理性来证明上帝的存在，经验论者也不足以靠经验来否定上帝的存在，哲学的发展似乎走入死胡同。这时，康德这位被誉为是在各个领域引发了“哥白尼式的革命”的人物，也引发了哲学领域的“哥白尼式的革命”，从根本上转变了欧洲哲学的发展方向，成为德国古典哲学开创者。康德认为，唯理论和经验论的共同错误是没有考察人的认识能力到底有多大，即没有考察“理性”能力的范围和限度。因此，他的任务是在人的认识之前“批判”地考察人的认识能力。他把人的认识能力分成感性、知性、理性三个阶段。他认为，人们总想要达到理性认识阶段，总想要追求无限的、绝对的东西，而人的认识是有限的、相对的，就必然陷入自我矛盾之中，出现“二律背反”。因此，理性是上帝的智慧，“为了给信仰留地盘，就必然拒绝知识”。康德的哲学贡献在于把人类哲学的发展思路从本体论研究转到认识论研究，同时也就把人们研究的关注点从对客体的研究转到对主体的研究。然而，康德哲学也存在着不可克服的矛盾和缺陷。他对人的认识能力进行了充分的研究，却把人的认识能力看作是脱离人的具体的认识活动而一成不变的东西；他肯定存在着“自在之物”，又认为人不可能认识“自在之物”的本质；他认为主体与客体是完全对立的，如果不把二者统一起来便不可能产生认识，却找不到把主体和客体二者统一起来的途径。康德留下的认识论矛盾和缺陷，成为后人必须解决的哲学课题。

马克思、恩格斯运用辩证唯物主义的实践观点，解决了康德留下的认识论难题。恩格斯指出：“对这些以及其他一切哲学上的怪论的最令人信服的驳斥是实践，即实验和工业。既然我们自己能够制造出某一自然过程，按照它的条件把它生产出来，并使它为我们的目的服务，从而证明我们对这一过程的理解是正确的，那么康德的不可捉摸的‘自在之物’就完结了。”[①] 历史证明，“在从笛卡儿到黑格尔和从霍布斯到费尔巴哈这一长时期内，推动哲学家前进的，决不像他们所想象的那样，只是纯粹思想的力量。恰恰相反，真正推动他们前进的，主要是自然科学

① 《马克思恩格斯文集》第 4 卷，人民出版社 2009 年版，第 279 页。

和工业的强大而日益迅猛的进步。”[①] 就是说，从笛卡尔开始的近代哲学，前进的动力不是纯粹的思想力量，而是自然科学和工业的强大而日益迅猛的进步。马克思、恩格斯把实践的观点引进认识论，正是在实践的基础上把主体和客体统一起来，才使人的认识具有可能性；实践是认识的来源、是检验认识真理性的标准；人的认识能力是在实践中产生、发展、完善的；社会生活在本质上是实践的。马克思主义认识论不仅彻底批判了唯心主义和不可知论，而且克服了旧唯物主义认识论的缺陷。

列宁对马克思主义认识论的发展作出了极大的贡献。他提出了辩证唯物主义认识论的三个重要结论。第一个结论：“物是不依赖于我们的意识，不依赖于我们的感觉而在我们之外存在着的。”[②] 坚持反映论，即承认外部世界及其在人脑中的反映，这是所有唯物主义认识论的共同原则。第二个结论：“在现象和自在之物之间决没有而且也不可能有任何原则的差别。差别仅仅存在于已经认识的东西和尚未认识的东西之间。”[③]在承认认识的对象是物质世界，意识、感觉不过是对外部世界的反映的基础上，强调认识是一个不断深化的过程，是一个透过现象不断把握本质的过程；而推动这个过程前进的动力是实践。这样列宁就把马克思主义认识论同旧唯物主义的直观反映论划清了界限。第三个结论：“在认识论上和在科学的其他一切领域中一样，我们应该辩证地思考，也就是说，不要以为我们的认识是一成不变的，而要去分析怎样从不知到知，怎样从不完全的不确切的知到比较完全比较确切的知。”[④]这一结论坚持了认识的辩证性，即强调必须把辩证法运用于认识论之中，认为认识是一个由浅入深、由低级到高级、从不全面到比较全面、从不确切到比较确切、从不深刻到比较深刻的曲折前进的过程。此外，列宁还系统阐述了绝对真理与相对真理、实践作为检验真理标准的绝对性和相对

① 《马克思恩格斯文集》第 4 卷，人民出版社 2009 年版，第 280 页。

②③④ 《列宁选集》第 2 卷，人民出版社 2012 年版，第 77 页。

性问题。

毛泽东的《实践论》是把马克思主义认识论与中国革命实际相结合的光辉典范，在马克思主义认识论思想发展史上具有里程碑的意义。

（二）以实践为基础的能动反映论

马克思、恩格斯第一次把科学的实践观引入自己的哲学体系，创立了马克思主义的科学世界观和方法论，实现了人类认识史上的伟大变革。他们把自己称作“实践的唯物主义者”，突出马克思主义哲学的实践性特征。列宁也曾强调：“生活、实践的观点，应该是认识论的首要的和基本的观点。”[①] 这就决定着马克思主义的认识论是以实践为基础的能动反映论。

应该肯定，认识和实践是认识过程中的一对基本矛盾。认识是观念性活动，实践是物质性活动，二者既相互区别，又相互依存，构成认识过程中辩证统一的关系。

首先，实践是认识的基础。其一，社会实践是人的认识的基本来源。正如毛泽东所指出的，人的认识，主要地依赖于物质的生产活动，在这个过程中逐渐地了解自然的现象、自然的性质、自然的规律性、人和自然的关系；而且经过生产活动，也在各种不同程度上逐渐地认识了人和人之间的相互关系。可以说，离开生产活动的实践，人们不可能得到任何知识。这是人的认识发展的基本来源。其二，社会实践是人的认识发展的根本动力。人类社会的生产活动是一步一步地由低级向高级发展。因此，人们的认识，不论对于自然界方面，对于社会方面，也都是一步又一步地由低级向高级发展，即由浅入深、由片面到更多的方面。在很长的历史时期内，大家对于历史只能限于片面的了解，这一方面是

① 《列宁选集》第 2 卷，人民出版社 2012 年版，第 103 页。

由于剥削阶级的偏见经常歪曲社会的历史，另一方面则是由于生产规模的狭小，限制了人们的眼界。人们能够对社会历史的发展作全面的历史的了解，把对于社会的认识变成了科学，这只是到了伴随大工业而出现近代无产阶级的时候，这就是马克思主义的科学。其三，社会实践是判断人们对于外界认识的真理性标准。人们要想得到工作的胜利即得到预想的结果，一定要使自己的思想合于客观外界的规律性，如果不合，就会在实践中失败。人们经过失败之后，也就从失败取得教训，改正自己的思想使之适合于外界的规律性，人们就能变失败为胜利，所谓“失败乃成功之母”“吃一堑长一智”，就是这个道理。“辩证唯物论的认识论把实践提到第一的地位，认为人的认识一点也不能离开实践，排斥一切否认实践重要性、使认识离开实践的错误理论。”①判定认识或理论之是否是真理，不是依主观上觉得如何而定，而是依客观上社会实践的结果如何而定。因此，真理的标准只能是社会的实践。其四，实践是人们认识的最终目的。毛泽东曾说：“马克思主义的哲学认为十分重要的问题，不在于懂得了客观世界的规律性，因而能够解释世界，而在于拿了这种对于客观规律性的认识去能动地改造世界。在马克思主义看来，理论是重要的，它的重要性充分地表现在列宁说过的一句话：‘没有革命的理论，就不会有革命的运动。’然而马克思主义看重理论，正是，也仅仅是，因为它能够指导行动。如果有了正确的理论，只是把它空谈一阵，束之高阁，并不实行，那末，这种理论再好也是没有意义的。”②

其次，认识对实践具有巨大的反作用。任何实践都是在既有认识指导下进行的。恩格斯曾说：“决不能避免这种情况：推动人去从事活动的一切，都要通过人的头脑，甚至吃喝也是由于通过头脑感觉到饥渴而开始，并且同样由于通过头脑感觉到饱足而停止。外部世界对人的

①②《毛泽东选集》第1卷，人民出版社1991年版，第284、292页。

影响表现在人的头脑中，反映在人的头脑中，成为感觉、思想、动机、意志，总之，成为‘理想的意图’，并且以这种形态变成‘理想的力量’。”[①] 人类社会发展的历史表明，人类社会的存在状态与人类的认识水平有着正向关联性。当人们的认识水平还很低下时，人们的实践往往带有极大的盲目性；随着人们认识水平的提高，认识能力的增强，对客观事物及其发展规律有了进一步的深入了解之后，人们的实践能力和实践水平也会大大提高。可以说，人们认识的深度和广度，直接制约着人类实践活动的成败与否，决定着人类实践活动的成效大小。

认识的提炼和升华就是理论。或者说，理论是在实践过程中通过对事物发展规律获得正确认识的基础上，经过反复探索、总结、提炼和升华而形成的系统化、理性化的高级形式的认识。理论依赖于实践，但理论一经形成就对实践具有重要的指导作用。其一，理论能够为人们的实践活动指明方向。理论之所以成为理论，就在于它科学地认识和把握了事物发展的规律，从而可以预见或预测事物发展的趋势和未来；这是理论存在的价值所在。其二，理论能够为人们的实践活动提供科学的方法指导。好的理论一定能够指导人们的实践；但是，并不是说正确的理论就一定能够正确指导人们的实践；因为，由理论变成方法去指导人们的实践需要经过诸多的中介，其中任何一个中介出了问题，就可能导致实践的失误或失败；这正是我们要研究方法的重要意义所在。其三，理论能够动员人民、组织群众，鼓舞斗志、凝聚人心、统一思想，为实现既定目标而奋斗。正确的理论一定来自广大人民的实践活动，又通过宣传教育转化为广大人民的自觉实践活动，并最终通过广大人民群众的实践活动把理论构想变成现实生活状态。

我们要注意的是，在理解理论和实践的关系时，要克服两种倾向：

---

① 《马克思恩格斯文集》第 4 卷，人民出版社 2009 年版，第 285—286 页。

一种倾向是，肯定理论能够指导实践，承认理论对实践具有相对独立性。但是，如果把理论的独立性绝对夸大，就可能导致理论脱离实践，从而犯教条主义和主观主义的错误。另一种倾向是，肯定实践是理论产生和形成的基础。但是，如果把实践的基础作用绝对夸大，就可能导致轻视理论，从而犯经验主义的错误。

（三）认识的辩证发展过程

在实践基础上形成认识，并不是直线式的一次性就可以完成的活动，而是要经历一个螺旋式发展的过程。列宁运用辩证方法考察人类认识的运动过程，指出“从生动的直观到抽象的思维，并从抽象的思维到实践，这就是认识真理、认识客观实在的辩证途径”①。毛泽东在总结中国革命经验的基础上，对认识发展的辩证过程作了具体而深刻的分析，进行了科学的抽象和概括。他认为，在社会实践的基础上，从感性认识上升到理性认识，从理性认识回到革命实践，是认识过程的两个阶段、两次能动的飞跃。

从感性认识到理性认识，是认识过程的第一个阶段。所谓感性认识是人的感官对于事物的片面的、现象的和外部联系的认识，属于感觉和印象的阶段；可以分为感觉、知觉、表象三个层次。感觉是对客观事物个别特性的反映；知觉是把各种感觉集合起来，对客观事物多种特性的整体反映；表象则是以往感知过的事物形象在头脑中的再现。所谓理性认识是对事物全体的、本质的、内部联系的认识，可以分为概念、判断和推理三个层次。就感性认识和理性认识来说，感性认识是认识的低级阶段，理性认识是认识的高级阶段，二者在实践的基础上统一起来。一方面，理性认识依赖于感性认识。毛泽东指出：“马克思列宁主义认为：

① 《列宁全集》第55卷，人民出版社2017年版，第142页。

认识过程中两个阶段的特性，在低级阶段，认识表现为感性的，在高级阶段，认识表现为论理的，但任何阶段，都是统一的认识过程中的阶段。感性和理性二者的性质不同，但又不是互相分离的，它们在实践的基础上统一起来了。我们的实践证明：感觉到了的东西，我们不能立刻理解它，只有理解了的东西才更深刻地感觉它。感觉只解决现象问题，理论才解决本质问题。这些问题的解决，一点也不能离开实践。无论何人要认识什么事物，除了同那个事物接触，即生活于（实践于）那个事物的环境中，是没有法子解决的。”[①] 另一方面，感性认识又有待于发展到理性认识。毛泽东指出，如果以为认识可以停顿在低级的感性阶段，以为只有感性认识可靠，而理性认识是靠不住的，这便是重复了历史上的“经验论”的错误。这种理论的错误，在于不知道感觉材料固然是客观外界某些真实性的反映，但它们仅是片面的和表面的东西，这种反映是不完全的，是没有反映事物本质的。“要完全地反映整个的事物，反映事物的本质，反映事物的内部规律性，就必须经过思考作用，将丰富的感觉材料加以去粗取精、去伪存真、由此及彼、由表及里的改造制作工夫，造成概念和理论的系统，就必须从感性认识跃进到理性认识。这种改造过的认识，不是更空虚了更不可靠了的认识，相反，只要是在认识过程中根据于实践基础而科学地改造过的东西，正如列宁所说乃是更深刻、更正确、更完全地反映客观事物的东西。”[②]

从感性认识上升到理性认识，是认识过程的第一次飞跃。实现这次飞跃必须具备两个基本条件：一是感觉的材料十分丰富和合于实际，而不是零碎不全或某种错觉；二是必须经过思考作用，将丰富的感觉材料加以去粗取精、去伪存真、由此及彼、由表及里的改造制作工夫。从感性认识上升到理性认识，人们逐步认识客观事物的内部矛盾，把握客观事物的规律

①② 《毛泽东选集》第 1 卷，人民出版社 1991 年版，第 286—287、291 页。

性，也就实现了第一个飞跃。所以，“理性认识依赖于感性认识，感性认识有待于发展到理性认识，这就是辩证唯物论的认识论。”[①]

从理性认识到实践是认识过程的第二个阶段，也是第二次飞跃，而且是更重要的飞跃。毛泽东特别强调理性认识回到革命实践，即认识过程的第二个能动飞跃的伟大意义。毛泽东认为，在实践基础上从感性认识能动地发展理性认识，是认识过程的第一个飞跃。但是，“辩证唯物论的认识运动，如果只到理性认识为止，那末还只说到问题的一半。而且对于马克思主义的哲学来说，还只说到非十分重要的那一半。马克思主义的哲学认为十分重要的问题，不在于懂得了客观世界的规律性，因而能够解释世界，而在于拿了这种对于客观规律性的认识去能动地改造世界。”“马克思主义看重理论，正是，也仅仅是，因为它能够指导行动。如果有了正确的理论，只是把它空谈一阵，束之高阁，并不实行，那末，这种理论再好也是没有意义的。认识从实践始，经过实践得到了理论的认识，还须再回到实践去。认识的能动作用，不但表现于从感性的认识到理性的认识之能动的飞跃，更重要的还须表现于从理性的认识到革命的实践这一个飞跃。”[②]通过认识活动形成了对世界规律的认识，必须再回到改造世界的实践中去，再用到生产的实践、革命的阶级斗争和民族斗争的实践以及科学实验的实践中去。所以，认识的能动作用，不但表现于从感性认识到理性认识之能动的飞跃，更重要的还须表现于从理性认识到革命实践的这一飞跃。这是因为，认识世界的目的是为了改造世界，理性认识只有回到改造世界的实践中去，才能够达到指导人们能动地改造世界的实践活动的最终目的，并且只有回到实践中去才能得到检验和发展。毛泽东说，人类认识的历史告诉我们，许多理论的真理性是不完全的，经过实践的检验而纠正其错误。所以，从理性认识到

①② 《毛泽东选集》第1卷，人民出版社1991年版，第291、292页。

革命实践的飞跃，既是理论指导实践的过程，也是在实践中检验理论和发展理论的过程，是整个认识过程的继续。正是从这个意义上，毛泽东认为认识过程的第二次飞跃比第一次飞跃更重要，意义更伟大。

认识从实践中来，又到实践中去，如果能够在实践中达到预期的结果，那么对这一具体过程的认识运动就算完成了。但是，一般说来，要获得对一个具体事物的正确认识，往往需要经过由实践到认识，又由认识到实践多次的反复才能达到。毛泽东科学地揭示了人类认识发展的总过程和总规律："通过实践而发现真理，又通过实践而证实真理和发展真理。从感性认识而能动地发展到理性认识，又从理性认识而能动地指导革命实践，改造主观世界和客观世界。实践、认识、再实践、再认识，这种形式，循环往复以至无穷，而实践和认识之每一循环的内容，都比较地进到了高一级的程度。这就是辩证唯物论的全部认识论，这就是辩证唯物论的知行统一观。"①

二、运用能动反映论的经典案例

可以说，和认识论相关的经典案例太多了，甚至每时每刻都发生在我们的生活和工作中。我在这里就讲一个"大"的案例，大到能够影响到中国社会发展进程、影响到中国共产党的执政思路、影响到千千万万民众的思维方式的案例。对于这个案例，现在年龄在 60 岁以上的人都熟悉，甚至直接参与了这个案例发生发展的过程；可是，对于许多中年人和青年人来说，可能并不清楚当年到底发生了什么事。这个案例就是发生在 1978 年的"真理标准问题大讨论"。

① 《毛泽东选集》第 1 卷，人民出版社 1991 年版，第 296—297 页。

“文化大革命”结束后，中国社会主义事业处在重新选择的关键时期。如何从哲学高度反思和总结“文化大革命”的经验教训，从中国社会的实际出发，重新探索中国社会主义发展的新思路，成为许多共产党人都在思考的重大理论和实践课题。而要正确回答这个课题，首先要完成的艰巨任务是拨乱反正，特别是思想路线的拨乱反正，以便从中国的实际出发，抓住有利时机制定正确的路线方针政策，带领全国人民迅速从“文化大革命”造成的种种误区中走出来，为中国社会的发展找到一条正确前进的道路。能否完成这个艰巨任务，关系到中国社会主义事业的兴衰成败，关系到中华民族的前途命运，关系到中国共产党的生死存亡。

然而，是恪守“两个凡是”，还是坚持实践是检验真理的唯一标准？这绝不是一个普通哲学观点的争论，而是中国共产党思想发展史上一次伟大思想解放运动的开端。

要讲真理标准问题大讨论，必然要讲中央党校。中央党校是党的重要的思想理论阵地，也是培训党的中高级领导干部的教育阵地。胡耀邦到中央党校工作后，一直在考虑如何充分发挥党校的理论阵地和教育阵地作用的问题。他多次提出，要把林彪、“四人帮”颠倒了的理论是非、思想是非、路线是非再颠倒过来，必须写文章，用评论去提高人们的思想认识。这就需要创办一个勇于冲破思想禁区、敢于说真话的理论刊物。基于这个想法，1977 年 6 月 4 日召开第一次会议，决定创办《理论动态》，7 月 15 日便出版第一期。这是个内部刊物，主要讨论一些当时人们争论比较激烈的重大理论和实践问题。

1977 年 10 月 9 日，中央党校举行隆重的复校开学典礼。华国锋、叶剑英等党中央主要领导人出席。叶剑英在讲话中提出，中央党校必须把研究党的历史作为一项重要任务。开学典礼后，主持党校日常工作的胡耀邦就布置党史研究室负责人落实具体意见。在研究党史过程中，围绕着如何研究、运用什么样的方法和标准来研究和评价党的历史，特别是研究和评价党的第九、十、十一次“路线斗争”问题，产生了意见分歧。在争论的过程中，要求以完整的、准确的马列主义、毛泽东思想为指导，采取严肃的、严密的、科学的态度，从事实出发、尊重历史、尊重事实，实践是检验真理的唯一标准的思想都提出来了。

1978年5月10日，《理论动态》发表了经胡耀邦审定的《实践是检验真理的唯一标准》一文。次日，《光明日报》以“特约评论员”的名义将文章公开发表。接着，《人民日报》《解放军报》全文转载。文章指出：“检验真理的标准是什么？这是早被无产阶级的革命导师解决了的问题。但是这些年来，由于‘四人帮’的破坏和他们控制下的舆论工具大量的歪曲宣传，把这个问题搞得混乱不堪。为了深入批判‘四人帮’，肃清其流毒和影响，在这个问题上拨乱反正，十分必要。”一个理论，是否正确地反映实际，是不是真理，只能靠社会实践来检验，这是马克思主义认识论的一个基本原理。文章还强调，“实践不仅是检验真理的标准，而且是唯一标准。”任何真理都要不断地接受实践的检验，马克思主义也要在实践中不断增加新观点、新结论，抛弃那些不适合新情况的个别的旧观点、旧结论。文章最后指出：“现在，‘四人帮’及其资产阶级帮派体系已被摧毁，但是，‘四人帮’加在人们身上的精神枷锁，还远没有完全粉碎。毛主席在第二次国内革命战争时期曾经批评过的‘圣经上载了的才是对的’（《论反对日本帝国主义的策略》）这种倾向依然存在。无论在理论上或实际工作中，‘四人帮’都设置了不少禁锢人们思想的‘禁区’，对于这些‘禁区’，我们要敢于去触及，敢于去弄清是非。科学无禁区。凡是超越于实践并自奉为绝对的‘禁区’的地方，就没有科学，就没有真正的马列主义、毛泽东思想，而只是蒙昧主义、唯心主义、文化专制主义。”“社会主义对于我们来说，有许多地方还是未被认识的必然王国。我们要完成这个伟大的任务，面临着许多新的问题，需要我们去认识，去研究，躺在马列主义毛泽东思想的现成条文上，甚至拿现成的公式去限制、宰割、剪裁无限丰富的飞速发展的革命实践，这种态度是错误的。我们要有共产党人的责任心和胆略，勇于研究生动的实际生活，研究现实的确切事实，研究新的实践中提出的新问题。只有这样，才是对待马克思主义的正确态度，才能够逐步地由必然王国向自由王国前进，顺利地进行新的伟大的长征。”[①]

很显然，这篇文章旗帜鲜明，直指“两个凡是”。文章公开见报后，立即引起强烈反响。绝大多数党员、干部和理论工作者坚决拥护，认为它是一篇坚持马克思主义、毛泽东思想的好文章，提出一个事关中国社会的带有根本性的问题。但是，也有一些人认为，这篇文章“犯了方向性错误”，“政治上是要砍倒毛泽东思想这面红旗”，理论上是“荒谬的”，思想上是“反动的”；甚至有人表示坚持拥护“两个凡是”，反复强调凡是毛泽东和华国锋说过的话，都不能改动。这些言论严重干扰了当时思想理论上的拨乱反正。

针对这种情况，1978 年 5 月 30 日邓小平在同胡乔木等人谈话时指出：“只要你讲话和毛主席讲的不一样，和华主席讲的不一样，就不行。毛主席没有讲的，华主席没有讲的，你讲了，也不行。怎么样才行呢？照抄毛主席讲的，照抄华主席讲的，全部照抄才行。这不是一个孤立的现象，这是当前一种思潮的反映。”[②]6 月 2 日，邓小平在全军政治工作会议上发表讲话。他讲了四个问题，第一个问题就是实事求是。他针对当时存在的“两个凡是”的思潮说：“我们也有一些同志天天讲毛泽东思想，却往往忘记、抛弃甚至反对毛泽东同志的实事求是、一切从实际出发、理论与实践相结合的这样一个马克思主义的根本观点，根本方法。不但如此，有的人还认为谁要是坚持实事求是，从实际出发，理论和实

① 《光明日报》特约评论员：《实践是检验真理的唯一标准》，《光明日报》1978 年 5 月 11 日。
② 中共中央文献研究室编，冷溶、汪作岭主编：《邓小平年谱（1975—1997）》（上），中央文献出版社 2004 年版，第 319 页。

践相结合，谁就是犯了弥天大罪。他们的观点，实质上是主张只要照抄马克思、列宁、毛泽东同志的原话，照抄照转照搬就行了。要不然，就说这是违反了马列主义、毛泽东思想，违反了中央精神。他们提出的这个问题不是小问题，而是涉及到怎么看待马列主义、毛泽东思想的问题。”①邓小平强调，马列主义、毛泽东思想的基本原则，我们任何时候都不能违背，这是毫无疑义的。但是，一定要和实际相结合，要分析研究实际情况，解决实际问题。按照实际情况决定工作方针，这是一切共产党员所必须牢牢记住的最基本的思想方法、工作方法。实事求是，是毛泽东思想的出发点、根本点。这是唯物主义。不然，我们开会就只能讲空话，不能解决问题。邓小平回顾了我们党发展的历史进程，说明毛泽东历来坚持要用马列主义的立场、观点、方法来提出问题，分析问题，解决问题。他历来是按照不同的时间、地点、条件讲问题的。如果离开实事求是，一切从实际出发，只能把我们引导到唯心主义和形而上学，引导到工作的损失和革命的失败。邓小平这个讲话，旗帜鲜明地支持了《实践是检验真理的唯一标准》文章中的观点，并结合中国共产党的实践过程和毛泽东的相关论述进行了深刻的阐述和发挥，尖锐批评了“两个凡是”的唯心主义观点，明确提出“我们一定要肃清林彪、‘四人帮’的流毒，拨乱反正，打破精神枷锁，使我们的思想来个大解放，这确实是一个十分严重的任务”②。

正是在邓小平旗帜鲜明的支持下，实践是检验真理唯一标准问题的大讨论在全国如火如荼、气势浩大地开展起来。几乎各个省、自治区、直辖市的各个行业，都以不同形式先后召开了主题为“实践标准问题大讨论”的座谈会、讨论会，举办了各种形式的学习班；各种报纸杂志发表了大量的文章，一些重要领导人纷纷发表讲话式文章支持真理标准问

①② 《邓小平文选》第2卷，人民出版社1994年版，第114、119页。

题大讨论，积极倡导解放思想。

在 1978 年 12 月 13 日中央工作会议闭幕会上，邓小平作了题为《解放思想，实事求是，团结一致向前看》的重要讲话，高度评价了真理标准问题大讨论。他说："目前进行的关于实践是检验真理的唯一标准问题的讨论，实际上也是要不要解放思想的争论。大家认为进行这个争论很有必要，意义很大。从争论的情况来看，越看越重要。一个党，一个国家，一个民族，如果一切从本本出发，思想僵化，迷信盛行，那它就不能前进，它的生机就停止了，就要亡党亡国。这是毛泽东同志在整风运动中反复讲过的。只有解放思想，坚持实事求是，一切从实际出发，理论联系实际，我们的社会主义现代化建设才能顺利进行，我们党的马列主义、毛泽东思想的理论也才能顺利发展。从这个意义上说，关于真理标准问题的争论，的确是个思想路线问题，是个政治问题，是个关系到党和国家的前途和命运的问题。"①

可以毫不夸张地说，正是通过真理标准问题的大讨论，冲破了"两个凡是"的严重精神束缚，推动了全国性的思想解放运动，重新确立党的实事求是思想路线，为具有划时代意义的党的十一届三中全会做了重要的思想准备，为开创中国特色社会主义道路提供了精神支持。

三、经典案例给予我们的重要启示

真理标准问题大讨论已经过去 40 多年，当时风华正茂、激扬文字的人现在多数都退出历史舞台。反思这段历史，带给我们的启示太多了。从认识论的角度谈三点：

第一，辩证地把握实践标准。马克思主义把实践引入认识论，认为

① 《邓小平文集》第 2 卷，人民出版社 1994 年版，第 143 页。

实践是人们自觉地改造客观世界的物质活动，是沟通主观和客观的桥梁。只有通过实践，才能实现主观对客观的正确反映，也只有通过不断的实践，人们对客观事物的认识才能逐渐深化，并在实践中不断得到检验和丰富。通过实践，人们不仅可以认识客观世界，而且可以能动地改造世界，实现从理论到实践的飞跃。所以，实践不仅是认识的基础，而且“整个活生生的人类实践是深入到认识论本身之中的，它提供真理的客观标准”①。列宁曾经说：“马克思主义者说：如果把实践标准作为认识论的基础，那么我们就必然得出唯物主义”②，就可以彻底驳倒一切哲学怪论并彻底贯彻唯物主义的认识论路线。

然而，我们必须注意到，在肯定实践是检验真理的唯一标准的同时，还要认识到实践标准具有确定性和不确定性两个方面。因为，实践是一个不断发展着的过程，它作为检验真理的客观标准，是绝对性和相对性、确定性和不确定性的统一。一方面，实践作为沟通主观和客观的桥梁，它是检验真理的唯一标准。经过实践检验，凡是与客观实际相符合的认识，就是真理。而任何被实践证明与客观实际不相符合的观点，不管说得多么头头是道，都只能是谬误。所以，实践作为区别真理和谬误的唯一标准，是确定不移的、绝对的。另一方面，实践又是一个不断发展的过程，就是说，实践在其发展的某一具体历史阶段，因历史条件的限制总是有局限性的，它不可能立即完全地证实或推翻任何一种观念；即使已为实践所证实的理论，它和客观实际的符合也只具有近似的性质，也是一个过程。所以，我们不能期望经过一次实践就可以肯定性地或否定性地判别一种认识的正确与否，而必须要经过长期的多次的实践的反复检验，在不断发展的实践中检验认识的真理性，不能把实践标准绝对化。正如列宁所说：“当然，在这里不要忘记：实践标准实质

①② 《列宁选集》第2卷，人民出版社2012年版，第152、100页。

上决不能完全地证实或驳倒人类的任何表象。这个标准也是这样的‘不确定’，以便不让人的知识变成‘绝对’，同时它又是这样的确定，以便同唯心主义和不可知论的一切变种进行无情的斗争。”①在这个意义上，实践标准又是相对的和不确定的。正确地理解和掌握实践标准的这种辩证性质，在实际生活中有重要意义。

第二，正确理解实践标准、生产力标准、“三个有利于”标准的关系。在真理标准问题上，特别是在判断社会主义制度优越性的标准问题上，中国共产党人是有着深刻的经验教训的。正是真理标准问题的大讨论，打开了中国历史发展进步的思想闸门，使中国特色社会主义焕发出勃勃生机。邓小平在总结历史经验教训的基础上，在改革初期就明确提出：“实事求是，一切从实际出发，理论联系实际，坚持实践是检验真理的标准，这就是我们党的思想路线。”②根据邓小平的讲话精神，党的十二大通过的党章对党的思想路线作出了规范的表述，特别是第一次明确把“在实践中检验真理和发展真理”作为党的思想路线的重要内容，体现了马克思主义认识论的基本思想，指明了正确处理主观与客观、理论与实际、认识与实践的相互关系的基本原则。这是对真理标准问题大讨论所取得的认识成果的高度概括，也是对克服长期存在的个人崇拜、教条主义、思想僵化的历史经验的科学总结。它以更加完备的理论形态为全党所接受，对于统一全党思想，提高全党贯彻执行现阶段党的基本路线的自觉性，增强反对错误倾向的能力，在实践中坚持和发展马克思主义，具有极为重要的现实意义和深远的历史意义。

真理标准问题的大讨论从理论上恢复了党的正确的思想路线，从实践上推动了党的工作重心转移到经济建设上来。然而，以什么标准来判断人们的实践？以什么标准来判断改革开放所采取的一系列措施？以

① 《列宁选集》第2卷，人民出版社2012年版，第103页。
② 《邓小平文选》第2卷，人民出版社1994年版，第278页。

什么标准来评价社会主义制度的优越性？邓小平适时回答了这一系列问题。“我们是社会主义国家，社会主义制度优越性的根本表现，就是能够允许社会生产力以旧社会所没有的速度迅速发展，使人民不断增长的物质文化生活需要能够逐步得到满足。按照历史唯物主义的观点来讲，正确的政治领导的成果，归根结底要表现在社会生产力的发展上，人民物质文化生活的改善上。”[①] 然而，生产力标准提出以后，被一些人加以简单化、庸俗化地理解，认为生产力标准就是经济效益标准，甚至认为就是赚钱的标准。针对这种情况，邓小平在南方谈话时明确提出“三个有利于”的判断标准，即“判断的标准，应该主要看是否有利于发展社会主义社会的生产力，是否有利于增强社会主义国家的综合国力，是否有利于提高人民的生活水平”[②]。“三个有利于”判断标准的核心依然是生产力标准，但是其他两项给予规定：发展生产力必须有利于国家综合国力的提高，有利于提高人民的生活水平，三者形成一个有机整体。应该说，“三个有利于”标准是个科学性与价值性相统一的标准，体现了中国共产党人“实事求是”的科学性追求与“为人民服务”的价值性追求的统一。

习近平总书记更加重视检验标准问题。他说：“我们党领导人民全面建设小康社会、进行改革开放和社会主义现代化建设的根本目的，就是要通过发展社会生产力，不断提高人民物质文化生活水平，促进人的全面发展。检验我们一切工作的成效，最终都要看人民是否真正得到了实惠，人民生活是否真正得到了改善，这是坚持立党为公、执政为民的本质要求，是党和人民事业不断发展的重要保证。”[③] 并且强调，坚持实事求是，就要坚持为了人民利益坚持真理、修正错误。要有光明磊落、

① 《邓小平文选》第2卷，人民出版社1994年版，第128页。
② 《邓小平文选》第3卷，人民出版社1993年版，第372页。
③ 习近平：《全面贯彻落实党的十八大精神要突出抓好六个方面工作》，《求是》2013年第1期。

无私无畏、以事实为依据、敢于说出事实真相的勇气和正气，及时发现和纠正思想认识上的偏差、决策中的失误、工作中的缺点，及时发现和解决存在的各种矛盾和问题，使我们的思想和行动更加符合客观规律、符合时代要求、符合人民愿望。

第三，辩证地理解真理的绝对性和相对性的关系。谈到实践标准的绝对性和相对性问题，必然涉及真理的绝对性和相对性问题。人们认识的目的是掌握真理，以便指导人们正确地从事实践活动。所谓真理是客观事物及其发展规律在人们头脑中的正确反映，是主观和客观相符合的认识。从这个角度来说，真理是客观的。列宁曾说："认为我们的感觉是外部世界的映象；承认客观真理；坚持唯物主义认识论的观点，——这都是一回事。"①

我们在实际工作中应该注意从四个维度来认识和把握真理的绝对性和相对性的问题。其一，承认客观真理就是承认绝对真理。列宁指出："当一个唯物主义者，就要承认感官给我们揭示的客观真理。承认客观的即不依赖于人和人类的真理，也就是这样或那样地承认绝对真理。"②所谓绝对真理或真理的绝对性，主要指的是真理的客观实在性，指的是"真理的存在是无条件的，我们向这个真理的接近也是无条件的"③。其二，绝对真理是由相对真理构成的。所谓相对真理或真理的相对性是指，我们的知识向客观的、绝对的真理接近的界限是受历史条件制约的，因此，任何一种真理性的认识都有其时代的局限性。但是，随着人们认识活动的展开和深入，无数相对真理的总和又构成了绝对真理。不仅如此，真理尽管有相对性，其中却含有绝对的成分，这就使得真理表现为从相对走向绝对的过程。其三，相对真理和绝对真理之间没有不可逾越的鸿沟。因为，绝对真理和相对真理是对立统一的，我们的认识向

①②③ 《列宁选集》第2卷，人民出版社2012年版，第89—90、92、96页。

绝对真理的接近无疑要受到主客观条件的限制。但是，就人类整体的认识能力和本性而言，认识向绝对真理的接近是无条件的，是绝对的。相对真理中包含有绝对真理，绝对真理存在于相对真理之中，二者之间没有不可逾越的鸿沟。其四，相对真理和绝对真理的区分是既确定又不确定的。所谓二者区分的确定性，是指绝对真理也即真理的绝对性，是说真理所反映的内容是客观的，其存在是无条件的；而相对真理也即真理的相对性，是指真理的具体性、条件性和有限性；搞清楚二者之间的区别才可能同唯心主义和相对主义划清界限。所谓二者区分的不确定性，是指相对真理包含着绝对真理的颗粒，绝对真理又是由相对真理构成的；我们不能把已经获得的真理性认识绝对化，变成凝固的教条。如果只承认真理的绝对性而否认真理的相对性，看不到二者之间的内在联系，就会把一切都看成是绝对的，陷入教条主义和独断论。

第十章

学习唯物史观，掌握『历史合力』的方法

前面九章主要学习马克思主义哲学的唯物论和辩证法的相关内容，从这一章开始学习马克思主义哲学的历史观的相关内容。马克思主义哲学不但实现了唯物论与辩证法的统一，而且实现了自然观与历史观的统一，创立了唯物主义历史观。恩格斯曾说：“这两个伟大的发现——唯物主义历史观和通过剩余价值揭开资本主义生产的秘密，都应当归功于马克思。由于这两个发现，社会主义变成了科学。”[①] 学习唯物史观，要注意认识和把握社会发展是一个自然历史过程，有着自己的客观规律；特别要认识和把握社会规律实现的特殊方式，即无数个有目的、有意识的社会主体之间的相互影响、相互制约，经过复杂的博弈过程，最后形成“历史合力”，推动人类社会的进步和发展。在当代中国条件下，学习“历史合力”理论，掌握“历史合力”的思想方法和工作方法，以形成万众一心推进中国特色社会主义伟大事业奋勇前进的磅礴力量。

一、唯物史观的基本理论及其方法

人类社会是自然界长期发展的产物，遵循着同自然界共同的发展规律；然而，人类社会作为由有意识和动机组成的人及其活动所构成的有机整体，又有着自己发展的特殊规律。马克思、恩格斯把对人类社会的

① 《马克思恩格斯文集》第 9 卷，人民出版社 2009 年版，第 30 页。

研究置于科学的基础之上，概括并正确回答了社会存在与社会意识这个历史观的基本问题，揭示了人类社会发展的基本规律，从而把历史唯心主义从它的最后避难所中驱赶出去，建立起完备的唯物主义哲学，为我们提供了认识和把握人类社会发展规律的方法。

（一）唯物史观的创立

在马克思主义产生以前，唯心主义在社会历史观中一直占据着统治地位。这种局面的形成，有着深刻的历史根源、阶级根源和认识根源。从历史根源来说，在资本主义大工业出现以前，由于社会生产力极其低下，经济规模小，人们眼界受到了限制；特别是“在过去的各个历史时代，我们几乎到处都可以看到社会完全划分为各个不同的等级，看到社会地位分成多种多样的层次”[①]。这就使人们很难形成对社会发展规律的认识。从阶级根源来说，以往的哲学，主要掌握在剥削阶级手中，成为他们为当时社会制度存在合理性辩护的工具；这就决定着他们不可能超越阶级的局限性和狭隘性，去认真、客观地研究人类社会发展的历史，揭示人类社会发展的规律。从认识论的根源来说，社会历史发展的特殊性也给人们正确地认识社会规律带来很大的困难。因为，与自然界不同，在社会历史领域里进行活动的是有意识有动机的人，社会历史中的任何事物的发生都是有意识有动机的人的活动的结果，这就导致人们对社会历史发展产生了一个错误认识：社会历史发展是按照人的意识和动机来运行的，人的意识或动机是社会历史发展的决定力量或终极原因。

旧唯物主义哲学没有超越这个思想障碍，他们在自然观上是唯物主义，在历史观上却是唯心主义的。原因在于旧唯物主义哲学依然停留在人的意识和动机这个层次上，主张“按照行动的动机来判断一切”，没

① 《马克思恩格斯文集》第2卷，人民出版社2009年版，第31页。

有去探索这种动机背后的动因是什么，最终在历史领域里背叛了自己。黑格尔的历史哲学比旧唯物主义深刻的地方在于，肯定历史人物的动机背后有更深刻的动力。但是，他不是到历史本身中去寻找动力，而是到历史之外去寻找动力，结果找到了神秘的“绝对观念”，把历史当作绝对观念的实现过程。这就是说，在历史观问题上，旧唯物主义哲学没有给自己提出寻找人的意志和动机背后更深刻的物质根源的任务；唯心主义哲学家给自己提出这个课题，却由于理论自身的局限性使之找错了地方。总之，他们都没有正确地揭示人类社会发展的规律。

马克思、恩格斯高明在哪？随着资本主义大工业时代的到来，社会生产力的高度发展，经济规模的极度扩大，特别是航海和交通运输事业的发展，不仅扩大了人们的眼界，也使人类社会历史发展由地域性、局部性的发展而进入世界历史发展的进程。特别是资本主义社会，“使阶级对立简单化了。整个社会日益分裂为两大敌对的阵营，分裂为两大相互直接对立的阶级：资产阶级和无产阶级”[①]。同时，自然科学的飞速发展，辩证思维方式的确立，这一切为揭示人类社会发展的经济根源，认识人类社会发展规律，提供了必要的历史条件。马克思、恩格斯的高明之处在于，站在时代发展的高度，放眼于世界历史的发展进程，运用自然科学的最新发展成果，总结和概括工人运动迅速发展的新鲜经验，创新性地去研究“动力的动力”，即研究人的意识和目的背后更深刻的根源，从而揭示了人类社会的发展规律。

马克思、恩格斯研究社会发展规律的基本思路是：肯定人类社会和自然界一样，都有自己的发展规律。恩格斯说：“适用于自然界的，同样适用于社会历史的一切部门和研究人类的（和神的）事物的一切科学。”“在这里也完全像在自然领域里一样，应该通过发现现实的联系来

① 《马克思恩格斯文集》第2卷，人民出版社2009年版，第32页。

清除这种臆造的人为的联系；这一任务，归根到底，就是要发现那些作为支配规律在人类社会的历史上起作用的一般运动规律。”[①] 这段话不仅为历史唯物主义确立了科学的研究对象，而且实现了自然观与历史观的统一。

然而，社会发展史与自然发展史确实存在着显著的区别。在自然界中，全是没有意识的、盲目的力量在彼此发生作用，而一般规律就表现在这些力量的相互作用之中；没有任何事情是作为预期的、自觉的目的发生的。相反，在社会历史领域内，进行活动的是具有意识的、经过思虑或凭激情行动的、追求某种目的的人；任何事情的发生都是具有自觉的意图，有预期的目的的。正是这一本质的差别，直接影响到社会历史的进程，也影响到人们对社会历史规律的认识。然而，尽管我们肯定人的活动是有计划有目的的，但“它丝毫不能改变这样一个事实：历史进程是受内在的一般规律支配的”。这是因为，虽然人们“行动的目的是预期的，但是行动实际产生的结果并不是预期的”。这说明社会历史发展有着不以人们主观意志为转移的客观规律。同时，在社会历史领域里，表面上也要受到偶然性的支配，但是“在表面上是偶然性在起作用的地方，这种偶然性始终是受内部的隐蔽着的规律支配的，而问题只是在于发现这些规律”[②]。

那么，通过什么样的途径来探究和发现社会历史发展的规律呢？恩格斯指出，必须注意研究人们历史活动的思想动机，但又决不能仅仅停留在思想动机上，更重要的是要研究隐藏在历史人物的动机背后并构成历史动因的真正的“动力的动力”。即要去探索人们从事某种活动的动机背后更深刻的根源。恩格斯说：“如果要去探索那些隐藏在——自觉地或不自觉地，而且往往是不自觉地——历史人物的动机背后并且构成

①② 《马克思恩格斯文集》第4卷，人民出版社2009年版，第301、302页。

历史的真正的最后动力的动力，那么问题涉及的，与其说是个别人物，即使是非常杰出的人物的动机，不如说是使广大群众、使整个整个的民族，并且在每一民族中间又是使整个整个阶级行动起来的动机；而且也不是短暂的爆发和转瞬即逝的火光，而是持久的、引起重大历史变迁的行动。探讨那些作为自觉的动机明显地或不明显地，直接地或以意识形态的形式，甚至以被神圣化的形式反映在行动着的群众及其领袖即所谓伟大人物的头脑中的动因——这是能够引导我们去探索那些在整个历史中以及个别时期和个别国家的历史中起支配作用的规律的唯一途径。”[①] 这就是说，要探索社会发展的规律，必须研究使广大群众、使整个民族并且在每一民族中间又是使整个阶级行动起来的动机；必须研究在社会发展中持久的、引起重大历史变迁的动机；必须研究反映在行动着的群众及其领袖头脑中的各种各样的动机。这是能够引导我们去探索那些在整个历史中以及个别时期和个别国家的历史中起支配作用的规律的唯一途径。

按照这个思路，马克思、恩格斯全面揭示了社会发展的基本规律，建立起历史唯物主义的理论体系，从而把唯心主义从它最后的避难所即社会历史观中驱逐出去，建立了彻底的、完备的唯物主义哲学。

（二）唯物史观的基本问题

通过前面的论述可以看出，我们面对的现实世界，是由人类社会和自然界共同组成的统一整体，构成统一的历史发展过程。尽管人类社会是从自然界中产生和分化出来的，是物质世界的一个组成部分，其发展变化是受整个客观物质世界的普遍运动规律所支配的；但是，人类社会又是客观物质世界的一个独特的领域。其独特性在于，在社会历史领域

① 《马克思恩格斯文集》第4卷，人民出版社2009年版，第304页。

中，进行活动的是有意识和目的的人。这就提出一个重大的问题，即在社会实践活动中，人们的意识和目的与作为他们的活动对象的关系是怎样的呢？人们的意识和目的能够决定作为他们的活动对象吗？由人的意识和目的所指导的社会发展过程有自己的规律吗？马克思主义哲学把这个问题概括为唯物史观的基本问题，即社会存在和社会意识的关系问题。唯物史观的基本问题是哲学基本问题在社会历史领域里的体现。

可以说，社会存在和社会意识是历史唯物主义最基本的范畴。所谓社会存在是指人们的社会物质生活过程，包括物质资料的生产方式，以及通常所说的地理环境和人口因素。其中，物质资料的生产方式是社会赖以存在和发展的基础，而地理环境和人口因素是社会赖以存在和发展的自然前提或条件。

所谓物质资料的生产方式，是人们为了维持自己的生存而通过生产劳动向自然界谋取生活资料的方式，是社会发展的决定力量。这是下一章要讲的主要内容。所谓地理环境是指人们在进行生活和生产的过程中所面对的自然界，包括土地、山脉、气候、河流、海洋、生物体系以及各种自然资源等，是一个完整的自然系统。应该说，地理环境是人类社会存在和发展所不可缺少的物质条件，对人们的生产活动和社会实践方式有着重要的影响；特别是在人类社会的早期，社会生产力极度落后，地理环境往往能够决定着人们采取什么样的生产方式，决定着人们的生存样式。如生活在爱琴海域的古希腊人，充分发展了航海业，成为海上民族；而生活在黄河两岸的中华民族，则充分发展了农耕业，成为农耕民族。随着社会生产力的发展，科学技术水平的提高，地理环境对人们生活和生产方式的影响作用日益减弱。就是说，地理环境对人类社会发展的作用与人类社会的发展呈现负相关的关系。当然，在今天，地理环境作为一个生态系统，其平衡和稳定对人类的生存和发展有着越来越重要的意义。所谓人口因素，包括人口的数量、质量、增长率、密度等一系列指标。人口因素也是社会存在和发展的一个必备条件。特别是在人类社会的早期，恶劣的自然环境，各种凶猛的野兽，低下的生产能力，没有一定的人口数量聚集，很难想象一个族群能够生存下去。在当代，人口因素主要体现在必要的人口数量基础上的人口质量和人口分层结构，从不同方面对社会的发展起着重要的影响。

社会意识是指人们的社会精神生活过程，它是社会存在的反映。社会意识是个非常复杂的问题，是本书第十三章专门要讲的问题。这里只是简单地说，从社会意识的内容来看，包括人们的社会心理，如情感、感觉、情绪等；还包括各种社会意识形态，如政治思想、法律思想、道德、艺术、哲学、宗教等。

为什么说社会存在和社会意识是历史观的基本问题呢？通常可以从三个维度来理解：其一，社会存在和社会意识何者为第一性的问题，是划分唯物主义历史观与唯心主义历史观的唯一标准。凡是认为社会存在是第一性的，社会意识是第二性的，社会存在决定社会意识，都属于唯物主义历史观；反之，凡是认为社会意识是第一性的，社会存在是第二性的，社会意识决定社会存在，都属于唯心主义历史观。唯物主义历史观和唯心主义历史观在其他问题上的对立和分歧，都是以此问题为基础并围绕着这一问题展开的；所以说，如何回答这个问题，是唯物主义历史观和唯心主义历史观根本对立的焦点。其二，社会存在和社会意识的问题，是我们在实际工作中无法回避的问题。我们在工作中遇到的问题纷繁复杂、千头万绪，有时候感到无从下手；如果你能够把这些问题进行归纳整理，最后总能归结为是社会存在和社会意识的关系问题，并按照这个思路找到解决问题的办法。其三，正确理解社会存在和社会意识的关系问题，是认识和理解其他社会历史问题的前提和基础。换句话说，社会存在和社会意识的关系像一条主线，贯穿于整个历史观，影响甚至决定着历史观对相关问题的认识和解决。如，社会发展的动力是什么？如何看待阶级和阶级斗争？社会发展有没有规律性？历史是什么人创造的？等等。因此，如何认识和回答社会存在和社会意识的关系问题，就成为所有的历史观都必须回答的问题。

当然，如何认识社会存在和社会意识的关系，在我们今天看来是个非常简单的问题。尽管这只是从理论层面上来说，而在实践活动中遇到问题并真正能够从唯物史观的角度来思考问题就太难了。然而，在马克思、恩格斯那个时代，这种理论的提出却是一场哲学革命，是对历史观的一种根本性的变革。恩格斯曾指出：“人们的意识取决于人们的存在而不是相反，这个原理看来很简单，但是仔细考察一下也会立即发现，这个原理的最初结论就给一切唯心主义，甚至给最隐蔽的唯心主义当头一棒。关于一切历史的东西的全部传统的和习惯的观点都被这个原理否定了。”①马克思、恩格斯科学地解决了历史观的基本问题，说明人类社会发展变化的最终原因是物质资料的生产方式，创立起历史唯物主义的科学体系。

（三）社会发展规律的实现过程

按照马克思的说法，人类社会的发展是“一种自然史的过程”。就是说，社会历史的发展同自然史的发展一样，是有其内在发展规律的、不以人的意识和动机为转移的客观必然过程。然而，社会是由人组成的，人是有意识、有动机的；那么，有意识、有动机的人是如何创造历史的呢？有意识、有动机的人是如何实现社会发展规律的呢？恩格斯科学分析了历史发展进程中客观规律和个人意志的关系，系统阐述了“历史合力”思想。

恩格斯从两个方面来回答人们如何创造历史、实现社会规律的

① 《马克思恩格斯文集》第2卷，人民出版社2009年版，第598页。

问题。

就人作为整体来说，人们创造历史的活动是在十分确定的前提和条件下进行的。恩格斯指出："我们自己创造着我们的历史，但是第一，我们是在十分确定的前提和条件下创造的。其中经济的前提和条件归根到底是决定性的。但是政治等等的前提和条件，甚至那些萦回于人们头脑中的传统，也起着一定的作用，虽然不是决定性的作用。"[①] 这里包含三层意思：首先，人类社会的历史是人创造的，不是神创造的，不是"绝对精神"或"理性"等创造的。这是历史唯物主义研究人类社会历史的前提。其次，人们创造自己的历史不是随心所欲的，不是在自己选定的前提和条件下创造的，而是在既定的、从过去继承下来的生产力和生产关系、经济基础和上层建筑的条件下进行创造活动的。最后，在这些前提和条件中，经济因素归根到底起着决定作用，政治甚至传统等因素也起着重要的作用；人类社会的发展是多种因素相互作用的结果。

就人作为个体来说，历史是通过无数单个人的意志形成的一个总的合力来创造的。这就是恩格斯著名的"历史合力"思想。由于每个人特殊的生活条件、文化背景、人生经历所决定，每个人的意识都是具体的、个别的，与其他人不同的。这些具体的、个别的、与他人不同的意识相互作用、相互影响、相互制约，经历一个或长或短的博弈过程，便形成了"无数个力的平行四边形"，并最终由此产生一个"合力"，即历史结果。而从表面上看，这个结果可能和所有参与者的动机和愿望都不完全符合，所以，这个结果可以看作是一个作为整体的、不自觉地和不自主地起着作用的力量的产物。"因为任何一个人的愿望都会受到任何另一个人的妨碍，而最后出现的结果就是谁都没有希望过的事物。"[②] 这个事实一方面说明，任何个人的意志在历史发展进程中都起着一定的

①② 《马克思恩格斯文集》第 10 卷，人民出版社 2009 年版，第 592、592—593 页。

作用，每个人对“合力”都有所贡献，个人意志不等于零；但是，任何个人的意志都不能决定历史发展的方向，更不能决定历史的命运。另一方面说明，历史发展是不以人们的意志为转移的，它有自己固有的客观规律性。人们各种意志和力量的相互作用，表面上似乎是偶然性在起作用，但是，这种偶然性始终是受内部隐藏着的必然性支配的。因此，历史发展的总的“合力”及其趋势，归根到底是受经济运动的必然性支配的。

恩格斯晚年在致瓦尔特·博尔吉乌斯的信中谈到经济必然性通过无穷无尽的偶然事件向前发展的问题。在人类社会中，“都是那种以偶然性为其补充和表现形式的必然性占统治地位。在这里通过各种偶然性来为自己开辟道路的必然性，归根到底仍然是经济的必然性。”[①] 必然性和偶然性是事物发展中两个相互联系的方面。必然性是事物的联系和发展中带有规律性的、确定不移的趋势，在事物发展中居支配地位，决定着事物的性质和发展方向。偶然性是事物的联系和发展中的不确定的趋势，在事物发展中不居于支配地位，对事物的发展只起加速或延缓的作用，至多也只能决定事物的局部特征。必然性和偶然性是相互依存的，没有脱离偶然性的纯粹必然性，也没有脱离必然性的纯粹偶然性。恩格斯举例说明，伟大人物的出现、唯物史观的产生都是必然性和偶然性的统一。

为了便于说明问题，恩格斯用“曲线的中轴线”来概括历史发展中的必然性和偶然性的关系。他把偶然性比作曲线，把必然性比作曲线的中轴线，强调曲线在中轴线上下摆动，二者相互缠绕共同前进，实现了偶然性和必然性的统一。当我们就社会历史发展进程中的某个时刻来看，各种社会现象似乎都是偶然发生的，无规律可循。但就研究的时

① 《马克思恩格斯文集》第10卷，人民出版社2009年版，第669页。

间和范围而言，研究的时间越短、范围越小，人们看到的往往是偶然性就越多；反之，研究的时间越长、范围越大，人们就越易把握社会发展最终的决定性因素作用，进而揭示社会发展规律的客观性和必然性。因此，我们要善于揭示政治、思想现象所反映的经济关系，善于从整体的、全过程中去探求社会发展中的经济的必然性。

恩格斯全面阐述了唯物史观创立的伟大意义。他指出：“这种历史观结束了历史领域内的哲学，正如辩证的自然观使一切自然哲学都成为不必要的和不可能的一样。现在无论在哪一个领域，都不再是从头脑中想出联系，而是从事实中发现联系了。这样，对于已经从自然界和历史中被驱逐出去的哲学来说，要是还留下什么的话，那就只留下一个纯粹思想的领域；关于思维过程本身的规律的学说，即逻辑和辩证法。”[①] 可以说，唯物史观的创立，使哲学第一次真正获得了科学的性质，实现了人类认识史上的伟大变革。

二、运用“历史合力”方法的经典案例

恩格斯的“历史合力”思想是唯物史观的一个重要思想，也是一个重要的思想方法和工作方法。这个思想的重点在于告诉我们，每个人或群体都有自己的意识和诉求；这些意识和诉求有的是相同的，有的是存在分歧的，有的则是根本针锋相对的；当有一个与这些群体存在利益相关性的重要事项要进行决策时，这些意识和诉求在参与决策的过程中必定会以某种特定的方式表达出来，使决策过程成为各个利益群体博弈的过程，也就是恩格斯所说的“无数个力的平衡四边形”最终产生“合

① 《马克思恩格斯文集》第 4 卷，人民出版社 2009 年版，第 312 页。

力”的过程。而博弈的最终结果是，所涉及的利益群体在决策过程中都起着一定的作用，每个群体对“合力”都有所贡献，其意志不等于零；但是，任何个体或群体的意志都不能决定历史发展的方向，更不能决定历史的命运。在今天学习这个理论，我认为最重要的是探讨怎样形成“历史合力”，以便凝聚起建设中国特色社会主义的磅礴力量。

2020年，是深圳特区成立40周年的纪念年。回顾这40年的风雨兼程，不要说深圳人，每一位中国人都会有许许多多的思考和感想。讲“历史合力”的思想方法和工作方法，就把深圳特区的成立和发展作为经典案例吧。

深圳前身为广州市宝安县。因当地方言把田野间的水沟称为“圳”，深圳因其水泽密布，又有一条深水沟而得名。深圳因为临近香港的原因，从20世纪40年代末开始，人们为了躲避战乱，规模性逃亡香港的潮流便已然出现。中华人民共和国成立后，因为社会主义探索过程中出现的挫折和困难，1962年和1966年又先后出现过两次规模性逃亡香港的高潮。

“文化大革命”结束以后，由于受到“左”的思想干扰和精神枷锁的束缚，对于中国社会发展的未来，人们迷茫、彷徨、无所适从。1978年5月开始的真理标准问题大讨论激荡了整个中国社会，人们在反思中国社会主义建设过程中的经验教训的基础上，力图解决“什么是社会主义、怎样建设社会主义”的问题。党的十一届三中全会拉开了改革开放的序幕，会议提出的“把全党工作的着重点和全国人民的注意力转移到社会主义现代化建设上来”，“在生产迅速发展的基础上显著地改善人民生活”成为最具时代性的口号。然而，1979年春节前后，“逃港”高潮再次突如其来，史称“五月大逃亡”。因为这次“逃港”规模大，影响坏，引起了中共中央的高度重视。当时广东省最重要的政治任务就是防止逃港、防止偷渡。时任中共广东省委第一书记的习仲勋曾数次在边界一线进行调研，经过和逃港者的交流，他得出结论：这些是人民内部矛盾，不是敌我矛盾。如果我们经济搞好了，这些跑出去的人还是可以回来的。堵不如疏，我们应该探讨通过发展经济、改善民生来巩固边防。道理大家都懂，可是深圳到底该怎么发展？到底该采取哪些具体措施发展？这是困扰所有人的难题。深圳“逃港”的老百姓用他们的双脚否定了我们的发展思路，新路在何方？

吴南生，1936 年参加革命工作，1937 年加入中国共产党，曾任中共广东省委常委、省委书记。这位具有丰富的革命经验和历史阅历的革命家，在 1979 年开始筹办广东省三个经济特区，同时兼任中共深圳市委第一书记、深圳市市长。他后来回忆说，当时请了许多外商到广东来帮助出谋划策，提出许多好的建议，如搞“自由港”“出口加工区”等，认为凡是能够让广东快速发展起来的办法都可以试一试。外商的建议得到吴南生的认同，也得到省委领导的支持。省委召开会议决定，先在汕头、深圳、珠海三个地方搞试点。然而，给三个试点起个什么名字？中央会不会同意广东省的这个搞法？这个问题大家心里都没底。

1979 年 4 月，在中央经济工作会议上，习仲勋代表广东省委向党中央汇报了他们的想法，并建议以邻近香港、澳门的深圳、珠海以及汕头兴办出口加工区。邓小平表示赞同，并说：“还是叫特区好，陕甘宁开始就叫特区嘛！中央没有钱，可以给些政策，你们自己去搞，杀出一条血路来。”[①] “杀出一条血路”，可见邓小平当时就意识到这条道路上布满了荆棘，埋满了地雷，思想上、观念上的斗争会十分尖锐，开创这条新路可能需要付出血的代价。但是，这是一条值得用鲜血去探索的新路。根据邓小平的建议，中央工作会议正式讨论了广东省的提议。1979 年 7 月 15 日，党中央、国务院批转了中共广东省委、福建省委关于在对外经济活动中实行特殊政策和灵活措施的报告，决定在深圳、珠海、汕

① 中共中央文献研究室编，冷溶、汪作玲主编：《邓小平年谱（1975—1997）》（上），中央文献出版社 2004 年版，第 510 页。

头、厦门试办特区。1980 年 5 月 16 日，中共中央、国务院批转《广东、福建两省会议纪要》，正式将特区定名为“经济特区”。

深圳成为经济特区后，如同给深圳的建设插上了翅膀。我们这代人都忘不了的“三天建设一层楼”的“深圳速度”；许多世界级的大企业纷纷入驻深圳建厂；大批“逃港”者开始返回深圳安家立业；很多年轻人背井离乡来到深圳打拼以实现自己的人生理想。似乎深圳每时每刻都可以给人们以惊喜，深圳成为全中国甚至全世界关注的焦点。

然而，这个过程也经历着腥风血雨的斗争。有人指责深圳特区已经不姓“社”，而是姓“资”，深圳走的是资本主义道路。有人面对当时因为实行双轨制而导致的倒卖计划物资、倒卖批条等经济现象，特别是出现了走私、贩毒、性交易这些已经被新中国彻底消灭的社会现象，把深圳说是外国的“租界”，甚至把这个想法直接报告给中央。有人指责当地的领导干部贪污受贿，等等。总之，围绕着深圳经济特区而展开的这场斗争，已经不仅仅是思想领域的斗争，而且成为经济斗争、利益斗争，甚至出现了人身攻击，大有不毁掉深圳特区就决不罢休的势头。面对这种复杂尖锐的斗争形势，广东省各级领导干部沉着迎战，据理力争，当然也采取很多必要的措施来解决这些问题，对于一些谣言，果敢地以实际行动来打破。1982 年 2 月，中央书记处召开广东、福建两省座谈会，专题研究打击走私贩私、贪污受贿、黄赌毒等问题。时任广东省委书记任仲夷既有担当精神，也有政治智慧。他提出，要“排污不排外”“开窗户、打苍蝇”，这样才把那一场危机顶过去。

1984 年 1 月，邓小平坐上南下的列车，前往深圳、珠海、厦门等经济特区实地考察。据时任邓小平警卫秘书张宝忠回忆，1 月 24 日中午到达深圳，下午邓小平便不顾旅途劳顿，会见了深圳市委书记等当地领导干部。他说：“建设经济特区是中央决定的，这次要来看看深圳特区建设得怎么样。”“你们讲，我听。”听完汇报后邓小平和大家一起来到一个土地上，看着一大片正在建设中的楼群，邓小平脸上显出兴奋的神情。当听说正在施工的世贸大楼三天就能盖一层时，邓小平笑了，随口说了一句："这就是深圳速度。"后面两天，邓小平先后考察了中国航空技术进出口公司深圳工贸中心、渔民新村、蛇口工业区和中外合资的华益铝材厂等地。在渔民新村，当听到全村平均月收入可达 430 元时，邓小平高兴地说，比我的工资还高呢！离开深圳后，邓小平把在深圳的所见所思所想凝聚为一句话，这就是他为深圳特区的题词："深圳的发展和经验证明，我们建立经济特区的政策是正确的"。邓小平的这次视察，不仅结束了国内要不要办特区的争论，结束了对特区的不断的批评，同时对推动全国开放新格局的形成发挥了重要作用。

1992 年春天，邓小平再次到深圳、珠海、上海等地考察。他很高兴地说："八年过去了，这次来看，深圳、珠海特区和其他一些地方，发展得这么快，我没有想到。看了以后，信心增加了。"[①] 他总结了深圳特区发展的经验："改革开放胆子要大一些，敢于试验，不能像小脚女人一样。看准了的，就大胆地试，大胆地闯。深圳的重要经验就是敢闯。没有一点闯的精神，没有一点'冒'的精神，没有一股气呀、劲呀，就走不出一条好路，走不出一条新路，就干不出新的事业。"[②] 针对十分激烈的特区姓"社"还是姓"资"争论，邓小平态度十分明确地指出："改革开放迈不开步子，不敢闯，说来说去就是怕资本主义的东西多了，走了资本主义道路。要害是姓'资'还是姓'社'的问题。判断的标准，应该主要看是否有利于发展社会主义社会的生产力，是否有利于增强社会主义国家的综合国力，是否有利于提高人民的生活水平。"[③]这就是著名的"三个有利于"的判断标准。按照这个标准，邓小平明确给特区定性："特区姓'社'不姓'资'。"邓小平的南方谈话吹响了改革开

① 《邓小平文选》第 3 卷，人民出版社 1993 年版，第 370 页。
②③ 《邓小平文选》第 3 卷，人民出版社 1993 年版，第 372 页。

放新的号角，掀起中国改革开放新的高潮。

深圳特区也顺势而为，进入全新的发展阶段。40 年的拼搏、40 年的奋斗，其中有迷茫、有艰难、有困惑，但没有眼泪、没有退缩、没有畏惧；他们大胆探索，万众一心，负重前行，创造奇迹。昔日的小渔村终于变成了如今比肩北上广的国际化大都市。

2020 年 10 月 14 日上午，深圳经济特区建立 40 周年庆祝大会隆重举行，中共中央总书记、国家主席、中央军委主席习近平出席大会并发表重要讲话。他指出，深圳是改革开放后党和人民一手缔造的崭新城市，是中国特色社会主义在一张白纸上的精彩演绎。他要求深圳要建设好中国特色社会主义先行示范区，创建社会主义现代化强国的城市范例，提高贯彻落实新发展理念能力和水平，形成全面深化改革、全面扩大开放新格局，推进粤港澳大湾区建设，丰富“一国两制”事业发展新实践，率先实现社会主义现代化。以深圳特区成立 40 年庆祝大会为契机，从改革开放的窗口到中国特色社会主义先行示范区，新时代赋予深圳新的历史使命。

三、经典案例给予我们的重要启示

深圳特区已经成为全世界多个学科研究的重点，也被诸多专家学者从不同学科的角度进行了全方位的解读和剖析。那么，今天从学习唯物史观理论，从“历史合力”思想方面，至少可以给我们带来三点启示。

1. 要有强烈的问题意识。所谓问题意识是我们在实践过程中遇到的需要解决的矛盾或搞清楚的疑难；如果不能采取恰当的方式解决这些矛盾或搞清楚这些疑难，就会阻碍我们工作的开展，影响我们事业的顺利进行。然而，我们必须注意，我们在工作中遇到的问题，有真问题，有假问题，也有伪问题。所谓真问题，是人们在实践过程中通过对事物发展规律正确认识的基础上所概括出来，是对事物本质的正确认识的基础上所形成的。所谓假问题，是由于理论的错误、经验的缺乏或其他原因导致人们的认识错位而产生的虚假问题。假问题往往不能够正确反映事物发展的本质，结果是越想解决问题反而会把问题搞得更加复杂。如深圳发生汹涌的“逃港潮”，当时被有些人认为是叛逃，是现行反革命，甚至派出部队荷枪实弹去阻拦；结果越阻拦“逃港”的人越多，在当时成为一个影响极坏的恶性事件，也成为当地政府必须解决的问题。可是，当广东省领导向邓小平汇报相关情况时，邓小平说：“这是我们的政策有问题，不是部队所能管得了的。”[①] 是的，“逃港”是表面现象，“逃港”的真实原因是“我们的政策有问题”。把“逃港”问题简单地看作是叛逃，是反革命，这是假问题；而逃港潮的背景是“我们的政策”没有满足老百姓基本的生活需要，更别说让老百姓过上好日子了。这是真问题。后来，深圳特区建立并快速发展起来，深圳人再也不“逃港”了，相反，大批“逃港”的人又回到深圳，在深圳安家立业；甚至大批香港人也到深圳买房安家，享受深圳发展成果给老百姓带来的实惠。所谓伪问题，是因为我们理论上的错误或经验的缺乏，主观主义地将两个本来没有本质联系的事物错误地联系在一起，给自己的实践和工作带来矛盾或困惑。最典型的伪问题就是，认为社会主义就是“一大二公”“纯之又纯的公有制”，把贫困无钱等于社会主义，把富裕有钱等同于资本主义，甚至提出“宁要社会主义的草，不要资本主义的苗”的荒唐口号。邓小平理直气壮地说：“搞社会主义，一定要使生产力发达，贫穷不是社会主义。我们坚持社会主义，要建设对资本主义具有优越性的社会主义，首先必须摆脱贫穷。现在虽说我们也在搞社会主义，但事实上不够格。”[②] 正是因为邓小平抓住了中国社会主义建设过程中的真问题，他才能够提出一系列重要论断，初步回答了在经济、文化落

① 吴南生:《经济特区的创立》,《广东党史》1998 年第 6 期。
② 《邓小平文选》第 3 卷，人民出版社 1993 年版，第 225 页。

后的东方大国“什么是社会主义、怎样建设社会主义”这个具有重大理论意义和实践价值的社会发展的基本问题。当然，怎么正确地抓住真问题，就要像恩格斯所说的那样，通过细致的调查研究，从老百姓的动机中去探寻“动力的动力”，即探寻老百姓动机背后更深刻的原因。所以说，能不能抓住社会发展过程中的真问题，是决定我们能否真正解决问题的关键所在。

2. 要有博大的包容精神。所谓包容是一种既能站稳主体立场，又能容纳异质因素，从多元因素中博采众家之长，从而创造或激活系统内在张力、使之迸发出无限生机的思想方法和工作方法。毫无疑问，“合力”是由多个具有不同诉求、不同愿望的力量经过反复较量、多次博弈而形成的最终结果。如果这些力量各持己见，毫不相让，毫不妥协，就只能是撕碎、分裂，就不可能形成“合力”。所以，“合力”思想内含着包容精神。可以说包容是中华民族的优良传统。孔子《论语 · 子路》篇中说：“君子和而不同。”其他的如“求同存异”“和为贵”等都是大家很熟悉的生活和工作智慧，都是包容精神的体现。包容精神在改革开放的过程中，得到充分体现。邓小平更是强调：“深圳经济特区是个试验，路子走得是否对，还要看一看。它是社会主义的新生事物。搞成功是我们的愿望，不成功是一个经验嘛，搞社会主义，中心任务是发展社会生产力。一切有利于发展社会生产力的方法，包括利用外资和引进先进技术，我们都采用。这是个很大的试验，是书本上没有的。”[①] 正是这种包容精神，使深圳能够容纳全世界最先进的理念、最优秀的人才、最尖端的科学技术、最适合生产力发展的规章制度、最宽松的创业环境等，从而使深圳的 40 年成为全球瞩目的高速发展的 40 年。当然，有时候要做到包容是很困难的，甚至是要付出代价的。在深圳发展的过程中，多次

① 《邓小平文选》第 3 卷，人民出版社 1993 年版，第 130 页。

引起整个社会广泛关注的“姓社”和“姓资”的争论，领导干部被造谣接受外商的贿赂等，甚至逼得深圳领导干部说出：“如果要杀头，就杀我好啦！”说出这句话，需要极大的政治勇气，需要无所畏惧的担当精神，需要对自己所干事业的充分自信，需要“我不下地狱，何人下地狱”的为民情怀。所以，在解决社会发展过程中所遇到的问题时，有没有包容精神是决定着我们能否真正解决问题的根本保证。

3. 要有豁达的共识理念。共识是由多个具有不同诉求、不同愿望的群体经过反复协商、多次博弈而形成的共同认识。可以说，共识是“合力”中最重要的因素；没有共同的认识，就不可能有统一的思想；没有统一的思想，就不可能产生共同的行动；没有共同的行动，就不可能有好的工作结果。所以，形成共识是一项非常重要的思想方法和工作方法。那么，如何形成共识？一般说来有两种途径：其一，开展政治思想工作，从理论上对人们进行说服教育。其二，通过改革开放取得的伟大成绩，用实践结果来对人们进行说服教育。邓小平说，两手抓、两手都要硬，也包含着这个思想。但是，邓小平更强调实践结果在形成共识中的作用。他说：“我们要向世界说明，我们现在制定的这些方针、政策、战略，谁也变不了。为什么？因为实践证明现在的政策是正确的，是行之有效的。人民生活确实好起来了，国家兴旺发达起来了，国际信誉高起来了，这是最大的事情。改变现在的政策，国家要受损失，人民要受损失，人民不会赞成，首先是八亿农民不会赞成。”[①]1987 年 9 月 4 日，邓小平在会见美国前国务卿基辛格时说：“人民看得很清楚，现行政策使所有的人都得益。人民的拥护，人民的赞成，这是保证我们能有一个安定团结的政治局面、一心一意搞建设的基础。不仅本世纪，就是我们这些人不在了，这样安定团结的局面和稳定的政治局势还能得到保证。这主要是因为，一个是政策正确，

① 《邓小平文选》第 3 卷，人民出版社 1993 年版，第 83—84 页。

一个是人民赞成。”[①] 就是说，要用社会主义建设的伟大成就来凝聚起亿万人民。

我们要注意的是，尽管恩格斯告诉我们，在“合力”形成的过程中，每个群体对“合力”都有所贡献，个体意志不等于零；然而，任何群体的意志都不能决定历史发展的方向，更不能决定历史的命运。但是，这并不等于说，每个群体或个体的意志在形成“合力”的过程中，作用的大小都是一样的，发挥作用的方式也是一样的；恰恰相反，其作用的大小和作用的方式是不一样的。从深圳特区发展的经验来看，可否简单概括为：中央领导要英明，中层领导要开明，基层领导要聪明。中央领导执掌全局，要关注路线方针政策层面的事情，要敢于放手让中层和基层去大胆实践。中层领导干部要开明，就是说对上级来的指示要认真想一想，想一想上级文件的精神实质，想一想本地区的实际情况；必要的时候多向上级作一些解释工作，多给基层一些自主选择和决策的空间。基层领导要聪明，就是说要在上级指示精神的指引之下，在中层领导的保护之下，解放思想，大胆创新，走出前人没有走过的路，干出前人没有创造出的奇迹。

说到这里不得不提邓小平在审阅党的十四大报告稿时说的一段话：“改革开放中许许多多的东西，都是群众在实践中提出来的。”“报告中讲我的功绩，一定要放在集体领导范围内。可以体现以我为主体，但绝不是一个人脑筋就可以钻出什么新东西来。乡镇企业是谁发明的，谁都没有提出过，我也没有提出过，突然一下子冒出来了，发展得很快，见效也快。家庭联产承包责任制也是由农民首先提出来的。这是群众的智慧，集体的智慧。我的功劳是把这些新事物概括起来，加以提倡。”[②]由此可见，正是从中央到省级、市级、县级、乡镇级和广大人民群众形成合力，共同推动着中国改革开放的历史车轮滚滚向前。

①② 中共中央文献研究室编，冷溶、汪作玲主编：《邓小平年谱（1975—1997）》（下），中央文献出版社2004年版，第1205、1350页。

习近平总书记在庆祝中国共产党成立100周年大会上的讲话中指出："中国共产党一经诞生，就把为中国人民谋幸福、为中华民族谋复兴确立为自己的初心使命。一百年来，中国共产党团结带领中国人民进行的一切奋斗、一切牺牲、一切创造，归结起来就是一个主题：实现中华民族伟大复兴。"[①] 如何调动广大人民群众的积极性和主动性，形成"历史合力"，凝聚实现中华民族伟大复兴的磅礴力量，是摆在每一位党员干部面前重要的时代课题。

① 习近平：《在庆祝中国共产党成立100周年大会上的讲话》，人民出版社2021年版，第3页。

第十一章

学习社会基本矛盾理论，积极推进全面深化改革

人类社会同自然界一样，是由于自身内部矛盾推动而形成的客观运动过程。学习社会基本矛盾理论，正确理解社会矛盾运动的动力系统，掌握遵循社会基本规律办事的思想方法和工作方法，不断提高积极推进全面深化改革的自觉性。

一、社会基本矛盾理论及其方法

社会是由诸多矛盾构成的有机体，社会发展源自诸多矛盾构成的动力体系。在推动社会运动发展的诸多矛盾中，生产力与生产关系、经济基础与上层建筑的矛盾是人类社会的基本矛盾，它们的运动发展构成人类社会的基本规律。

（一）社会基本矛盾理论的创立

任何一种历史观所面临的首要问题是，如何确定人类社会历史研究的起点，探索人类社会发展的基本动力，并围绕着这个问题构建起自己的历史观体系。宗教哲学把“上帝”作为研究的起点，便认为“上帝”是推动社会发展的基本动力；黑格尔把“绝对精神”作为研究的起点，便认为“绝对精神”的自我展开是社会发展的基本动力；蒲鲁东把“无人身的理性”作为研究起点，便认为“无人身的理性”是社会发展的基本动力。尽管这些学说都在不同程度上意识到人的动机不是历史发展的最终原因，认为人的动机背后还有应当加以探究的更根本的动因；但是，他们不是在历史本身中寻找这种动力或原因，而是到人类社会的外面，从宗教的、哲学的、意识形态层面去寻找动力或原因，并把这种动力或原因输入历史研究过程，必然得出非常荒谬的结论。

马克思的伟大创新，在于“在劳动发展史中找到了理解全部社会史的锁钥”。然而，在找到这个“锁钥”的过程中，马克思也曾受到极大的困惑。我们大家都知道，马克思在波恩大学本来是学习法律专业的，后来基于深厚的哲学兴趣转入柏林大学学习哲学，开始熟悉黑格尔的著作和思想，并积极参加青年黑格尔派举办的各种学术活动。毕业后成为《莱茵报》的编辑和主编。在工作期间，马克思开始直接参与社会政治生活，并“第一次遇到要对所谓物质利益发表意见的难事”。这个所谓的“事”就是林木盗窃法辩论和为摩塞尔记者辩护。所谓林木盗窃法事件，是指由于大量农民破产、生活贫困，很多人便到树林里去捡拾枯树枝，这个行为被树木所有者控为犯了林木盗窃罪；于是一个要求把捡拾枯树枝列入盗窃林木范围并给予法律制裁的新法律提案提交到省议会审议。马克思在《关于林木盗窃法的辩论》一文中，旗帜鲜明地站在维护劳苦大众的立场上，从法律的角度抨击了普鲁士国家和法律制度。所谓为摩塞尔记者辩护事件，是指摩塞尔地区本来是葡萄酒的重要产地，很多人依靠葡萄酒产业而生存。可是伴随着资本主义的发展，大量葡萄酒业主破产，农民生活异常贫困，《莱茵报》记者彼捷尔·科布伦茨为此撰写专题报道文章。文章发表后引起政府的严重不满。于是，马克思撰写了《摩塞尔记者的辩护》一文，与反动政府展开论战。

所谓对物质利益发表意见“难”的根本原因在于，马克思是以黑格尔的思想体系来认识世界、把握现实的。他以国家和法来批判私人利益、以出版自由来批判书报检查制度、以公平正义来揭露反动政府对农民的悲惨生活及其控诉置之不理的麻木状态。然而，获得胜利的不是国家和法、出版自由和贫困的农民，而是私人利益和书报检查制度。《莱茵报》甚至被指责为教唆农民反对政府，其目的“并不是为了增进摩泽尔农民的幸福，而是企图煽起不满情绪削弱当局和臣民之间的联系”。这一切对马克思的内心世界产生了强烈的冲击；理论与现实的矛盾使得他产生了苦恼，原来的哲学信仰发生动摇，这一切推动他去重新研究黑格尔的法哲学。他于1843年写了《黑格尔法哲学批判》，1844年写了《黑格尔法哲学批判导言》《1844经济学哲学手稿》。他在研究问题的过程中得出一个重要的结论：“法的关系正像国家的形式一样，既不能从它们本身来理解，也不能从所谓人类精神的一般发展来理解，相反，它们根源于物质的生活关系，这种物质的生活关系的总和，黑格尔按照18世纪的英国人和法国人的先例，概括为‘市民社会’，而对市民社会的解剖应该到政治经济学中去寻求。”[①]这是马克思从黑格尔哲学转向历史观研究的开始。

到1846年，马克思、恩格斯在合作撰写的《德意志意识形态》一文中提出：“我们首先应当确定一切人类生存的第一个前提，也就是一切历史的第一个前提，这个前提是：人们为了能够‘创造历史’，必须能够生活。但是为了生活，首先就需要吃喝住穿以及其他一些东西。因此第一个历史活动就是生产满足这些需要的资料，即生产物质生活本身，而且，这是人们从几千年前直到今天单是为了维持生活就必须每日每时从事的历史活动，是一切历史的基本条件。”[②]任何历史观的第一件事情就是必须注意上述基本事实的全部意义和全部范围，并给予应有的重视。由此可见，马克思、恩格斯是把现实的、活生生的、有着各种需要、为了满足需要而从事物质资料生产的人，作为历史唯物主义的研究起点，把物质资料的生产过程作为自己的研究对象，把如何实现人的自

① 《马克思恩格斯文集》第2卷，人民出版社2009年版，第591页。
② 《马克思恩格斯文集》第1卷，人民出版社2009年版，第531页。

由全面发展作为理论的价值追求。这就确立了从人类社会内在的发展进程中，探索人类社会发展规律的基本思路。所以，《德意志意识形态》一书被称为是“马克思主义哲学的诞生地”。后来，马克思在《〈政治经济学批判〉序言》中，第一次把自己的研究成果用精练简洁的语言加以概括，完整地揭示了人类社会基本矛盾的运动过程，构建起推动人类社会发展的动力体系，阐述了人类社会发展的总趋势。

（二）人类社会的基本矛盾运动过程

马克思在《〈政治经济学批判〉序言》中阐述其社会结构理论。他说：“人们在自己生活的社会生产中发生一定的、必然的、不以他们的意志为转移的关系，即同他们的物质生产力的一定发展阶段相适合的生产关系。这些生产关系的总和构成社会的经济结构，即有法律的和政治的上层建筑竖立其上并有一定的社会意识形式与之相适应的现实基础。物质生活的生产方式制约着整个社会生活、政治生活和精神生活的过程。”[①] 这就是说，人类为了生存和发展，就需要有衣、食、住等物质生活资料；为了获取这些物质生活资料，就必须进行物质资料的生产，在生产过程中，人们一方面要同自然界发生关系，形成生产力；另一方面人们之间也要发生一定的关系，构成生产关系。这里所说的“这些生产关系的总和”的含义是指生产、分配、交换和消费四个环节的总和，是指社会中占统治地位的生产关系的总和，即社会经济基础；建立在经济基础之上的是政治、法律和意识形态，这一切构成社会的上层建筑。这就是人类社会存在两对基本矛盾，即生产力与生产关系之间的矛盾、经济基础与上层建筑之间的矛盾。

① 《马克思恩格斯文集》第 2 卷，人民出版社 2009 年版，第 591 页。

1. 生产力和生产关系辩证关系理论

所谓生产力是人们在生产过程中影响和作用于自然界、获得物质资料的力量，表示的是生产过程中人与自然界的关系。构成生产力的基本要素是：具有一定生产经验和劳动技能的劳动者，以生产工具为主的劳动资料，引入生产过程的劳动对象。

在生产力各要素体系中，劳动者是生产力系统中的主体性要素，具有能动性，包括体力劳动者和参与生产过程的脑力劳动者。劳动资料是人们在生产过程中用以改变和影响劳动对象的一切物质资料和物质条件，包括生产工具、土地、生产建筑物、动力系统、能源系统、运输系统、自动控制系统等。在劳动资料中，生产工具是社会生产力发展水平的客观尺度，也是区分社会经济发展阶段的物质标志。劳动对象是人们在生产过程中运用劳动资料进行加工改造的一切物质对象。随着生产的发展和科学技术的不断进步，劳动对象的范围不断扩大，各种人工创造的新材料不断增多。

现在越来越多的人主张，生产力系统还包括体现上述基本要素之间相互关系的技术结构，以及生产过程中的分工、协作、劳动组织和管理等。随着社会化大生产的发展，科学的发展对生产力的发展有着极为重要的意义，已经被誉为“第一生产力”。科学的作用是通过向生产力的诸要素的转化而实现的，体现在生产力的诸要素中，成为直接的、现实的生产力。

所谓生产关系是一个复杂的系统，包括生产资料的所有制关系，人们在生产中的地位和相互关系，产品的分配关系。生产关系的这三个方面，体现在社会生产和再生产过程的生产、分配、交换、消费等环节之中。生产关系的各个方面相互联系、相互制约。其中，生产资料所有制是生产关系的基础，决定着整个生产关系的本质和特征，决定着人们在生产中的地位和相互关系以及分配关系，而后者又反作用于生产资料所有制。

在生产力和生产关系的矛盾中，生产力是矛盾的主要方面，对生产关系起着决定作用。具体表现为：一是生产力的状况决定生产关系的性质，即生产力是生产关系形成的基础和前提，生产关系是适应生产力发展的要求而建立起来的。二是生产力的发展变化决定着生产关系的发展和变化，即生产力是生产方式中最活跃、最革命的因素，处在不断变化和发展的过程中；而生产关系则具有相对稳定的性质。当生产力发展到一定阶段，原来的生产关系再也容纳不下生产力的发展时，就迟早要引起生产关系的根本变革，从而使新的生产关系代替旧的生产关系。正如马克思所指出的："各个人借以进行生产的社会关系，即社会生产关系，是随着物质生产资料、生产力的变化和发展而变化和改变的。"①

当然，生产力对生产关系起着决定作用，而生产关系并不是消极被动的，它对生产力的发展具有重大的反作用。主要表现在：当生产关系与生产力的发展要求基本相适合的时候，它就会有力推动生产力的发展；当生产关系与生产力的发展要求基本不相适合的时候，它就会阻碍甚至破坏生产力的发展。

生产力和生产关系的矛盾运动始终遵循着生产关系一定要适合生产力状况的规律。在新的生产关系建立起来的一定时期，生产关系的性质同生产力的发展要求基本上是相适合的，这时候的生产关系对于生产力的发展具有积极的推动作用；因而保持生产关系的相对稳定性，是生产力发展的客观要求。然而，随着生产力发展到一定程度，原来适合生产力发展要求的生产关系就逐步变成生产力发展的桎梏，这时就要求根本变革旧的生产关系。在实现旧的生产关系的根本变革之后，生产关系同

① 《马克思恩格斯文集》第1卷，人民出版社2009年版，第724页。

生产力的基本不相适合又转变为基本相适合，从而在新的基础上开始了生产力和生产关系之间的矛盾运动过程。生产关系和生产力之间从基本相适合到基本不相适合，再到基本相适合，是一个循环往复、从低级到高级不断发展的无限运动过程。

生产关系一定要适合生产力状况的规律，是人类社会发展的根本规律。这个规律揭示了社会历史发展的根本原因，描述了社会历史发展的基本趋向，因此，成为我们制定一切路线方针政策的基本依据。一定的生产力和生产关系的有机结合，构成一定的生产方式。物质资料的生产方式是社会发展的决定力量。

2. 经济基础与上层建筑辩证关系理论

所谓经济基础是指同生产力的一定发展状况相适合的生产关系的总和。马克思指出："这些生产关系的总和构成社会的经济结构，即有法律的和政治的上层建筑竖立其上并有一定的社会意识形式与之相适应的现实基础。"①

从现实的社会发展过程来看，一种生产关系往往以萌芽状态、统治状态和残余状态分别存在于不同的社会形态之中。而在同一个社会形态中，往往是多种生产关系的不同状态同时并存，相互制约、相互影响，共同构成现实社会的经济基础。在这些生产关系中，必有一种生产关系占据统治地位，起着支配作用，从而决定着社会的经济基础乃至整个社会形态的性质。"在一切社会形式中都有一种一定的生产决定其他一切生产的地位和影响，因而它的关系也决定其他一切关系的地位和影响。这是一种普照的光，它掩盖了一切其他色彩，改变着它们的特点。"②

所谓上层建筑是一个复杂庞大的系统，通常认为它是建立在一定经

① 《马克思恩格斯文集》第2卷，人民出版社2009年版，第591页。
② 《马克思恩格斯选集》第2卷，人民出版社2012年版，第707页。

济基础之上的制度、设施和意识形态的总和，包括政治上层建筑和思想上层建筑。政治上层建筑是指建立在经济基础之上的政治法律设施、政治法律制度及其相互关联的方式，包括政权机构、军队、警察、法庭、监狱、政府部门、党派等国家机器和政治组织，体现着人们之间的政治关系。国家政权是政治上层建筑的核心。思想上层建筑是指政治法律思想、道德、艺术、宗教、哲学等意识形态，体现着人们之间的思想关系。

在现实的社会生活中，建立在一定发展阶段的生产力之上的经济基础和上层建筑的统一，构成经济的社会形态。马克思提出这一概念，实际上是借此表达和强调历史唯物主义的一个核心见解，即物质生产是社会生活的本质，而各种社会类型不过是物质生产赖以实现的不同社会形式，是以生产关系或经济关系为其本质规定和本质特征的不同社会体系。列宁曾形象地把经济基础比作社会的“骨骼”，把上层建筑比作社会的“血肉”。经济的社会形态作为一定的社会类型或社会体系，就是建立在一定的生产力基础之上的、有“血”有“肉”的活生生的社会有机整体。把握经济的社会形态理论，能够帮助我们科学地认识和区分不同质的社会，认识人类社会发展过程的统一性和多样性，认识人类社会是一个自然历史过程。

经济基础和上层建筑作为矛盾的统一体，其中，经济基础决定上层建筑。具体表现为：一是经济基础决定上层建筑的性质和基本内容。二是经济基础的变化决定上层建筑的变化和发展方向。当然，上层建筑对经济基础也有反作用，其反作用集中表现在为自己的经济基础服务。所以，上层建筑的根本职能是服务，其服务的性质取决于它所服务的经济基础的性质，即如果能够促进适合生产力发展的经济基础的形成、巩固和完善，从而促进生产力的发展，它就是先进的上层建筑；如果维护不适合生产力发展的落后腐朽的经济基础，从而束缚和阻碍生产力的发展，它就是反动的上层建筑。

在现实的社会发展过程中，经济基础决定上层建筑，上层建筑反作用于经济基础，两者在一定生产力基础上的相互作用，构成了经济基础和上层建筑的矛盾运动。一般说来，当一种新的上层建筑刚刚建立起来时，同自己的经济基础基本上是相适应的，但也存在着不完善的环节和方面；随着生产力的发展，经济基础也随之不断发生变化，就要求上层建筑也随之进行相应的调整；当某种社会形态已经走向衰亡，生产关系严重阻碍着生产力的发展，上层建筑与其经济基础一起成为生产力发展的严重阻碍时，就必须在对旧的经济基础进行根本变革的同时对上层建筑也加以根本变革，建立适应生产力发展要求的经济基础和上层建筑。

3. 社会基本矛盾的运动过程理论

生产力和生产关系的矛盾、经济基础和上层建筑的矛盾，构成人类社会的基本矛盾。这两对基本矛盾存在于一切社会形态之中，贯穿于每一社会形态的始终。但是，两对基本矛盾在社会发展中的地位和作用是不一样的。生产力和生产关系的矛盾是更为基本的矛盾，是生产方式发展和变革的根本原因，也是包括经济基础和上层建筑在内的整个社会形态发展和变革的根本原因。经济基础和上层建筑的矛盾，是在生产力和生产关系矛盾运动的基础上产生和发展的，它不仅遵循自身运动的规律，而且也服从于生产力和生产关系矛盾运动的规律。马克思曾指出："物质生活的生产方式制约着整个社会生活、政治生活和精神生活的过程。"[①] 可以说，生产力和生产关系的矛盾，制约着经济基础和上层建筑的矛盾；生产力和生产关系的矛盾的解决，又有赖于经济基础和上层建筑的矛盾的解决。

---

① 《马克思恩格斯文集》第 2 卷，人民出版社 2009 年版，第 591 页。

正是通过对生产力和生产关系、经济基础和上层建筑两对基本矛盾运动过程的考察，我们得出结论：生产力是社会发展的最终决定力量。因为，生产力直接决定生产关系，进而决定着人们的政治关系、思想关系等全部社会关系；随着生产力的发展变化，生产关系也必然随之发展变化，进而带来人们的政治关系、思想关系等全部社会关系发生变化。生产力决定着其他各种社会要素，如生产力的发展水平决定着分工的状况，决定着科学技术的发展趋势，决定着阶级的产生、发展和消亡，决定着人类自身的发展程度等。正是基于生产力在社会发展动力系统中这一最终决定者的地位，使之成为衡量社会进步的最高标准。

（三）社会基本矛盾理论提供的思想方法和工作方法

马克思、恩格斯通过考察社会基本矛盾的运动过程，总结社会变革的基本规律，提出历史唯物主义的方法论。马克思说："在考察这些变革时，必须时刻把下面两者区别开来：一种是生产的经济条件方面所发生的物质的、可以用自然科学的精确性指明的变革，一种是人们借以意识到这个冲突并力求把它克服的那些法律的、政治的、宗教的、艺术的或哲学的，简言之，意识形态的形式。"① 马克思区分了两种变革：社会物质生活条件的变革和意识形态的变革。二者相比较，前者更为根本。也就是说，要从社会生产力和生产关系的矛盾运动中去探索社会变革的物质、经济根源。否则，就会犯唯心主义的错误。马克思说："我们判断一个人不能以他对自己的看法为根据，同样，我们判断这样一个变革时代也不能以它的意识为根据；相反，这个意识必须从物质生活的矛盾中，从社会生产力和生产关系之间的现存冲突中去解释。"②马克思把社会生活区别为物质的与精神的，其目的在于从社会物质生活的矛盾中，从生产力

①② 《马克思恩格斯文集》第2卷，人民出版社2009年版，第592页。

和生产关系的矛盾运动中去探索、寻找社会变革的物质的、经济的根源。而社会意识领域中的变革，只有到社会物质生活的矛盾中，到社会生产力和生产关系矛盾的运动中才能得到科学的说明。用这种方法去考察人类社会发展的内在机制，既坚持了唯物主义，又坚持了辩证法。

马克思进一步指出，社会形态的变革是一种不以人们主观意志为转移的客观过程。“无论哪一个社会形态，在它所能容纳的全部生产力发挥出来以前，是决不会灭亡的；而新的更高的生产关系，在它的物质存在条件在旧社会的胎胞里成熟以前，是决不会出现的。所以人类始终只提出自己能够解决的任务，因为只要仔细考察就可以发现，任务本身，只有在解决它的物质条件已经存在或者至少是在生成过程中的时候，才会产生。”[①] 也就是说，一种新的生产关系的产生，必须以一定的生产力发展水平，一定的物质基础为前提；只有当生产力在某种生产关系内部已经没有发展余地的时候，只有当新的生产关系产生的物质条件已经具备的时候，社会形态的变革才会成为可能。因此，人们只能根据生产力和生产关系矛盾运动的规律办事，解决历史已经提出或正在提出的任务，而决不能超越客观实际，凭主观愿望办事。

马克思运用唯物史观的研究方法，揭示了社会发展总趋势：“大体说来，亚细亚的、古希腊罗马的、封建的和现代资产阶级的生产方式可以看做是经济的社会形态演进的几个时代。”[②]学界关于“亚细亚的”生产方式理解一直存在争议，因为篇幅所限不多作解释；重要的是要认识到，马克思把人类社会理解为是在社会基本矛盾运动推动下由简单到复杂、由低级到高级无限发展的过程。正是因为社会基本矛盾的运动，到了资本主义社会，“资产阶级的生产关系是社会生产过程的最后一个对抗形式，这里所说的对抗，不是指个人的对抗，而是指从个人的社会生

①② 《马克思恩格斯文集》第2卷，人民出版社2009年版，第592页。

活条件中生长出来的对抗；但是，在资产阶级社会的胎胞里发展的生产力，同时又创造着解决这种对抗的物质条件。因此，人类社会的史前时期就以这种社会形态而告终。”[①] 马克思在这段话中着重说明的是：资本主义生产关系是人类社会发展过程中最后一个采取对抗形式的生产关系。这种对抗是由资本主义生产方式的内在矛盾——社会化大生产和资本主义的私人占有制的矛盾决定的。这种对抗不是个人之间的对抗，而是指从个人的社会生活条件中产生出来的阶级的对抗。这种对抗性的矛盾无法在资本主义社会内部得到解决，而只能通过阶级斗争建立起社会主义制度，用社会主义公有制取代资本主义私有制来解决。同时，这种社会化大生产的生产力，不仅提出了变革资本主义私有制为社会主义社会占有生产资料的要求，而且又创造着解决这种对抗的物质条件，即为共产主义制度的产生和发展准备了社会化大生产这一物质基础，又为资本主义制度的灭亡锻造了掘墓人——革命的无产阶级。因此，资本主义社会为社会主义社会所代替，这是不以人的意志为转移的历史必然。

马克思指出，社会主义制度代替资本主义私有制，从根本上解决了资本主义社会生产力和生产关系的对抗性矛盾，使人类摆脱了几千年来的阶级压迫和剥削，结束了“人类社会的史前时期”。从此，广大人民群众成了社会主人，真正掌握了自己的命运，进入了自觉地创造自己的历史的新时代。

二、运用社会基本矛盾方法的经典案例

讲一讲发生在1984年福建55位厂长发出的“请给我们松绑”高声呐喊，推动了福建企业经济制度改革，甚至推动了中国企业经济体制改

① 《马克思恩格斯文集》第2卷，人民出版社2009年版，第592页。

革的成功案例。[①]

1984 年春天，在农村改革轰轰烈烈、特区建设取得世人瞩目的成绩，而姓“社”姓“资”的质疑又十分尖锐，是继续改革走“新路”还是退回原地走“老路”的争论极其激烈之时，邓小平作为改革开放的总设计师，开始他的南方考察之旅，希望通过实地调查研究来得出自己的结论。深圳特区和珠海特区建设所取得的巨大成绩，让邓小平感到极大的震撼。他给深圳特区的题词是“深圳的发展和经验证明，我们建立经济特区的政策是正确的”。他给珠海特区的题词是：“珠海经济特区好”。然而，到了厦门后，却看到完全不同的景象。由于厦门特区建设起步晚，湖里特区到 1980 年还没有动工，基础设施问题还没有解决，整个特区除了管委会的办公楼之外，只有一座还没有正式投入生产的地砖厂，许多问题还制约着特区的开发。时任福建省委第一书记项南在汇报工作时提出，厦门特区现在只有 2.5 平方公里，太小了，应该扩大到全岛的 131 平方公里；把厦门建成“自由港”，实现“货物自由进出、人员自由往来、货币自由兑换”的“三通”政策；把“厦门机场”改称“厦门国际机场”，有利于对外开放。这些想法都得到了邓小平的支持和鼓励。邓小平给厦门特区的题词是：“把经济特区办得更快更好些”。如果说，邓小平给深圳和珠海经济特区的题词是考察之后对他们工作成绩的肯定，是对他们成功经验的总结，也是鼓励他们按照自己的思路继续干下去。而给厦门经济特区的题词，更是充满了期望和鼓励，期望厦门经济特区像深圳和珠海经济特区那样快速发展，鼓励他们能从自己的实际出发探索自己的经济特区发展道路。

邓小平南方考察和给经济特区题词的消息很快传遍全国，如同春风苏醒了凝结的河流，唤醒了无数人心中的创造热情，也激起了福建企业

① 参见《福建 55 位企业负责人呼吁“松绑”成就经济体系改革佳话》，《福建日报》2014 年 7 月 22 日。

家们的创造热情。

然而，建设什么样的厦门经济特区、怎样建设厦门经济特区？福建省怎样发展，福建省经济发展的动力来自何处？这是当时从省委领导到基层领导、从企业家到老百姓都在思考的问题。

1984 年 3 月 24 日，《福建日报》全文刊登了福建国有骨干企业 55 位厂长的呼吁书《五十五名厂长、经理呼吁——请给我们“松绑”》。这个呼吁书无疑是这些厂长们对自己长期搞企业所积淀的深刻体验的表达，是对工作中所遇到各种问题的积极反思的成果，是对福建省经济发展思路的探索，更是对上级领导适应改革开放的新形势尽快转变工作思路的无限期望。呼吁书一发表，立即成为当年度最具轰动性的企业事件。当事者可能没有想到，他们成为我国企业改革史上敢于吃“螃蟹”的人，为中国国有企业改革吹响了进军的号角。

事情经过是这样的，3 月 23 日下午临近下班，时任《福建日报》副总编辑的徐明新接到时任省委书记项南办公室打来的电话，让他去省委取一篇稿子，即《五十五名厂长、经理呼吁——请给我们“松绑”》的呼吁信。此前一天，福建省 55 位厂长经理齐聚福州，参加“福建厂长（经理）研究会成立大会”。会议的一个重要议题，是交流搞好企业的先进经验。但是，让大家没有想到的是，交流会变成了诉苦会。原因是两个企业的典型发言，引起国营企业领导的心酸。一个是福日公司，是当时全国第一家中日合资企业；另一家是福州铅笔厂，当时是国有企业改革的试点单位。这两家企业的共同特点是，拥有着比一般企业更多的自主权。听了两个企业的典型发言，其他企业家开始纷纷诉苦：被高度集中的旧体制捆住了手脚，生产计划、原材料、产品、工资奖金、干部人事等全得由政府主管部门说了算，只有压力，没有动力，更谈不上活力，甚至“连建个厕所都要层层报批”。

福建经济要发展，根本在企业的发展。在当时的体制之下，如何把企业家们发自心底的呼吁上达决策者层面，都是一个难题。怎么办？时任省经贸委副主任和省企业管理协会负责人的黄文麟说："'松绑'放权的呼吁信，是被旧的计划经济体制倒逼出来的。"因为，如果按照当时的体制要求打报告，按一般渠道、一般方式逐级上报，可能解决不了问题。要改革，就先从报告的方式上改起。3月22日当晚，黄文麟牵头，与企业家代表讨论，连夜草拟出一封"松绑"放权呼吁信，并在第二天的会议上获55位企业家的一致通过。"3月23日下午，我们将呼吁信送到了项南的桌上。回去以后只有半个多小时，就接到省委电话，说项南就呼吁信作出了批示，送到《福建日报》明天就发表。"次日，《福建日报》以《五十五名厂长、经理呼吁——请给我们"松绑"》为题，在一版头条全文公布呼吁信，并配发了导语——在福州参加省厂长（经理）研究会成立大会的55名厂长、经理，3月22日写信给省委领导同志，题目是《请给我们"松绑"》。情词恳切，使人读后有一种再不改革、再不放权，就真是不能前进了的感觉。本报记者认为有必要将这封来信公之于众。徐明新回忆说：这段导语，是由项南亲自撰写的。呼吁信在《福建日报》上的刊发时间、版面、位置，项南也都在批示中亲自作了交代。

一场集聚了企业紧迫需求、领导强力支持、媒体全面配合三大要素的"松绑"放权大变革，就此拉开帷幕。

呼吁信见报第二天，《福建日报》按照项南指示派出多路记者，拿着呼吁信，到省委组织部、省经委、省人事局、省财政厅、省劳动局、省人民银行等部门，要求作出呼应。呼吁信发表一个月后，4月24日，省委常委和省政府党组成员召开会议，决定请55位厂长经理再来开会，检查落实情况。项南亲自为会议写了新闻稿：《省委决定下月中旬召集55位厂长经理进行检查：还有哪些权没有拿到手还有哪条绳索没有解开》。从4月开始，省政府连续出台《关于改革国营企业人事管理制度的决定》等7个有关落实企业自主权的文件，给国营企业放人权、财权、经营管理权，让企业增动力、活力、压力。在那个对改革有着极大渴求的年代，“松绑”放权的影响，很快从八闽遍及全国，成为具有里程碑意义的标志性事件。

3月30日，《人民日报》在第二版头条位置全文转载了《福建日报》刊登的呼吁信，以及福建省委组织部、省经委支持呼吁的报道，并配发了编者按语。第二天，《福建日报》即对编者按语作了刊发。紧接着，《经济日报》、新华社等全国主要新闻媒体都进行了转发。4月15日，55位厂长经理的代表还受邀到国家体改委、中央党校等单位进行了汇报座谈。

高层的重视，催生出了更大力度的变革。两年内，国务院相继发布《关于进一步扩大国营工业企业自主权的暂行规定》和《关于城市经济体制改革的若干决定》，并在全国全面推行《厂长经理责任制》，明确规定全民所有制工业企业的厂长（经理）是一厂之长，是企业法人代表，对企业负有全面责任。

在2001年3月24日召开的企业家活动日暨表彰大会上，时任福建省委副书记、省长的习近平说：“福建企业家素来有‘敢为天下先’‘爱拼才会赢’的开拓创新精神。当年55家厂长经理提出给企业‘松绑’放权的呼吁，就是这种精神的体现。”同时，习近平同志还对政府职能转变提出了要求，要树立政府能力有限的观念，改变万能政府的行为，按市场经济要求实行“政企分开”，政府从竞争性领域退出，从不该管、管不了、管不好的事务中脱身出来，不介入或干预企业的经营活动，集中精力抓好宏观规划和有关政策的制定，加强宏观指导，真正成为市场竞争的裁判者、市场秩序的维护者和社会供求关系的调控者。①

习近平总书记曾在不同场合多次赞扬“松绑放权事件”在全国的影

① 参见谢贤伟、林侃、储白珊：《经济体制改革的一段佳话——写在“松绑”放权30周年之际》，《福建日报》2014年7月22日。

响。2014 年 5 月 18 日，在《五十五名厂长、经理呼吁——请给我们松绑》这封公开信发表 30 周年之际，在全面深化改革大背景下，福建 30 位企业家联名致信习近平总书记，就贯彻党的十八届三中全会决定，加快企业改革发展建言倡议。7 月 8 日，习近平总书记给他们回信，勉励他们继续发扬“敢为天下先，爱拼才会赢”的闯劲，进一步解放思想，改革创新，敢于担当，勇于作为，不断做大做强，促进联合发展，实现互利共赢，为国家经济社会持续健康发展发挥更大作用。[①]

三、经典案例给予我们的重要启示

改革开放是前无古人的崭新事业。全面深化改革剑指难改之处，可谓牵一发而动全身，利益关系复杂，困难阻力重重，不进则退。因此，回顾福建企业家的“松绑放权”事件，全面总结改革的成功经验，探索和把握全面深化改革的内在规律，会得到许多重要启示。

（一）正确处理顶层设计和“摸着石头过河”之间的关系

福建企业负责人“松绑放权”事件非常清楚地表明，作为社会生产力的具体体现，他们是改革的动力源泉，是“摸着石头过河”的主体因素，是改革开放事业的实践主体和评价主体。改革开放初期，邓小平“摸着石头过河”的著名论断，极大地激发了基层组织和领导干部的创新精神，给予基层和百姓高度的自主权和管理权，人们在“摸”中学，在学中总结经验，概括理论，积极探索适合本地特色的发展路子，极大地推动了中国经济社会的发展。“摸着石头过河”是中国的创造、中国的发明，带有鲜明的中国特色，符合马克思主义的唯物论、认识论、辩

① 参见：《习近平总书记给福建企业家回信》，《福建日报》2014 年 7 月 21 日。

证法、实践论和唯物史观。

然而，“摸着石头过河”的命题，也遭到了来自多个方面的质疑和反对。有人认为，“摸着石头过河”是说明中国改革开放事业缺乏理论指导，持有一种对前景迷茫的情绪；有人说，“摸着石头过河”，摸不着石头掉河里淹死，持有一种悲观失望的情绪；也有人说，中国的改革开放是“摸着石头过河”，而摸石头的手是被控制的，不是想往哪摸就往哪摸，持有一种消极被动的情绪，如此等等。那么，怎么看待邓小平这个影响了中国改革开放整个过程的重大命题？首先，“摸着石头过河”为我们确立了明确的前进目标，即“过河”，具体来说，就是建设中国特色社会主义。如果没有这个目标，我们就可能会在“河”的一边绕圈子，使改革开放事业停滞不前；就可能因看不到“石头”盲目下“河”而淹死，使改革开放事业受到挫折；就可能因放弃可能解决问题的路径或经验而向其他方向努力，使改革开放事业走弯路。其次，“摸着石头过河”为我们解决了“过河”的基点，即“石头”，这个“石头”就是实践。再次，“摸着石头过河”为我们找到了“过河”的基本方法，即“摸”，用哲学的语言来说，就是实践—认识—再实践—再认识，循环往复，螺旋式上升的过程。最后，“摸”的主体是广大人民群众，要调动人民群众的积极性，把人民群众的发明创造加以概括、总结、提高和推广，使之成为人民群众普遍而自觉的活动。

同时，福建企业负责人“松绑放权”事件非常清楚地表明，中国改革开放这样一项前无古人、后无来者的伟大事业，仅仅靠基层“摸着石头”是很难“过河”的，还需要得到上级领导的支持，需要相关制度的安排，需要必要的政策的扶持。简单一句话，需要顶层设计和整体推进。习近平总书记指出：“改革推进到现在，必须在深入调查研究的基础上提出全面深化改革的顶层设计和总体规划，提出改革的战略目标、战略重点、优先顺序、主攻方向、工作机制、推进方式，提出改革总体方案、路线图、时间表。”[①] 通过顶层设计来强化改革的整体性、系统性和协调性，从上而下统一规划，可以从全局出发，有效解决经济社会发展遇到的深层次问题。通过顶层设计来强化理论的先导性，使改革举措能够遵从事物发展的客观规律，确保全面深化改革符合最广大人民群众的根本利益。通过顶层设计来强化党的集体领导和集体决策，从而使重大决策更能体现科学性、规律性、群众性。

习近平总书记在十八届中央政治局第二次集体学习时的讲话中指出：“摸着石头过河，是富有中国特色、符合中国国情的改革方法。摸着石头过河就是摸规律，从实践中获得真知。摸着石头过河和加强顶层设计是辩证统一的，推进局部的阶段性改革开放要在加强顶层设计的前提下进行，加强顶层设计要在推进局部的阶段性改革开放的基础上来谋划。要加强宏观思考和顶层设计，更加注重改革的系统性、整体性、协同性，同时也要继续鼓励大胆试验、大胆突破，不断把改革开放引向深入。”[②]

（二）正确处理尊重社会基本规律和发挥主观能动性的关系

社会规律是通过人的活动来实现的。但是，人不能创造规律，也不能违背规律，而只能遵循客观规律办事。否则，无论人的主观动机多么善良、愿望多么美好，能力多么强大，都必定受到规律的惩罚。在这方面我们有着惨痛的教训。因为，人的主观能动性的发挥是有边界的，即是否合乎事物的发展规律；客观规律与人的主观能动性的有机统一决定着人们实践的最终结果。一般来说，尊重客观规律是发挥主观能动性的前提和基础，人们对客观规律的认识愈深刻、愈全面，主观能动性的发挥就会愈充分；违背了客观规律，就必定会受到规律的惩罚。尊重客观

① 《习近平关于全面深化改革论述摘编》，中央文献出版社 2014 年版，第 32 页。
② 《习近平谈治国理政》第 1 卷，外文出版社 2018 年版，第 67—68 页。

规律和发挥人的主观能动性是相辅相成，辩证统一的。

福建企业负责人“松绑放权”事件告诉我们，正确处理尊重客观规律与发挥人的主观能动性的关系，体现在经济体制改革中就是处理好政府和市场的关系，使市场在资源配置中起决定性作用，更好发挥政府作用。毋庸置疑，市场经济具有自己运行的客观规律性。一般说来，企业家们在长期的经营活动过程中，是对市场发展规律最熟悉的、最了解的人；他们最知道该干什么，不该干什么。然而，在计划经济体制之下，企业成为完成计划指令的一个工具，成为政府相关部门的一个附属，他们不可能发挥工作的积极性和创造性。然而，作为政府，尽管经过 40 多年的实践探索，我们已经积累了大量的知识，但是总体上对市场经济规律还是知之不多、知之不深，遇到一些事情就显得手忙脚乱。相反，我们对发挥政府的作用却有着丰富的经验，甚至已经成为一种工作习惯，形成一种思维定式，遇到事情就自觉不自觉地运用起来，在某些时候就出现“越位”“错位”的现象。因此，今天重新回顾 30 多年前发生的福建企业负责人“松绑放权”事件，可以提醒我们每一位政府工作人员，必须在全社会确立清醒的尊重市场规律的意识，保证社会主义市场经济按照自身的规律去运行；同时，通过立法程序，明确政府权力的定位，明晰政府权力的边界，明了政府权力的职能，真正实现政府职能由管理转向服务，提高政府对国家的治理能力，从而为全面深化改革提供根本保证。

（三）正确处理改革的力度与防范化解风险能力之间的关系

改革肯定是有风险的。可以说，福建企业负责人“松绑放权”事件发展的过程中，与事件相关的每一个人、事物发展的每一步，都可能遭遇来自各个方面、各个层面的风险。所以，邓小平作为改革开放的总设计师，明确意识到在改革开放的过程中党和国家所面临的各种风险。他说：“改革是中国的第二次革命。这是一件很重要的必须做的事，尽管是有风险的事。”[①] 因此，“我们要把工作的基点放在出现较大的风险上，准备好对策。这样，即使出现了大的风险，天也不会塌下来。”[②]邓小平比较全面地阐述了改革开放过程中可能出现的风险及其防范和化解各种风险的方法。今天，中国特色社会主义伟大事业正处在改革深水区和矛盾突发期，新情况新问题不断涌现；在某些领域里，由于改革过程积累的很多矛盾和改革举措不到位，或者老百姓对一些改革举措不理解，使矛盾更加尖锐，冲突更加激烈，斗争更加复杂，搞不好就会引发群体性事件，甚至引发颠覆性危机。因此，在全面深化改革的过程中，必须处理好改革的力度和防范化解风险能力之间的关系。

不能放松改革的力度。邓小平说：“在中国，不改革开放，只能是死路一条。”令人震撼、使人难忘。习近平总书记强调，改革开放永无止境，只有全面深化改革，中国特色社会主义道路才会越走越宽。因此，面对新形势、新任务、新挑战，中国共产党人更要关注影响中国改革开放大局的关键性问题，勇于发挥“壮士断腕”的精神，有勇于自我革命的气魄、坚韧不拔的毅力，冲破利益固化的藩篱，全面深化改革，要敢于向积存多年的顽瘴痼疾开刀，敢于触及深层次利益关系和矛盾，要坚决冲破思想观念束缚，坚决破除利益固化藩篱，坚决清除妨碍社会生产力发展的体制机制障碍。全面深化改革已深入人心，凝聚了全民共识，只有不断推进改革，中国的发展才有活水之源，才能生机盎然。

努力提高防范化解重大风险的能力。改革涉及方方面面，改革说到底是利益格局的重新分配。要改革，必然会引起社会某个方面的震荡；既得利益集团必然会千方百计、不择手段地维护自己的既得利益；而其他民众则希望通过改革来增加自己的利益；而手中执掌某些权力的人，还可能把一些很好的改革措施进行歪曲，变成为自己谋取利益的手段和

①② 《邓小平文选》第 3 卷，人民出版社 1993 年版，第 113、267 页。

工具。特别是在一些民生领域、难改之处，突显出酝酿和爆发风险的可能性。所以，如果改革操之过急，多个利益方发生尖锐的冲突，小则影响到社会稳定，大则影响全面深化改革的进行。例如，现在民众特别关注的看病难、上学难、就业难、住房难、养老难等一系列社会问题，都是由改革不到位或改革错位所带来的重大问题。2019 年 1 月，省部级主要领导干部坚持底线思维着力防范和化解重大风险专题研讨班在中央党校开班，习近平总书记在开班式上发表重要讲话，指出："面对波谲云诡的国际形势、复杂敏感的周边环境、艰巨繁重的改革发展稳定任务，我们必须始终保持高度警惕，既要高度警惕'黑天鹅'事件，也要防范'灰犀牛'事件；既要有防范风险的先手，也要有应对和化解风险挑战的高招；既要打好防范和抵御风险的有准备之战，也要打好化险为夷、转危为机的战略主动战。"①

实践发展永无止境，解放思想永无止境，改革开放永无止境。改革越是全面深化、越是向前推进，越会遇到阻力，越是困难重重。这无疑对改革者提出了更高的要求。习近平总书记在中共中央政治局第十一次集体学习时强调指出："只有把生产力和生产关系的矛盾运动同经济基础和上层建筑的矛盾运动结合起来观察，把社会基本矛盾作为一个整体来观察，才能全面把握整个社会的基本面貌和发展方向。坚持和发展中国特色社会主义，必须不断适应社会生产力发展调整生产关系，不断适应经济基础发展完善上层建筑。"② 真正做到加强顶层设计和"摸着石头过河"相结合，尊重社会基本规律与发挥人的主体能动性相结合，把加强改革力度与防范化解重大风险相结合，才能提高改革决策的科学性，广泛形成共识，调动各方面的积极性，形成改革合力，成就改革大业。

① 《习近平谈治国理政》第 3 卷，外文出版社 2020 年版，第 219—220 页。

② 《习近平在中共中央政治局第十一次集体学习时强调　推动全党学习和掌握历史唯物主义更好认识规律更加能动地推进工作》，《人民日报》2013 年 12 月 5 日。

第十二章

学习阶级观点，掌握阶级分析方法

人类自从进入阶级社会以后，阶级和阶层问题就一直是思想家们关注的焦点问题，也是被资产阶级思想家搞得最为混乱的问题。学习马克思主义哲学关于阶级和阶层观点，就是要掌握阶级和阶层分析方法，正确分析当代中国社会阶级和阶层问题，团结一切可以团结的力量，调动一切积极因素，构建和谐的社会主义社会。

一、阶级和阶层基本理论及其方法

马克思、恩格斯批判了资产阶级思想家的阶级和阶级斗争学说，在研究人类社会发展史的基础上，科学阐释了阶级的起源、阶级在社会发展中的作用和阶级消灭的途径等一系列重大问题，创立了科学的阶级和阶层学说，为我们提供了分析和解决社会问题的钥匙。

（一）阶级和阶级斗争学说的创立

马克思曾明确说明，“阶级”这个概念并不是他发明的。在马克思主义创立之前，一些资产阶级思想家就已经明确提出阶级和阶级斗争的问题。1789 年爆发的法国大革命，是世界近代史上规模最大的资产阶级革命，摧毁了统治法国 1000 多年的封建专制制度，建立起资产阶级的政治统治，促进了资本主义经济的发展，同时也动摇了欧洲大陆的封建秩序，为其他国家和民族的革命运动树立了榜样，具有重大的世界历史意义。法国大革命的历史表明，历史进程并不是由个别人的行为所决定的，在人们的行为的背后，还有一种决定性的原因。然而，这个原因是什么？法国资产阶级思想家西哀耶斯在《论特权》《第三等级是什么》等著作中，提出了阶级和阶级斗争的观点。法国历史学家奥古斯丁·梯叶里出版了《第三等级的形成与发展史》等著作，提出封建制度是建立在武力征服的基础上的；阶级和阶级斗争源自一些民族对另一些民族的征服；阶级关系实际上是财产关系；阶级斗争的发生，是因为经济利益发生冲突而导致的。基佐撰写了《欧洲文明史》《法国文明史》等著作。他认为，自中世纪以来，西欧社会即存在着封建贵族和第三等级之间激烈的阶级斗争，阶级斗争是近代历史的基本事实，并且充满于近代历史之中，是历史进程的主要动力，欧洲社会就是这种斗争的产物；财产关系不仅是阶级关系的基础，而且还是历史发展的基础。米涅在《法国革命史》一书中，强调法国大革命的必要性，认为革命爆发的原因，应该从存在于各社会阶级的不同物质利益中去寻找，各个政治集团之间的斗争实质是各个阶级的不同利益的冲突，恐怖统治与拿破仑一世专政都是法国阶级斗争的产物。他从维护自由资产阶级的利益出发，高度赞扬资产阶级反对封建主的斗争，论证资本主义制度的合理性。恩格斯指出："复辟时期的历史编纂学家，从梯叶里到基佐、米涅到梯也尔，总是指出这一事实是理解中世纪以来法国历史的钥匙。"[①] 但是他们的共同局限性在于：第一，没有科学地揭示阶级的起源和本质。第二，只承认资产阶级反对封建贵族斗争的合理性，而否认甚至反对无产阶级与资产阶级的斗争。第三，把资本主义制度理想化，把阶级区分永恒化。

针对资产阶级思想家的这种理论上的局限性，马克思、恩格斯在创立自己学说的过程中，一直在研究阶级和阶级斗争的问题。早在1843年，

① 《马克思恩格斯文集》第4卷，人民出版社2009年版，第304页。

马克思在《〈黑格尔法哲学批判〉导言》中，就严格区分了资产阶级的“政治革命”、政治解放与无产阶级的“彻底革命”和“人的解放”的界限，强调：“当诸侯同君王斗争，官僚同贵族斗争，资产者同所有这些人斗争的时候，无产者已经开始了反对资产者的斗争”[①]。因此，德国的解放只能是一种“人的解放”，即通过无产阶级革命而获得的解放。这一解放的物质武器是无产阶级，精神武器则是哲学。1846 年 12 月，当俄国的自由派作家帕维尔·瓦西里耶维奇·安年科夫给马克思写信，征求马克思对法国小资产阶级改良主义思想家蒲鲁东撰写的《贫困的哲学》一书的看法时，马克思在回信中谈到，社会是基于人们交互活动而形成的有机整体；这个有机整体是由生产力和生产关系、经济基础和上层建筑等要素构成的；其中生产力是人类全部历史的基础，是社会历史发展的最深刻根源和最根本动力；人类社会正是在生产力发展的推动下，不断由低级向高级发展。而在阶级社会，生产力与生产关系的矛盾和冲突必然表现为阶级矛盾和阶级斗争，表现为一个民族内各个阶级间以及各个民族彼此间酝酿着的可怕的战争；而唯一能够解决这种冲突的途径，是通过“群众的实践和暴力的行动”，这又是“广阔的、持久的和复杂的运动”[②]。随着大工业的发展，无产阶级必然通过政治革命，彻底消灭资本主义制度。1848 年 2 月，马克思、恩格斯在《共产党宣言》中运用历史唯物主义的基本观点，回顾了人类社会发展进程中阶级和阶级斗争在各个时期的表现形态，提出“至今一切社会的历史都是阶级斗争的历史（恩格斯在 1888 年英文版上加一个注：‘这是指有文字记载的全部历史’）”[③]的名言；阐述了资本主义社会产生的历史条件，肯定资产阶级对人类社会做出的巨大贡献和资本主义制度存在的内在矛盾；分析

① 《马克思恩格斯文集》第 1 卷，人民出版社 2009 年版，第 16 页。
② 《马克思恩格斯文集》第 10 卷，人民出版社 2009 年版，第 51 页。
③ 《马克思恩格斯文集》第 2 卷，人民出版社 2009 年版，第 31 页。

了资产阶级和无产阶级产生、发展及其相互斗争的历史过程，揭示了资本主义必然灭亡和社会主义必然胜利的客观规律，阐明了无产阶级的历史使命。马克思、恩格斯关于阶级和阶级斗争的理论体系终于创立了。

然而，自从马克思、恩格斯关于阶级和阶级斗争理论的创立，就不断受到来自各个方面的质疑、谩骂。1852 年，德国一位杰出的工人运动活动家魏德迈，针对德国小资产阶级思想家对马克思主义阶级斗争学说的攻击，于 1 月 29 日在《纽约民主主义者报》上发表批判文章。马克思看到这篇文章后，于 3 月 5 日写了一封著名的回信。马克思在信中高度评价了魏德迈的文章，称赞文章“写得既泼辣又细腻，这种结合称得上是名副其实的论战”；同时阐述了马克思主义关于阶级和阶级斗争问题的基本观点：“我所加上的新内容就是证明了下列几点：（1）阶级的存在仅仅同生产发展的一定历史阶段相联系；（2）阶级斗争必然导致无产阶级专政；（3）这个专政不过是达到消灭一切阶级和进入无阶级社会的过渡。”[①] 这段话非常简短，内涵却非常丰富。第一句，阶级的存在仅仅同生产发展的一定历史阶段相联系，阐明了阶级产生的根源和实质。第二句，阶级斗争必然要导致无产阶级专政，揭示了阶级斗争发展的客观趋势和无产阶级专政的历史必然性。第三句，无产阶级专政不过是达到消灭一切阶级和进入无阶级社会的过渡，揭示了无产阶级专政的历史使命。

马克思所论述的这三句话是相互联系不可分割的，它科学地揭示了阶级和阶级斗争同生产力发展之间、阶级斗争同无产阶级专政之间以及无产阶级专政同消灭阶级之间的内在联系，从总体上系统地阐明了阶级和阶级斗争的产生、发展和消灭的客观规律性，从而，划清了马克思主义阶级斗争理论同资产阶级的阶级斗争理论的界限，同时也划清了马克

① 《马克思恩格斯全集》第 49 卷，人民出版社 2016 年版，第 79 页。

思主义同机会主义者的界限。

（二）阶级及其本质的理论

阶级是一个历史范畴，它不是从来就有的，也不会永远存在下去。在漫长的原始社会初期，并不存在阶级。阶级的存在仅仅同生产发展的一定历史阶段相联系，它是社会生产力有了一定的发展而又发展不足时的产物。

阶级产生有两个基本前提：一是剩余产品的出现，二是私有制的形成。在原始社会，由于生产力水平极其低下，没有剩余产品，没有私有制，没有人剥削人的制度，也就没有阶级的存在。人们只能采取集体劳动的形式进行生产，如果说劳动存在着分工，也只是依照性别或体能进行的简单分工。氏族或部落的全体成员共同劳动，劳动果实平均分配，一点简陋的财产归全体成员所有。因为劳动所得仅仅可以勉强维持人们自身的最低生存需要，没有剩余产品，也就没有人剥削人的可能性和产生阶级分化的条件。到了原始社会末期，随着金属工具的采用，生产力水平有了较大的提高，人们的劳动所得除了满足自身最低的需要外还出现了剩余产品，这就为一些人去占有或剥削别人的劳动提供了可能性。随着社会分工和交换的发展，出现了生产资料私有制，使一部分人能够利用手中所掌握的生产资料去占有别人的劳动，这就使阶级的产生具有了现实性。最初的阶级对立是从氏族内部分化出来的。随着社会分工和私有制的发展，氏族内部的财产不平等现象也发展起来，导致两极分化。奴隶最初来源于战俘，后来氏族或部落内部的一些穷人也逐步沦为奴隶。而那些担任公职的人，利用手中的权力把一部分公共财产据为己有，或利用手中掌握的生产资料吸收更多的劳动力为自己劳动，便成为最早的奴隶主。恩格斯指出：“社会分裂为剥削阶级和被剥削阶级、统治阶级和被压迫阶级，是以前生产不大发展的必然结果。只要社会总劳动所提供的产品除了满足社会全体成员最起码的生活需要以外只有少量剩余，就是说，只要劳动还占去社会大多数成员的全部或几乎全部时间，这个社会就必然划分为阶级。在这被迫专门从事劳动的大多数人之旁，形成了一个脱离直接生产劳动的阶级，它掌管社会的共同事务：劳动管理、国家事务、司法、科学、艺术等等。因此，分工的规律就是阶级划分的基础。但是，这并不妨碍阶级的这种划分曾经通过暴力和掠夺、欺诈和蒙骗来实现，这也不妨碍统治阶级一旦掌握政权就牺牲劳动阶级来巩固自己的统治，并把对社会的领导变成对群众的剥削。”①

那么，什么是阶级？从马克思、恩格斯的论述可以概括为，阶级是与特定生产关系相联系的、在经济上处于不同地位的社会集团。列宁在《伟大的创举》一文中，明确指出：“所谓阶级，就是这样一些大的集团，这些集团在历史上一定的社会生产体系中所处的地位不同，同生产资料的关系（这种关系大部分是在法律上明文规定了的）不同，在社会劳动组织中所起的作用不同，因而取得归自己支配的那份社会财富的方式和多寡也不同。所谓阶级，就是这样一些集团，由于它们在一定社会经济结构中所处的地位不同，其中一个集团能够占有另一个集团的劳动。”② 列宁这段话用四个“不同”完整地揭示了阶级的内涵和本质。第一个“不同”是总括性的描述；第二个“不同”是指是否占有生产资料；第三个“不同”是指在生产过程中是管理者还是被管理者；第四个“不同”是指在分配过程中获得财富的多少。最后一句话揭示了阶级的本质。

在人类历史上先后出现过三个对抗性的阶级，即奴隶主和奴隶、地主和农民、资本家和无产阶级，他们都是同生产发展的一定历史阶段相联系的，并形成自己特定的阶级结构。只有到了未来共产主义社会，由

① 《马克思恩格斯文集》第 9 卷，人民出版社 2009 年版，第 298 页。
② 《列宁选集》第 4 卷，人民出版社 2012 年版，第 11 页。

于生产力的高度发达，社会物质财富和文化产品的极大丰富，随着私有制的消失，阶级也必然消失。所以，阶级作为一种历史现象，是和社会生产发展的一定阶段相联系的。

（三）阶级斗争是阶级社会发展的直接动力

对抗性阶级的存在必然导致阶级斗争，阶级斗争是阶级社会发展的直接动力。马克思、恩格斯在《共产党宣言》中提出："至今一切社会的历史都是阶级斗争的历史。"[①] 恩格斯在1888年英文版上专门加了一个注，说明"这是指有文字记载的全部历史"。这是马克思主义通过对人类社会发展历史进行科学、系统、全面研究的基础上得出的一个重要结论，是历史唯物主义的一个基本观点。

马克思、恩格斯运用阶级分析方法扼要分析了奴隶社会、封建社会和资本主义社会的阶级对立和斗争的状态，阐述了各阶级社会的阶级对立和斗争的特点，说明资产阶级和资本主义社会决不是从天而降、永恒存在的，而是一个长期发展的历史产物。"自由民和奴隶、贵族和平民、领主和农奴、行会师傅和帮工，一句话，压迫者和被压迫者，始终处于相互对立的地位，进行不断的、有时隐蔽有时公开的斗争，而每一次斗争的结局都是整个社会受到革命改造或者斗争的各阶级同归于尽。"[②] 尽管各个社会形态的压迫者和被压迫者的存在方式、压迫条件、剥削程度、斗争形式存在着明显差别，但阶级和阶级斗争是始终存在的，这种阶级和阶级斗争是推动社会前进的动力。阶级斗争既是阶级社会基本矛盾的直接表现，又是解决阶级社会基本矛盾的根本手段。由此可见，从封建社会的灭亡中产生出来的现代资产阶级社会并没有消灭阶级，只是用新的阶级、新的压迫条件、新的斗争形式代替了旧的阶级、旧的压迫

①② 《马克思恩格斯文集》第2卷，人民出版社2009年版，第31页。

条件和旧的斗争形式；但是，资本主义社会日益分裂为两大直接对立的阶级：资产阶级和无产阶级，从而使整个社会的阶级对立简单化了，阶级斗争清晰化了，为研究阶级和阶级斗争问题提供了有利的条件。

无产阶级和资产阶级之间的阶级斗争必然要导致无产阶级专政。因为，资本主义社会的基本矛盾表现为生产社会化同资本主义生产资料私人占有之间的矛盾，其阶级表现就是无产阶级和资产阶级的斗争。根源于这种社会基本矛盾的无产阶级反对资产阶级的斗争，必然发展为以夺取政权为中心的无产阶级革命。无产阶级取得革命胜利之后，面临着镇压资产阶级和一切剥削阶级的反抗、建立崭新的社会主义经济制度和政治制度、组织社会主义经济建设和科学文化教育建设以及防御外敌的侵略和颠覆等任务。无产阶级要完成这项艰巨而复杂的历史任务，只有彻底摧毁旧的国家机器，用无产阶级专政代替资产阶级专政才能实现。因此，建立无产阶级专政是无产阶级反对资产阶级的阶级斗争的必然产物。

无产阶级专政不过是达到消灭一切阶级和进入无阶级社会的过渡。无产阶级建立自己的政治统治并不是目的，而是作为消灭一切阶级进入共产主义社会的根本手段。阶级的产生是个自发的进程，而阶级的消灭则不能自发地实现，必须经过无产阶级专政。所谓消灭阶级包含两个既相互联系又相互区别的任务。一个是消灭剥削阶级，即在无产阶级取得革命胜利后，利用无产阶级专政的国家政权采取各种形式在经济上剥夺剥削阶级的生产资料，消灭剥削阶级赖以存在的基础。另一个则是完全消灭阶级，即消灭一切阶级差别，从根本上创造阶级既不能产生又不能存在的条件。这是一个长期而艰巨的任务。只有在无产阶级专政条件下，大力发展生产力，建设高度的物质文明和精神文明才能实现。只有当社会物质财富极大丰富和人们思想觉悟极大提高，阶级才能完全消灭，人类才能进入无阶级的社会——共产主义社会。那时，无产阶级专政也就最终完成了自己的历史使命而自行消亡。

我们要注意的是，社会革命是革命阶级推翻反动统治阶级，用先进的社会制度代替腐朽社会制度的根本变革，是阶级斗争的最高表现形式，其实质是社会形态的质变。国家政权作为上层建筑的核心，是维护其相应的经济基础最直接、最强大的力量。因此，革命的首要问题是国家政权问题。列宁曾说："无论从革命这一概念的严格科学意义来讲，或是从实际政治意义来讲，国家政权从一个阶级手里转到另一个阶级手里，都是革命的首要的基本的标志。"[①]然而，社会革命的爆发需要具备相应的客观前提和主观条件。列宁在总结俄国和世界革命的经验基础上，提出了革命的基本规律。他说："一切革命，尤其是20世纪俄国三次革命所证实了的一条革命基本规律就是：要举行革命，单是被剥削被压迫群众认识到不能照旧生活下去而要求变革，还是不够的；要举行革命，还必须要剥削者也不能照旧生活和统治下去。只有'下层'不愿照旧生活而'上层'也不能照旧维持下去的时候，革命才能获得胜利。这个真理的另一个说法是：没有全国性的（既触动被剥削者又触动剥削者的）危机，进行革命是不可能的。这就是说，要举行革命，第一，必须要多数工人（或至少是多数有觉悟、能思考、政治上积极的工人）充分认识到革命的必要性，并有为革命而牺牲的决心；第二，必须要统治阶级遭到政府危机，这种危机甚至把最落后的群众都卷入政治活动（一切真正的革命的标志，就是在以前不关心政治的被压迫劳动群众中，能够进行政治斗争的人成十倍以至成百倍地迅速增加），削弱政府的力量，使革命者有可能很快地推翻它。"[②]列宁关于革命规律的总结，为世界各国共产党人在自己制定革命战略中正确估计无产阶级革命的客观条件和主观条件是否成熟指明了方向。

---

① 《列宁选集》第3卷，人民出版社2012年版，第25页。
② 《列宁选集》第4卷，人民出版社2012年版，第193页。

二、运用阶级分析方法的经典案例

阶级分析方法是运用马克思主义关于阶级、阶级斗争的理论来观察和分析阶级社会，认识和把握社会各个阶级的经济地位进而确定其政治态度和革命倾向的方法。列宁在《论国家》一文中指出："必须牢牢把握住社会划分为阶级的事实，阶级统治形式改变的事实，把它作为基本的指导线索，并用这个观点去分析一切社会问题，即经济、政治、精神和宗教等等问题。"[①]就是说，只有掌握和运用阶级分析方法，才能透过错综复杂、千变万化的社会现象，把握社会现象的本质和社会发展的客观规律。

应该讲，马克思、恩格斯、列宁、毛泽东等在运用阶级分析方法方面都为我们积累了丰富的成果和经验。我们就以毛泽东的阶级分析方法为经典案例。

毛泽东历来重视阶级分析。早在1925年12月，他就撰写了著名的《中国社会各阶级的分析》一文。文章开篇提出："谁是我们的敌人？谁是我们的朋友？这个问题是革命的首要问题。中国过去一切革命斗争成效甚少，其基本原因就是因为不能团结真正的朋友，以攻击真正的敌人。革命党是群众的向导，在革命中未有革命党领错了路而革命不失败的。我们的革命要有不领错路和一定成功的把握，不可不注意团结我们的真正的朋友，以攻击我们的真正的敌人。"[②]毛泽东认为，一个阶级对待革命的立场和态度，是由其社会经济地位决定的。以此为理论依据，他对当时中国社会存在的地主阶级和买办阶级、中产阶级、小资产阶级、半无产阶级、无产阶级等阶级的经济地位、生活需求、政治态度进

① 《列宁选集》第4卷，人民出版社2012年版，第30页。
② 《毛泽东选集》第1卷，人民出版社1991年版，第3页。

行了生动而深刻的分析，为中国革命的顺利开展提供了阶级分析的可靠保障。

然而，随着抗日战争的爆发，中国社会出现两个关系中华民族命运的矛盾：一个是民族矛盾，即中华民族与入侵的日本帝国主义的矛盾，能否处理好这个矛盾，直接关系到中华民族的生死存亡；另一个是阶级矛盾，即无产阶级和广大人民群众与封建地主阶级和官僚资产阶级的矛盾，能否处理好这个矛盾，直接关系到能否将全民族抗战坚持到底并在战后建设新中国的问题。同时，由于复杂的国际国内形势，国民党和共产党的性质和宗旨的区别，使国共两党在如何抗日的问题上一开始就存在着两条根本对立的抗战路线。蒋介石集团主张实行片面抗战路线，单纯靠政府和军队的抗战，不愿意实行民主、改善民主，不敢发动和依靠人民大众；且在背地里不断搞小动作，鼓吹其一党专制的主张，提出以国民党来“管理一切”，实行“以党治国”“以党建国”的原则，并确定了“防共、限共、溶共、反共”方针。中国共产党则主张实行全面抗战路线，废除国民党的一党专政，给人民以充分的抗日民主权利，适当地改善工农大众的生活，充分动员、组织和武装民众抗战，使抗日战争成为真正的人民战争。一些民族资产阶级的代表人物，虽然对国民党的独裁统治表示不满，但对共产党的主张和中国抗日战争的前途，也抱有疑虑。有些人甚至还幻想在国共两党的政治主张之外，另外寻找第三条道路，在中国建立欧美式的资产阶级共和国。

在中国社会发展的关键时刻，阶级结构和各阶级的政治面貌发生了很大的变化，迫切需要重新研究和解决，“谁是我们的敌人，谁是我们的朋友”这个关系到党能否制定出正确的抗日战争的路线方针政策的问题。为此，1939 年冬季，毛泽东和其他几位在延安的同志合作撰写了《中国革命和中国共产党》。在这部著作中，毛泽东根据当时中国社会的性质、中国革命的对象、中国革命的任务和规定，从中国革命的动力的角度，对中国社会各阶级再次作了生动而深刻的分析。（1）地主阶级采用各种剥削手段残酷地压迫广大人民，是帝国主义统治中国的主要社会基础，因此是革命的对象而不是动力。在抗日战争中，大地主的一部分已经投降日本成了汉奸，一部分虽然在抗战阵营但已经开始动摇。许多中小地主出身的开明绅士有抗日的积极性，必须团结他们。（2）资产阶级包括带买办性的大资产阶级和民族资产阶级。带买办性的大资产阶级是帝国主义豢养的并且为他们服务的，而且和封建地主阶级有着各种联系，从根本上来说他们是反对革命的。但在特殊历史时期，当帝国主义国家之间产生尖锐矛盾的时候，也可以利用他们的矛盾。而亲日派大资产阶级（投降派）已经投降，必须将其视为革命对象。那些留在抗战阵营里的亲欧美派大资产阶级（顽固派），一面抗战一面反共。既要联合他们进行抗日，又要和他们做坚决的斗争。民族资产阶级由于受到帝国主义的压迫和封建主义的束缚，因此是革命的力量；但是由于他们同帝国主义和封建主义没有完全断绝经济的联系，因此缺乏彻底的反帝、反封建的勇气。这种两重性，就决定了他们在一定的历史时期可以成为革命的力量，而在另一历史时期就跟在买办大资产阶级后面成为反革命的助手。因此，民族资产阶级可以作为我们革命较好的同盟者，但是，对于他们的政策必须谨慎。（3）农民以外的小资产阶级，比如广大知识分子、小商人、手工业者和自由职业者，其经济地位和农民阶级中的中农地位相似，由于受到帝国主义、封建主义和大资产阶级的压迫，日趋走向破产和没落，因此是无产阶级可靠的同盟者，是革命的动力之一。（4）农民占全国人口的 4/5，是国民经济的主要力量。其中，富农既带有半封建性又是农民的一部分，一般可能参加反对帝国主义的斗争，在同地主的斗争中也可能保持中立，对他们不能过早采取消灭的政策；中农一般不剥削别人，而受到帝国主义、地主阶级、资产阶级的剥削，他们的态度是决定革命胜负的重要因素，可以成为无产阶级可靠的同盟者；贫农是农村中的半无产阶级，只有很少土地或者没有土地，是中国革命最广大的动力，是无产阶级天然的和最可靠的同盟者，是中国革命队伍的主力军。（5）无产阶级包括现代产业工人、城市小工业和手工业的雇佣劳动者、商店店员、农村中的雇农以及其他城乡无产者。他们除了具有一般无产阶级的基本优点，还有自己特殊的优点：身受帝国主义、封建主义、资本主义三重压迫，革命意志特别坚决；刚刚开始走上政治舞台就在中国共产党的领导下，成为中国社会里比较有革命觉悟的阶级；由于大多从破产农民出身，便于和农民结成亲密联盟。（6）游民是农村和城市中的广大失业群体，参加革命后很容易滋生和传播流寇主义和无政府主义，应该善于改造他们，注意防止他们的破坏性。

正是在对中国社会各阶级进行分析的基础上，中国共产党人正确认识了各阶级、阶层对待革命的态度，明确了中国革命的对象和任务，制定了符合中国国情的战略策略，第一次把资产阶级民主革命区分为旧民主主义革命和新民主主义革命，并系统地提出了新民主主义理论，对于帮助全党和全国人民正确认识中国社会性质，动员人民群众团结起来凝聚力量，推动新民主主义革命的发展起到了重要的指导作用。

三、经典案例给予我们的重要启示

党的十九届六中全会通过的《中共中央关于党的百年奋斗重大成就和历史经验的决议》，在总结中国共产党百年来领导人民进行伟大奋斗的过程中所积累的十条宝贵历史经验。其中有一条是“坚持统一战线。团结就是力量。建立最广泛的统一战线，是党克敌制胜的重要法宝，也是党执政兴国的重要法宝。”[①] 改革开放 40 多年直到今天，不同阶层已经形成，甚至形成“利益固化的藩篱”。特别是在如何看待民营企业和民营企业家在社会发展中的作用等问题上，产生了激烈的争论。所以，在中国特色社会主义新时代，我们依然面临着分清楚“谁是我们的敌人，谁是我们的朋友”这个社会主义现代化建设的首要问题。要解决好这个问题，当然离不开马克思主义的阶级和阶层分析方法。

（一）当代中国社会的阶级和阶层分析方法

现在说起马克思主义的阶级和阶级斗争理论，总是有人认为这个理论已经过时了，阶级分析方法更是没有用了。真的是这样的吗？

我们从两个维度来说：一是国际维度。毫无疑问，世界上存在着许许多多的国家，这些国家经济发展速度、政治治理状况、文明发达水平、科技发展程度、地理位置所在、国土面积大小、人口多少等，都存在着巨大的差别。如何来看待这种差别，如何根据这些差别来对这些国家进行分类，一直是人们关注的问题。毛泽东关于“三个世界”的理论得到人们的普遍认同；发达国家和发展中国家的说法也成为一种常识；也有人简单地区分为富国和穷国，等等。我想，所有这些说法，都离不开一个客观事实，就是资本主义国家和社会主义国家作为两大阵营，是不以任何人的意志为转移的。看看作为资本主义国家代表的美国，无论其统治者怎样标榜自由、民主、人权，而其本质依然是资本主义制度。无论是美国前任总统，还是现任总统，在对待中国的问题上，表面上是贸易争端、是技术制裁，而他们标榜的是价值观或意识形态的相对立，而价值观和意识形态是由经济基础所决定，而且是为经济基础服务的。由此可见，美国与中国所有争端的背后，是主义、旗帜、道路之争，是

① 《中国共产党第十九届中央委员会第六次全体会议文件汇编》，人民出版社 2021 年版，第 100 页。

两种根本不同的社会制度之争。所以，处在当代复杂的国际局势之中，我们还必须使用马克思主义的阶级分析方法，才能从根本上认清某些发达国家的真实面目，选择正确的方针政策与之较量。

二是国内的维度。在当代中国，随着“三大改造”的完成，“剥削制度消灭了，剥削阶级作为阶级已经不再存在，他们中的绝大多数人已经改造为自食其力的劳动者。”“在剥削阶级作为阶级消灭以后，阶级斗争已经不是主要矛盾。由于国内的因素和国际的影响，阶级斗争还将在一定范围内长期存在，在某种条件下还有可能激化。既要反对把阶级斗争扩大化的观点，又要反对认为阶级斗争已经熄灭的观点。对敌视社会主义的分子在政治上、经济上、思想文化上、社会生活上进行的各种破坏活动，必须保持高度警惕和进行有效的斗争。”[①] 应该讲，党的十一届六中全会通过的《中国共产党中央委员会关于建国以来党的若干历史问题的决议》把我国的阶级和阶级斗争的问题说得非常清楚。既然“阶级斗争还将在一定范围内长期存在”，那么，阶级分析方法依然是我们分析社会阶级关系必不可少的工具。

在当代中国，学界和思想界更关注的是阶层研究和阶层分析方法。然而，人们对阶层的划分标准却是争论不休，很难形成共识。其实，马克思、恩格斯在研究阶级和阶级斗争理论的过程中，就大量涉及对阶层的研究和分析。如资本家，就区分为工业资本家、商业资本家和金融资本家。他们在《共产党宣言》还列举了许多阶层：“在古罗马，有贵族、骑士、平民、奴隶，在中世纪，有封建主、臣仆、行会师傅、帮工、农奴，而且几乎在每一个阶级内部又有一些特殊的阶层。”[②] 列宁在《卡尔·马克思》一文中这样讲道：“在一系列历史著作中，马克思提供

① 中共中央文献研究室编：《三中全会以来重要文献选编》（下），人民出版社 2011 年版，第 130、169 页。
② 《马克思恩格斯文集》第 2 卷，人民出版社 2009 年版，第 31—32 页。

了用唯物主义观点研究历史，分析每个阶级以至一个阶级内部各个集团或阶层所处地位的光辉而深刻的范例。”[①] 毛泽东也十分注重对阶层的分析。例如，他在《中国社会各阶级的分析》中，把资产阶级分为买办资产阶级、民族资产阶级和小资产阶级；把无产阶级分为无产阶级和半无产阶级，又把半无产阶级分为半自耕农、贫农、小手工业者、店员、小贩等。

从马克思、恩格斯和毛泽东的相关论述中可以看出，阶级和阶层是一对既有相同点也有不同点的范畴。就相同点而言，两个范畴都是研究者对社会成员的经济地位及其所带来的政治要求、文化诉求和社会地位的状况的认识和概括；按照特定的标准，阶级可以划分成许多阶层。其不同点在于，从理论研究的重点来看，阶级理论的重点在于分析根本利益相互对立和相互冲突的不同阶级之间的关系，是一种定性的分析；而阶层理论则往往对阶级内部的各个组成要素的分析，是一种定量的分析。从划分的标准来看，划分阶级的标准简单说来就是列宁提出的：“这些集团在历史上一定的社会生产体系中所处的地位不同”[②]，而划分阶层的标准会根据研究问题的不同而提出不同的标准，很多时候体现为一种由社会分工所决定的社会群体。从未来发展趋势来看，尽管消灭阶级是一个漫长的过程，但随着人类社会的发展，阶级一定是会消灭的；而阶层作为与社会分工紧密联系的社会群体，则可能会永远存在下去。

所以，我们要学习马克思、恩格斯、毛泽东运用阶级分析方法，首先要解剖社会的阶级结构，确定社会的基本阶级和非基本阶级，分析各阶级之间的关系；其次，在阶级分析的基础上，进行更加细致的阶层分析，找到每一个阶层的特殊性，这是阶级分析的深化和具体化；最后，还要随着社会主要矛盾的发展变化，注意分析各阶级的力量对比及其变

① 《列宁选集》第 2 卷，人民出版社 2012 年版，第 427 页。
② 《列宁选集》第 4 卷，人民出版社 2012 年版，第 11 页。

化。只有这样，才能更加精准地确定我们的工作方针和工作方法，更加有效地解决工作中遇到的问题。

（二）阶级分析方法的基点是对经济地位的分析

阶级分析的基点直接关系到阶级划分的标准，而关于阶级划分的标准问题历来是被资产阶级唯心主义思想家搞得最为混乱的问题之一。如有的人根据不同的群体在生产过程中的不同职能作为划分阶级的标准，提出社会之所以划分为不同的阶级，是由于人们在生产中的职能不同。资本家是生产的组织者，因而成为统治者；工人群体在生产中是执行者，因而只能是被统治者；很显然，这种划分标准把阶级剥削制度合理化了。也有人根据各个群体在分配过程中获得收入的不同作为划分阶级的标准，认为阶级的划分主要是由收入来源和收入多少不同所决定的；很显然，这种观点颠倒了生产资料所有制和分配的关系，否定了生产资料所有制在划分阶级中的决定性作用。还有人把阶级的产生归结为心理的差异、宗教和道德的差异等非经济因素。

我们必须清醒地认识到，阶级本质上是个经济范畴，阶级的划分标准只能是看一个社会群体与生产资料的关系，而不能简单地以社会分工、收入水平为标准，更不能以政治、思想、言论为标准。当然，一定社会阶级和阶层形成之后，一定会形成代表本阶级或本阶层的利益诉求，进而把这些利益诉求提升或概括为一种思想观念，并通过特定的组织形式和表达方式来宣传自己的思想观念；所以，阶级和阶层之间的关系，既体现为一种经济关系，也体现为一种思想关系或政治诉求，甚至首先体现为一种思想关系或政治诉求。正是因为这种原因，恩格斯晚年在致康拉德·施米特的信中曾说："这个斗争同样是头足倒置地、不再是直接地、而是间接地、不是作为阶级斗争、而是作为维护各种政治原则的斗争反映出来的，并且是这样头足倒置起来，以致需要经过上千年我们才终于把它的真相识破。”①

毛泽东关于阶级分析的深刻之处在于，并不是简单地把社会分成几个大的阶级，对其政治诉求形成一种笼统的一般性的看法；而是深入到各个阶级内部进行阶层性的分析，或者随着革命斗争形势发展的变化来分析不同阶级政治诉求的变化，进而确定对其采取的态度。如地主阶级采用各种剥削手段残酷地压迫着广大人民，但是许多中小地主出身的开明绅士有抗日的积极性，因此必须团结他们。带买办性的大资产阶级是帝国主义豢养的并且为他们服务的，因此是革命的对象。但是在抗战时期，对于那些留在抗战阵营里的亲欧美派的大资产阶级，既要和他们做坚决的斗争，又要联合他们进行抗日。民族资产阶级由于受到帝国主义的压迫和封建主义的束缚，因此是革命的力量，可以作为我们革命较好的同盟者。农民以外的小资产阶级，由于受到帝国主义、军阀、封建地主、买办大资产阶级的压迫，也是无产阶级可靠的同盟者和革命的动力之一。农民中的富农既有半封建性又是农民的一部分，但是一般会参加反对帝国主义的斗争，在同地主的斗争中也可能保持中立，不能过早消灭。一些社会游民破坏性有余而建设性不足，但在特殊历史时刻只要加强对他们改造和教育，也是可以吸收到革命队伍中加以利用。这些分析十分精彩，给我们带来重要的方法论层面的启迪。

2001年，江泽民《在庆祝中国共产党成立八十周年大会上的讲话》中，从新的历史条件出发，对我国新时期的工人、农民、知识分子作了全面阶级分析，并着重深刻阐述工人阶级的先进性质，指出工人阶级始终是实现中国社会变革、推进中国社会发展的伟大力量。他还对整个社会结构作了非常务实的阶层分析：“改革开放以来，我国的社会阶层构成发生了新的变化，出现了民营科技企业的创业人员和技术人员、受聘

① 《马克思恩格斯文集》第10卷，人民出版社2009年版，第597页。

于外资企业的管理技术人员、个体户、私营企业主、中介组织的从业人员、自由职业人员等社会阶层。”“这些新的社会阶层中的广大人员……他们与工人、农民、知识分子、干部和解放军指战员团结在一起，他们也是有中国特色社会主义事业的建设者。”[①]用阶层分析法分析当代中国的社会结构，摒弃了对立的阶级划分，突出了非对立的阶层划分，成功实现了社会分层方法从以阶级分析为主到以阶层分析为主的重大转换。特别是“社会阶层构成”概念的提出，取代了多年以来普遍沿用的所谓“社会阶级结构”概念。这一科学而务实的阶层划分，融洽地把新出现的有生力量凝聚到我国社会主义现代化事业的建设中来：一方面，避免了阶级斗争的扩大化，以及可能由此带来的中国社会各阶层之间的矛盾和冲突；另一方面，也消除了导致社会动荡的认识论原因，从而极大地促进了社会的和谐发展。

（三）阶级分析方法的目的是分清敌友以便明确革命的任务

毛泽东在《中国革命与中国共产党》一文中，对于使用阶级分析方法对中国社会各阶级进行分析的目的说得非常清楚：“这就是现阶段上中国革命的动力问题。认清这个革命的动力问题，才能正确地解决中国革命的基本策略问题。”[②]

当代中国，经过改革开放40多年的发展，我们取得了巨大的成绩，这是毫无疑问的。同时，改革所带来的社会转型时期，出现了复杂的社会阶层。各个社会阶层之间由于经济地位等的不同，决定其利益需要、政治诉求、生活观念等出现巨大差异，从而导致整个社会出现价值观念复杂多样、社会结构深刻变动、社会冲突不断出现等问题。所以，今天我们学习马克思主义的阶级和阶层分析方法，并不是要简单地重复其阶

① 《江泽民文选》第3卷，人民出版社2006年版，第286页。
② 《毛泽东选集》第2卷，人民出版社1991年版，第638页。

级斗争理论，甚至再搞“阶级斗争”，而是运用这个方法来分析当代中国社会所存在的诸多问题，着力解决好因改革过程带来的某些问题所导致的阶级、阶层利益矛盾的冲突问题，进而坚持多元共治，打造共建共治共享的社会治理格局。

党的十九届六中全会通过的《中共中央关于党的百年奋斗重大成就和历史经验的决议》指出：“坚持统一战线。团结就是力量。”现在最重要的就是按照党的十九大报告的要求：“打造共建共治共享的社会治理格局。加强社会治理制度建设，完善党委领导、政府负责、社会协同、公众参与、法治保障的社会治理体制，提高社会治理社会化、法治化、智能化、专业化水平。”① 这是我们党在社会治理理念和实践路径认识上的新突破。打造共建共治共享的社会治理格局，其一，要认真研究社会各个阶层民众的需要，特别是研究社会中下层民众的需要，努力满足各个阶层民众的不同需要。宏观层面上要以“社会政策要托底”，具体民生举措上要“坚守底线、突出重点、完善制度、引导预期”②，目标上要实现“促进社会公平正义”，通过合理的制度安排和劳动产品的再分配，努力缩小社会的贫富差距。其二，认真研究和完善社会治理格局机制，行之有效地为人民群众提供公平的平台，使得就业更加公平化、资源分配更加合理化、各阶层之间流动更加顺畅化。要加快消除户籍制度障碍，尽快实行城乡居民统一登记、一视同仁的新型户籍管理制度；要给予进城的农民以平等的居民待遇，为农民工提供优惠的福利政策，提供质量较高的基础设施水平，努力缩小城乡差别；增进教育公平，改革教育制度，建立健全义务教育法律体系，合理调度教育资源配置，从政策层面公平分配教育资源，打破城乡、地区之间的不公平；从而更好地

① 习近平：《决胜全面建成小康社会　夺取新时代中国特色社会主义伟大胜利——在中国共产党第十九次全国代表大会上的报告》，人民出版社 2017 年版，第 49 页。
② 中共中央文献研究室编：《习近平关于全面建成小康社会论述摘编》，中央文献出版社 2016 年版，第 13 页。

改善民生，保持社会正常流动，保证社会公正稳定，真正提升广大人民群众的获得感、幸福感和安全感。其三，要认真研究制定科学合理的协商机制，让社会的每一个阶层都能够参与、愿意参与、敢于参与国家重大决策的讨论和决策过程，并保证每一个阶层在这个过程中能够表达真实的愿望和诉求。这就要求在宏观层面上，从法律上对协商对话制度予以确认，确保协商对话制度的法律地位，各协商主体应在宪法和法律规定的范围内平等对话、有效沟通，以保证协商对话的合法性与权威性。在微观层面上，要完善具体的协商对话制度体系，如完善政务公开、社会公示、专家咨询论证等制度，在立法、行政、民主、参政、社会等领域积极引入协商对话机制，积极推广和发展类似“民主恳谈会”“村民议事会”“人民调解”等基层协商对话形式，积极构建协商对话制度体系，完善利益协调机制，激发社会活力。只有这样，我们才能够做到：“党始终坚持大团结大联合，团结一切可以团结的力量，调动一切可以调动的积极因素，促进政党关系、民族关系、宗教关系、阶层关系、海内外同胞关系和谐，最大限度凝聚起共同奋斗的力量。只要我们不断巩固和发展各民族大团结、全国人民大团结、全体中华儿女大团结，铸牢中华民族共同体意识，形成海内外全体中华儿女心往一处想、劲往一处使的生动局面，就一定能够汇聚起实现中华民族伟大复兴的磅礴伟力。”①

① 《中国共产党第十九届中央委员会第六次全体会议文件汇编》，人民出版社 2021 年版，第 100 页。

第十三章

学习意识形态理论，牢牢掌握意识形态的领导权

意识形态作为政党和国家的政治目标导向或社会价值追求，直接关系到举什么旗、走什么路、立什么制等重大政治方向问题。意识形态的自觉是政治坚定的前提，意识形态的自信是道路自信、制度自信、理论自信和文化自信的基础，是一个国家或民族发展中更基本、更深沉、更持久的力量。马克思、恩格斯特别关注意识形态问题，构建起完整的意识形态理论。中国共产党在领导中国各族人民进行革命、建设和改革的过程中，不断开创新实践、总结新经验、概括新理论，丰富和发展马克思主义意识形态理论，并为我们提供了科学的思想方法和工作。

一、意识形态理论的基本内容及其方法

马克思、恩格斯历来重视意识形态理论的研究，甚至可以说，马克思主义哲学的创立正是从批判德意志意识形态理论开始的，并构建起独具特色的意识形态理论，为我们做好意识形态工作，牢牢掌握意识形态的领导权提供了科学的指南。

（一）意识形态理论的形成

马克思、恩格斯研究意识形态理论是从批判德意志意识形态理论为切入点的。他们于 1845 年秋至 1846 年 5 月左右共同撰写的《德意志意识形态》被誉为是马克思主义哲学创立的标志。1859 年，马克思在撰写《政治经济学批判》序言中回顾了这本书的写作情况。他说，当 1845 年初恩格斯也住在布鲁塞尔时，“我们决定共同阐明我们的见解与德国哲学的意识形态的见解的对立，实际上是把我们从前的哲学信仰清算一

下。”[①]在这部著作中，马克思、恩格斯针对以青年黑格尔派为主要代表的德国哲学，批判其颠倒意识与存在、思想与现实的关系的观念，指出其以纯思想批判代替反对现存制度的实际斗争做法的错误；在系统阐述科学实践观的基础上，专门研究了意识形态问题，特别是集中阐述了意识形态的本质。

“意识形态”一词由希腊语 idea 和 graphein 构成，意为“观念的学说”。日本学者栉田在翻译《德意志意识形态》一书中使用了汉语的这个词语；后来，郭沫若把这部著作第一章翻译成中文时继续使用这个词语；现在“意识形态”已经成为一个被多学科广泛使用的概念。

马克思、恩格斯站在唯物主义的立场上，从意识的根源性的角度来定义意识形态，认为意识形态是人们的存在即人们的物质生活过程的反映和升华物。他们说：“思想、观念、意识的生产最初是直接与人们的物质活动，与人们的物质交往，与现实生活的语言交织在一起的。人们的想象、思维、精神交往在这里还是人们物质行动的直接产物。”[②]“意识在任何时候都只能是被意识到了的存在，而人们的存在就是他们的现实生活过程。如果在全部意识形态中，人们和他们的关系就像在照相机中一样是倒立成像的，那么这种现象也是从人们生活的历史过程中产生的，正如物体在视网膜上的倒影是直接从人们生活的生理过程中产生的一样。”“甚至人们头脑中的模糊幻象也是他们的可以通过经验确认的、与物质前提相联系的物质生活过程的必然升华物”[③]。马克思、恩格斯的这个观点，直接批判了黑格尔和青年黑格尔派把绝对精神作为世界本原的唯心主义观点，颠倒了被黑格尔派所颠倒的物质和意识的关系，开始站在唯物主义的立场上研究意识和意识形态问题。

马克思、恩格斯指出，既然社会意识是社会存在的反映，那么，在

① 《马克思恩格斯文集》第 2 卷，人民出版社 2009 年版，第 593 页。
②③ 《马克思恩格斯文集》第 1 卷，人民出版社 2009 年版，第 524、525 页。

阶级社会中，因为统治阶级是社会上占统治地位的物质力量，支配着物质生产资料，这就决定它必然同时也是社会上占统治地位的精神力量，支配着精神生产资料，因而，意识形态实质上是统治阶级的思想体系。“统治阶级的思想在每一时代都是占统治地位的思想。”①这意味着，统治阶级的统治，不仅表现在社会物质领域和政治领域，而且也必然表现在思想领域。也就是说，统治阶级不仅作为物质资料生产过程的管理者和支配者统治着物质生产领域，而且还作为思想资料或精神资料的生产过程的管理者和支配者统治着思想资料或精神资料生产领域。然而，尽管一定的意识形态反映了一定的统治阶级的利益诉求，代表了一定的统治阶级的思想；但是，统治阶级为了维护自己的统治，往往赋予自己的思想以普遍的形式，把它们描述为是代表全体社会成员共同利益和诉求的，力图使之成为唯一合理的、具有普遍意义的思想。这种做法其实只是在统治阶级的利益与其余一切非统治阶级的共同利益还有较多的联系、还没有发展为特殊利益时才有其合理性。马克思、恩格斯强调，占统治地位的思想之所以是统治阶级的思想，说到底，是因为统治阶级在社会物质关系领域居统治地位，而“占统治地位的思想不过是占统治地位的物质关系在观念上的表现，不过是以思想的形式表现出来的占统治地位的物质关系”②。由于意识形态是统治阶级物质关系的反映和表现，所以，它为统治阶级物质关系的存在和发展服务，是维持和巩固统治阶级的阶级统治的必要条件。

马克思、恩格斯强调，无产阶级革命不仅要推翻旧的经济制度，同传统的所有制实行最彻底的决裂，而且要推翻旧的思想意识，同传统的思想意识实行最彻底的决裂。推翻旧的思想意识的途径不是精神的批判，而是物质的革命。他们说：“意识的一切形式和产物不是可以通过

①② 《马克思恩格斯文集》第1卷，人民出版社2009年版，第550、550—551页。

精神的批判来消灭的，不是可以通过把它们消融在‘自我意识’中或化为‘怪影’、‘幽灵’、‘怪想’等等来消灭的，而只有通过实际地推翻这一切唯心主义谬论所由产生的现实的社会关系，才能把它们消灭；历史的动力以及宗教、哲学和任何其他理论的动力是革命，而不是批判。”[①] 推翻一切旧的思想意识的目的是构建无产阶级新的思想意识；而无产阶级新的思想意识绝不是从天上掉下来的，只能根据无产阶级革命实践的需要，并吸取人类发展史上的一切优秀的思想意识成果而创造出来的。

然而，随着马克思主义哲学的广泛传播，其唯物史观被一些资产阶级思想家和一些并不真正懂得马克思主义的人歪曲为“经济决定论”等。所以，恩格斯晚年在与各种资产阶级思想进行斗争的过程中，又从多个方面阐述了意识形态问题，构建其完整的意识形态的理论。

（二）意识形态基本理论

我们可以从社会意识结构学的角度来理解和把握意识形态。从社会意识的主体来看，可以分为个体意识和群体意识。一般说来，个体意识是社会成员的个人意识，是由个人社会经历、生活环境和社会地位等因素所决定的精神诉求和意愿表达。群体意识是由一定数量的社会成员按照某种特定方式而结成的群体的意识，是由群体共同的社会经历、生活环境和社会地位所决定的精神诉求和意愿表达。在社会生活中影响比较大的群体意识，如阶级意识、阶层意识、民族意识、集体意识等；而在阶级社会，统治阶级的意识在整个社会意识中占统治地位，对社会意识有决定性的影响。从社会意识的层次来看，可以分为社会心理和社会意识形式。社会心理是社会意识的低级层次，是人们对社会生活具体的、

① 《马克思恩格斯文集》第 1 卷，人民出版社 2009 年版，第 544 页。

直接的反映，是一种自发形成的、不系统、不定型的社会意识，表现在人们的情感、情绪、风俗、习惯等方面。社会意识形式则是社会意识的高级形式，是人们从社会生活中概括出来的、经过思维加工的、有特定表现方式的系统化和理论化的社会意识。从社会意识与经济基础的关系来看，可以分为意识形态和非意识形态。意识形态是社会群体系统地、自觉地、理性地反映社会经济关系的社会意识形式，属于思想上层建筑，在阶级社会具有阶级性，包括政治思想、法律思想、道德、艺术、宗教、哲学等。非意识形态的社会意识形式，不与特定的经济基础相联系，不属于社会的上层建筑，其本身没有阶级性，可以为不同的社会制度和阶级服务，包括自然科学、逻辑学、管理学、语言学等。

毫无疑问，意识形态是经济基础的反映，其存在和发展依赖于经济基础，被经济基础所决定；同时，意识形态对经济基础又具有相对独立性。所谓意识形态的相对独立性，是指意识形态相对于经济基础来说具有一定的独立性，表现为各种意识形态一经形成就具有自己的特点和自身特殊的发展规律。但这种独立性是相对的，因为它的产生和发展归根到底要受经济基础的决定。意识形态的相对独立性主要表现为：首先，意识形态的发展具有历史继承性。恩格斯指出："每一个时代的哲学作为分工的一个特定的领域，都具有由它的先驱传给它而它便由此出发的特定的思想材料作为前提。"① 这就是说，每一历史时代的意识形态都同以往的意识形态有着密切的联系，每一历史时期的思想家在反映现实社会生活时都要利用前人所创造的思想资料和思想成果，并根据当时社会实践的需要进行创新。但是，思想家继承哪些思想资料和思想成果，怎样继承这些思想资料和思想成果，归根到底是由社会经济关系决定的。其次，意识形态的发展同社会经济发展水平不平衡。恩格斯指出："经

① 《马克思恩格斯文集》第 10 卷，人民出版社 2009 年版，第 599 页。

济上落后的国家在哲学上仍然能够演奏第一小提琴。”[①] 就是说，先进的社会意识形态不一定就产生于经济发展水平高的国家，经济较落后的国家在意识形态方面也可以走在世界的前列。最后，各种意识形态之间相互影响和相互制约。恩格斯指出：“政治、法、哲学、宗教、文学、艺术等等的发展是以经济发展为基础的。但是，它们又都互相作用并对经济基础发生作用。”[②]承认意识形态之间的相互作用和相互影响，才能进一步说明意识形态的丰富性和多样性。

意识形态作为思想上层建筑对经济基础的发展具有能动的反作用。其主要表现在：首先，意识形态为建立、巩固和发展经济基础、政治上层建筑提供必要的思想条件和精神保证。作为意识形态的政治思想、法律思想、道德、艺术、宗教和哲学等，都以各自特有的方式为自己所反映的社会经济基础、政治制度存在的现实性和合理性提供必要的理论论证或舆论支持，并同对立的意识形态进行斗争。其次，意识形态具有导向功能、教育功能和调控功能。所谓导向功能是说，一定的意识形态作为一定的社会或国家所要实现的政治目标和社会价值追求，可以有效引导广大人民群众为实现伟大的政治目标和社会价值去努力奋斗。所谓教育功能是说，意识形态能够通过说服人、教育人和影响人，并把某个社会政治集团或阶级的行动纲领、理想目标普遍化为全社会发展的目标，从而影响人们的理想信念、是非价值观和行为方式。所谓调控功能是说，意识形态可以通过社会舆论或评价体系来调整或控制人们的思想方式和行为方式，化解社会矛盾，调整社会关系，以此来促进社会秩序的稳定。最后，意识形态通过设立一种政治目标或社会价值目标，可以使社会成员把自己的价值目标追求与社会的政治目标、价值目标相统一，进而认同社会的政治目标和价值目标，从而为广大社会成员提供强大的

①② 《马克思恩格斯文集》第10卷，人民出版社2009年版，第599、668页。

精神凝聚力。

（三）意识形态理论给我们提供的思想方法和工作方法

意识形态领域是社会结构的重要组成部分，意识形态理论是马克思主义哲学的重要内容。学习意识形态理论最重要的就是要克服轻视意识形态工作重要性的观念，牢牢掌握意识形态的领导权。

第一，要从思想上高度重视意识形态工作的重要性。总是有人认为，经济建设工作是硬任务，意识形态工作是软任务；经济建设工作干在手上，意识形态工作干在嘴上。这是完全错误的。在 2013 年全国宣传思想工作会议上，习近平总书记指出："经济建设是党的中心工作，意识形态工作是党的一项极端重要的工作。"① 这里用"极端"一词来强调意识形态工作的重要性，深刻阐明了意识形态工作对于引领社会、凝聚人心、推动发展的强大支撑作用；说明能否做好意识形态工作，事关党的前途命运，事关国家长治久安，事关民族凝聚力和向心力；论述了做好意识形态工作对党、对国家、对民族的根本性、战略性、全局性意义。作为思想上层建筑，意识形态对社会的经济和政治的发展具有极其重要的能动反作用。其一，从国家政权的维度来看，意识形态以舆论声援和理论引导的方式支持其所反映的经济基础和政治上层建筑的建立、巩固和发展，以舆论反对和理论批判的方式否定其敌对的经济基础和政治上层建筑的建立、巩固和发展，并与其意识形态进行斗争。其二，从社会发展的维度来看，意识形态通过引导和教育、组织和动员、批判和否定等方式，获得社会上绝大多数民众的认同，从而保证社会良性有序发展。先进的意识形态能够成为社会革命的前导。正如恩格斯指出："正像在 18 世纪的法国一样，在 19 世纪的德国，哲学革命也作了政治

① 《习近平谈治国理政》第 1 卷，外文出版社 2018 年版，第 153 页。

变革的前导。”[①] 其三，从政党执政的维度来看，意识形态能够为团结本阶级和广大人民群众提供强大的精神凝聚力、价值驱动力和行为规范力。葛兰西把意识形态的这个作用称之为“社会水泥”。因此，意识形态历来是各个阶级力图控制和利用的重要思想武器，意识形态领域历来是各个阶级力图争夺和占领的主战场。毫无疑问，丧失了意识形态工作的领导权，丧失对意识形态的话语权，必然会带来各种各样的风险。

第二，坚定马克思主义信仰、中国特色社会主义信念和共产主义理想。党的十九大报告指出：“必须推进马克思主义中国化时代化大众化，建设具有强大凝聚力和引领力的社会主义意识形态，使全体人民在理想信念、价值理念、道德观念上紧紧团结在一起。”[②] 总有人把意识形态看作是一个空灵的概念，感觉没有抓手难以把握。实际上，在日常生活中，意识形态往往集中体现为理想信念信仰。习近平总书记曾指出：“坚定理想信念，坚守共产党人精神追求，始终是共产党人安身立命的根本。对马克思主义的信仰，对社会主义和共产主义的信念，是共产党人的政治灵魂，是共产党人经受住任何考验的精神支柱。形象地说，理想信念就是共产党人精神上的‘钙’，没有理想信念，理想信念不坚定，精神上就会‘缺钙’，就会得‘软骨病’。”[③] 一般说来，理想信念信仰是人们超越现实、对未来美好前景和远大价值目标的自觉追求，是塑造自我、发展自我、超越自我、面向未来、努力实现最高价值的自我意识。这里既包括以价值理想为核心的价值目标体系，也包括以信念信仰为精神动力的自觉的价值追求过程。理想信念信仰又有区别。信念是人们在对真理确信与价值认同的基础上所形成的某种超越现实、超越自我、面向未来的具有持续性、稳定性的观念。其最大特点是“信”，表

① 《马克思恩格斯文集》第4卷，人民出版社2009年版，第267页。

② 习近平：《决胜全面建成小康社会　夺取新时代中国特色社会主义伟大胜利——在中国共产党第十九次全国代表大会上的报告》，人民出版社2017年版，第41页。

③ 《习近平谈治国理政》第1卷，外文出版社2018年版，第15页。

现为人们思想上和意志上的坚定性。信仰是建立在信念基础之上并自觉追求终极价值的最高信念；其特点是具有情感的皈依、虔诚的信奉，形成完整的精神导向和人生的精神追求。理想是建立在信念和信仰基础之上并自觉为之奋斗的崇高价值目标体系；人们为实现远大理想而奋斗的过程，就是把信念信仰与实践相结合，并在实践过程中进一步强化信念信仰的过程。中国共产党之所以叫共产党，就是因为从成立之日起我们党就把共产主义确立为远大理想。我们党之所以能够经受一次次挫折而又一次次奋起，归根到底是因为我们党有远大理想和崇高追求。中国共产党执政 70 多年了，一个值得高度警惕的规律性问题“共患难容易，共荣华富贵难”摆在我们面前。这个“共”就是共同理想、共同信念、共同信仰所产生的一种凝聚力，由凝聚力而产生出一种巨大的革命力和创造力；这个“共”不仅是在共同理想、共同信念、共同信仰基础上所形成的全党的团结、全军的团结，而且是全国各族人民的大团结；正因为有这种团结，我们才能形成一股巨大的革命力量和创造力量，打碎贫穷落后的半殖民地半封建的旧中国，建设繁荣昌盛的社会主义新中国。党的十九大作出中国特色社会主义进入新时代的重大判断。我们必须用中国特色社会主义共同理想，来凝聚全体中华儿女的意志，调动全体中华儿女的力量，发挥全体中华儿女的才智，用中国特色社会主义建设的伟大成就，来实现中华民族的伟大复兴。

第三，高度警惕意识形态领域面临的重大风险。党的十九大报告指出：“社会是在矛盾运动中前进的，有矛盾就会有斗争。我们党要团结带领人民有效应对重大挑战、抵御重大风险、克服重大阻力、解决重大矛盾，必须进行具有许多新的历史特点的伟大斗争，任何贪图享受、消极懈怠、回避矛盾的思想和行为都是错误的。全党要更加自觉地坚持党的领导和我国社会主义制度，坚决反对一切削弱、歪曲、否定党的领导和我国社会主义制度的言行；更加自觉地维护人民利益，坚决反对一切损害人民利益、脱离群众的行为；更加自觉地投身改革创新时代潮流，坚决破除一切顽瘴痼疾；更加自觉地维护我国主权、安全、发展利益，坚决反对一切分裂祖国、破坏民族团结和社会和谐稳定的行为；更加自觉地防范各种风险，坚决战胜一切在政治、经济、文化、社会等领域和自然界出现的困难和挑战。全党要充分认识这场伟大斗争的长期性、复杂性、艰巨性，发扬斗争精神，提高斗争本领，不断夺取伟大斗争新胜利。”①很显然，当前必须进行伟大斗争，最重要的是意识形态领域里的斗争。

当前意识形态领域面临的主要风险是：其一，在对待坚持以马克思主义为指导思想问题上，绝大部分同志的认识是清醒的、态度是坚定的。也有一些同志对马克思主义理解不深、理解不透，在运用马克思主义立场、观点、方法上功夫不足、高水平成果不多，在建设以马克思主义为指导的学科体系、学术体系、话语体系上功夫不足、高水平成果不多。实际工作中，在有的领域中马克思主义被边缘化、空泛化、标签化，在一些学科中“失语”、教材中“失踪”、论坛上“失声”。这一切对坚持和巩固马克思主义的指导地位构成极大的威胁。其二，西方国家把我国经济的快速增长视为对其意识形态和制度模式的挑战，加紧对我国进行思想文化渗透，千方百计地力图从意识形态的层面来否定中国特色社会主义，来宣扬西方资本主义，诱引中国走西方资本主义道路，使我国意识形态领域面临着空前复杂的情况。其三，苏联解体和东欧剧变，被有的人简单地认为这是社会主义的终结，从而削弱了我国主流意识形态的信仰。其四，改革开放促进了中国的发展，使中国人民富起来了，赢得了中国在世界上的地位和话语权。但我们也要看到，当前我国改革进入深水区和攻坚期，我国主流意识形态正面临巨大挑战，党风和

① 习近平：《决胜全面建成小康社会　夺取新时代中国特色社会主义伟大胜利——在中国共产党第十九次全国代表大会上的报告》，人民出版社2017年版，第15—16页。

社会风气受到严重污染。有的人不信马列信鬼神，遇事“问计于神”，从封建迷信中寻找精神寄托；有的人向往西方社会制度和价值观念，对社会主义前途命运丧失信心；有的人理想信念信仰缺失，以权谋私、贪污腐败、生活奢靡、道德败坏，最终成为历史的罪人。因此，牢牢掌握意识形态工作领导权和话语权，始终坚持社会主义先进文化的前进方向，有效防范和化解意识形态领域的风险，成为提高党的执政能力和领导水平，有效防范和化解执政风险的重要内容。

二、运用意识形态方法的经典案例

讲两个案例，从意识形态工作的错误所导致理想信念信缺失所带来巨大灾难的角度，分析苏共垮台和苏联解体的原因；剖析陈刚、刘国强、刘川生堕落的原因。

第一个案例，苏共垮台和苏联解体。苏共作为一个执政 70 多年、带领人民打败法西斯侵略取得卫国战争的胜利、使苏联成为世界上唯一能够和美国抗衡的大国的执政党，一日红旗落地引起全世界的震惊，红旗落地的原因也引起全世界学界的思考。人们纷纷著书立说、各抒己见。今天就以原苏联部长会议主席尼古拉·伊万诺维奇·雷日科夫撰写的《大国悲剧——苏联解体的前因后果》为主要依据，看看苏联解体在意识形态方面的原因。

雷日科夫在其著作的第一章便从客观方面对苏联解体和苏共垮台的原因作出分析。他引用了 1945 年时任美国中央情报局长艾伦·杜勒斯在国际关系委员会上发表的一篇演说。在这篇演说中，杜勒斯已经明确提出瓦解苏联的目的、任务和手段。他说：“人的脑子，人的意识，是会变的。只要把脑子弄乱，我们就能不知不觉改变人们的价值观念，并迫使他们相信一种经过偷换的价值观念”；“我们将使用一切办法去支持和抬举一批所谓的艺术家，让他们往人类的意识中灌输性崇拜、暴力崇拜、暴虐狂崇拜、背叛行为崇拜，总之对一切不道德行为的崇拜。在国家管理中，我们要制造混乱和无所适从”；“我们要把布尔什维克主义的根挖出来，把精神道德的基础庸俗化并加以清除。我们将以这种方法一代接一代地动摇和破坏列宁主义的狂热。我们要从青少年抓起，要把主要的赌注押在青年身上，要让它变质、发霉、腐烂。我们要把他们变成无耻之徒、庸人和世界主义者。我们一定要做到。”① 读到这段话，大家是否感到既震惊也似乎很熟悉。是的，当时的戈尔巴乔夫、叶利钦都是青少年。雷日科夫在《大国悲剧》中惊叹：40 年后，一切果然这样发生了。西方，特别是美国，消灭苏维埃国家的目的果然完全实现了。正因如此，苏联解体后，美国的前几任总统都自称是他们和平演变战略的胜利。由此可见，西方敌对势力的和平演变和腐蚀渗透是把意识形态作为入口的。

从主观方面来讲，苏联共产党人理想信念信仰的逐步消解是苏共垮台、苏联解体的重要原因。苏联建成人类历史上第一个社会主义国家，使马克思主义由理论变成了现实，同时也给全世界被压迫被剥削人民寻求民族独立和人民解放树立了榜样。列宁在领导人民群众进行革命和建设的过程中，围绕着“什么是社会主义、怎样建设社会主义”的问题进行了艰辛探索，取得了诸多的理论和实践成果。列宁逝世后，苏共党内围绕着“怎样建设社会主义”的问题进行了数次争论，最终确立了斯大林理论的指导地位，逐步形成完整的政治、经济、文化等方面的体制。然而，随着经济社会的发展，这样一种高度集权的政治、经济、文化体制的弊端逐渐显现出来。在政治上，高度集权的政治体制，导致权

① ［俄］雷日科夫：《大国悲剧——苏联解体的前因后果》（修订版），新华出版社 2010 年版，第 1—3 页。

力失去监督和制约；高度集中的一党领导制度，导致以党代政、党政不分；强化无产阶级专政的镇压职能，以阶级斗争的办法来处理党内矛盾，导致很多人丧失生命。在经济上，生产资料所有制采取单一的公有制形式，实行国家高度集中的指令性计划经济体制，国家政权的行政命令成为推动经济活动的唯一动因。特别是在意识形态方面，通过政治批判，形成一个舆论一致、思想一致、意识形态一元化的思想文化体制；用行政手段来统一人们的精神生活和思维模式，用政治标准来裁决科学研究的是与非，大搞个人崇拜、个人迷信。这一切极大束缚了广大干部群众的主动性和创造性，严重影响了社会主义制度优越性的发挥。整个社会躁动不安，人们期盼着改革。然而，以什么样的思想指导改革，以什么样的精神推动改革，以什么样的标准来评价改革，要建设什么样的社会主义、怎样建设社会主义，这是一些关系到苏联和苏共命运的根本性问题。毫无疑问，苏共没有解决好这些问题。从赫鲁晓夫全面否定斯大林到戈尔巴乔夫的“粉碎斯大林主义的意识形态和其他有关的一切东西”；从赫鲁晓夫的“一切为了人，一切为了人的幸福”到戈尔巴乔夫的“世界是一个整体。我们大家都是地球这条船上的乘客，不能让这条船翻沉”；从赫鲁晓夫的全民党、全民国家到戈尔巴乔夫的批评、否定进而解散共产党，其间的发展脉络是很清晰的。这种所谓的改革，在政治上搞多党制，经济上搞私有化，思想上搞自由化，由消解原有的理想信念信仰到彻底摧毁社会主义制度，把一个好端端的社会主义国家破坏了。中国有句古话说“人亡政息”。人不仅是一个物质存在物，更是一个精神存在物。苏联共产党人的肉体并没有死，但其理想信念信仰已经崩溃，其肉体成为没有灵魂的皮囊，也就失去其存在的价值。这不能不算是一条刻骨铭心的教训。当时的俄罗斯《独立报》在一篇社论中说了这样一段耐人寻味的话：“正是戈尔巴乔夫造成了苏联的混乱，而混乱毁灭了这个帝国。他在试图消除极权主义时扼杀了共产主义；他在试图将自由引入国家时扼杀了国家；他在试图使社会习惯于民主时破坏了社会；他试图在原有的疆界内放松帝国时，既打破了疆界，又打破了帝国。”[①] 眨眼苏联解体 30 多年，看看今天苏联地域上那些国家人民的生活状态，肯定会让我们浮想联翩，令人感叹！

第二个案例，高级领导干部因为理想信念信仰的缺失而走入歧途，给党和国家事业造成极大损失，给家庭和个人带来巨大灾难。

最近中央电视台播出专题片《零容忍》，用现场访谈的形式曝光了一些领导干部贪污腐败的细节，看完令人深思。

陈刚，1966 年 5 月出生，湖北人。1989 年毕业于清华大学城市规划专业，31 岁成为北京市规划委副主任，36 岁成为北京市规划委主任，40 岁成为北京市副市长，人生前半程可谓春风得意马蹄疾。然而，因为他手中握有城市规划审批的权力，又正值房地产业高速发展时期，在房地产商重点“围猎”之下，逐渐失去了定力。老板从安排他吃请娱乐，发展到提供车辆、信用卡，再到直接送上房产、巨款；他则利用规划审批这一重要权力，为老板在项目用地性质变更、规划设计方案审批、规划调整、项目审批验收等方面提供帮助，进行权钱交易。为了满足自己的“设计梦”，他让老板出资数千万元，在北京怀柔建造了一座私家园林。该园林总占地面积 109 亩，建筑面积 3000 多平方米，装饰奢华。建成之后，他经常带家人亲友和商人老板来这里休闲娱乐，沉醉于自己打造的“品质生活”空间。此外，他还要求房地产商在北京黄金地段盖了一座总面积达 800 多平方米的别墅。法网恢恢使他生活在巨大的恐慌感之中。当中央纪委、国家监委正式对他立案审查时，他很快交代了所有违纪违法事实，涉及受贿金额达 1.2 亿元之多。2021 年 2 月，法院公开审理他的案子，最终被判有期徒刑 15 年。他感叹道：“我被自己的私

① 黄苇町：《苏共亡党十年祭》，江西高校出版社 2004 年版，第 62 页。

欲困在囚笼里”；“很愚蠢的、很愚昧的做法，根子是小我。那么大代价，获得了那些个人的、物质的东西，它值得吗？现在说句心里话，相对我自己的人生价值而言、我的生命价值而言、我的事业价值而言，我真觉得它不值。”

刘国强，1953年12月生，辽宁本溪人。1968年10月参加工作，研究生学历，工学硕士，高级工程师，享受国务院特殊专家津贴待遇。曾任本溪钢铁集团总经理，本溪市市长，辽宁省人民政府副省长、党组成员，辽宁省政协副主席。2020年7月13日，已退休3年的刘国强接受纪律审查和监察调查。2021年1月11日，刘国强被开除党籍。据中央纪委国家监委通报：刘国强毫无理想信念，初心不正、思想不纯，与党离心离德，对党不忠诚不老实，搞两面派，做两面人；毫无规矩意识，盲目听信“政治骗子”，花费巨资跑官买官被骗，处心积虑对抗组织审查；违反中央八项规定精神，违规收受礼金，接受可能影响公正执行公务的宴请；以明显低于市场的价格购买房产，公车私用；违规决定使用技改贴息资金发放定额补助，造成国家财产重大损失；违反保密规定；毫无道德底线，腐化堕落，家风败坏，对家人失管失教；毫无纪法观念，在分管领域擅权妄为，大搞权钱交易，在企业经营、职务晋升等方面为他人谋取利益，并非法收受巨额财物，共计折合人民币3.5247亿余元。刘国强的涉案金额是十八大以来辽宁省落马的省部级干部之最。辽宁省委原书记王珉受贿1.46亿余元，刘国强是他的两倍有余。

然而，前期对刘国强的监察调查工作进行得很不顺利。面对执迷不悟的刘国强，办案人员采取多种方式做思想政治工作，把刘国强的入党申请书、党章都拿给他看，唤起他的党性意识。此外，还让刘国强的儿子与父亲隔空对话。他的儿子问刘国强：“收了这么多钱，你是享受了还是能带走，我们好好过日子不好吗？”亲生儿子的喊话对刘国强触动很大。他掉下了眼泪，并终于认识到自己对儿子的所谓“关心”，最后把儿子害了。他开始反思自己的人生，并逐步认识自己的罪行。他最终忏悔道：“非常后悔，也很愧疚。法律给我什么惩罚，我认为都不过，都是应该的，我不上诉，完全服从法庭判决。”

刘川生，女，1950 年 12 月出生于四川，清华大学经济管理学院研究生，工学硕士学位。她从清华大学团委副书记干起，一步一步成长起来，担任北京师范大学党委书记。作为一个母亲，她像千千万万的母亲一样疼爱自己的孩子。然而，她的疼爱又不同于千千万万普通母亲的疼爱，她用手中掌握的权力来为孩子谋取私利。

2011 年，刘川生的儿子留学归来，想在学前教育领域创业。刘川生利用职权，违规让儿子使用北京师范大学招牌开拓业务，开办幼儿园。2015 年，她产生了即将退休的危机感，秉持“有权不用，过期作废”的理念，决定为儿子彻底铺好路。她要求下属，将北京师范大学附属幼儿园这个品牌，一次性授权给她儿子的公司使用。随后，刘川生儿子在全国多个地方开办了“北师大附属幼儿园”。

随着中央巡视组对北京师范大学党委的巡视，北师大教职工的相关反映，她终于害怕了，主动投案交代自己的问题。中央纪委国家监委综合考虑违纪违法情节、危害程度、认错态度等，经报请党中央批准，给予刘川生开除党籍处分，按六级职员调整其退休待遇。

刘川生忏悔道：“我辜负了党组织的希望和重托，特别特别后悔、悔恨。我现在唯一的想法就是要真正地、真诚地知错、认错、悔错、改错，不管组织怎么处理，我都没有意见。”

陈刚、刘国强、刘川生，都是名牌大学毕业，有着令人羡慕的高学历，掌握着丰富的各类社会资源，享受着优厚的政治待遇，过着令人羡慕的优渥生活。就他们能站在如此高位的经历来看，一定有很强的工作能力，很显著的工作业绩，能得到各方面的认可。然而，他们怎么到了这种地步？他们缺少或丢失了什么？答案只有一个：他们缺少或丢失了理想信念信仰，忘记了加入中国共产党时的初心和承诺。

三、经典案例给予我们的重要启示

两个经典案例告诉我们，无论作为执政党还是作为党员干部，都必须学习意识形态理论，确立坚定的理想信念信仰，牢牢掌握意识形态的领导权，正确处理好“五个统一”的关系。

第一，坚持高扬主义和解决问题的有机统一，正确处理坚持党性和坚持人民性相一致的关系。中国共产党的百年奋斗史，就是不断探索高扬主义与解决问题有机统一的有效途径的历史。毛泽东把马克思主义基本理论与中国革命实际相结合，创立了毛泽东思想，开辟了“农村包围城市、武装夺取政权”的革命道路，解决了推翻三座大山、争取民族独立和人民解放、建设新中国的时代课题。改革开放以来，中国共产党人在马克思主义指导下，打破习惯势力和主观偏见的束缚，研究和解决了当代中国社会发展面临的一系列基本问题，开拓了中国特色社会主义道路，创立了中国特色社会主义理论，完善了中国特色社会主义制度，培育了中国特色社会主义文化。我们必须搞清楚，“主义”不是抽象的口号，不是冠冕堂皇的“标签”，高扬“主义”是为了解决“问题”，高扬“主义”是因为“主义”能够指导我们解决“问题”。高扬“主义”，就是高扬中国特色社会主义；解决问题，就是坚持人民至上的理念，拥有强烈的问题意识，切实解决好人民群众最关心、最迫切、最需要解决的问题，把实现好、维护好、发展好最广大人民的根本利益作为各项工作的出发点和落脚点，坚持以民为本、以人为本，让人民群众过上美好生活。

第二，坚持理论自信和理论创新的有机统一，使意识形态既具有极强的凝聚力，又具有强大的生命力。理论自信是指中国共产党人对在长期革命建设和改革过程中所形成的理论具有充分的认同感、自豪感和神圣感，对理论在社会发展过程中的巨大作用有着坚定的信心。我们的理论自信，不仅仅源自理论自身的科学性和价值性，源自理论自身的逻辑魅力和洞察能力，更源自理论指导下的中国社会主义革命、建设和改革事业所取得的举世瞩目伟大成绩。同时，中国共产党人在坚持和发展中国特色社会主义的伟大实践过程中，不断总结新经验、概括新观点、形成新思想、创立新理论。伟大的时代需要理论自信，改革的时代呼唤理论创新，改革的时代又成就理论创新。自信的理论指导着中国特色社会主义现代化建设实践的全面展开并取得巨大成绩，中国特色社会主义现代化建设的新实践又成为理论自信的源头活水。理论自信和理论创新统一于中国特色社会主义建设的伟大实践中。

第三，坚持一元化和多样性的有机统一，正确反映社会主义初级阶段社会各个群体的利益诉求。社会主义意识形态是动员广大民众的时代号角，是激励广大民众奋发向上的文化力量，是凝聚广大民众团结和睦的精神纽带，是在全球化背景下反映和维护社会主义国家整体利益的有效手段。因此，指导思想的一元化是社会存在和发展的必然要求，反映了社会发展的客观规律。同样，我们必须看到，意识形态的多样性是我国多种经济成分并存的必然反映，是我国多党合作的政党政治的必然要求，是社会阶层变化所带来的利益诉求多样和思想认识差异的必然结果，说明民众精神层面的自主性、选择性、差异性得以增强，整个社会更加具有探索精神和创新活力。当代中国意识形态的一元主导地位与多样性并存的基本特征，要求我们必须高度重视意识形态工作，时刻关注意识形态领域的变化与动向，牢牢掌握意识形态的领导权和话语权，不断巩固马克思主义在意识形态领域的指导地位，巩固全党全国人民团结奋斗的共同思想基础。

第四，坚持包容性和批判性的有机统一，既不搞意识形态霸权，也不搞意识形态依附。意识形态的包容性，就是承认和尊重各种意识形态存在的必然性和合理性，积极吸收和借鉴各种意识形态所包含的文明成果，反对一切意识形态的霸权主义；意识形态的批判性，就是反思、分析各种意识形态，不以任何形式迷信任何意识形态，也不盲目接受以任何形式强加于我们的任何意识形态，决不搞意识形态依附。当代中国社会主义意识形态的包容性和批判性的统一是时代赋予的基本属性。因此，中国共产党人必须始终保持清醒的头脑，采取切实可行的措施，坚持团结稳定鼓劲、正面宣传为主的重要方针，弘扬主旋律、传播正能量，增强社会主义意识形态的解释力、吸引力和感染力，充分发挥其指引方向、规范行为、凝聚人心、激发力量的作用，为全面完成“两个一百年”伟大战略目标提供巨大的精神动力。同时，要尊重意识形态建设的规律，客观分析、正确对待意识形态的多样性、多元性的现实，在坚持一元化地位不动摇的同时，对待其他意识形态要通过实践来评判是非，汲取其合理因素为我所用，批判其糟粕腐朽，与时俱进。对于错误的意识形态，则必须敢于亮剑，从理论上揭露其本质，从思想上肃清其流毒，决不允许其毒害民众、涣散民心、消解意志。坚持意识形态的包容性和批判性有机统一，就是坚持意识形态的独立自主性，就是坚持民族精神的独立自主性，其本质是坚持中国特色社会主义的独立自主性。

第五，坚持理想与现实的统一，既要使理想具有深厚的存在根基也要使其具有明确的前进方向。理想和现实的关系是一个常讲常新的老问题。许多人在理想信念信仰问题上产生动摇，重要原因在于没有科学地理解和把握理想与现实的关系。理想作为人们在认识社会发展规律的基础上所设定的并为之自觉奋斗的远大目标体系，是一个具有现实可能性的“应然”范畴。否则就只能是虚假的理想或“幻想”。现实是一个“实然”范畴，它反映社会历史发展的“当下”状况。理想不能脱离现实，但理想总是要高于现实，否则理想就不成其为理想。实践证明，理想与现实总是有一定差距，理想与现实的绝对一致是不可能的，这正是理想的魅力所在。问题在于如何正确理解和把握理想与现实的不一致性。如果把理想看作是完全脱离现实的绝对化的东西，这种理想会因失去存在的根基而成为“空中楼阁”，也就失去其本身存在的价值；如果把现实当作生活的全部，把对现实的追求当作生命的全部意义，没有理想信念信仰，就会目光短浅，胸怀狭窄，浑浑噩噩，蝇营狗苟。因此，我们必须正确把握理想和现实的统一。在构建理想的过程中，要实事求是，一切从实际出发，使理想立足于现实基础，从而使之容易被广大人民群众所接受，真正发挥理想的统摄、引导、驱动作用。而在现实工作中，要充分认识到我们从事的中国特色社会主义事业是全新的事业，是空前伟大而艰巨的事业，困难和挫折是难免的。只要我们抱有坚定的理想和信念，善于从实践中总结经验教训，就能够把前进征途上的“酸甜苦辣”变为滋补身体的营养，把“雨雪风霜”化为净化灵魂的甘霖，把挫折和失败转化为成功的垫脚石，那就一定能够到达理想的彼岸。

第十四章

学习群众观点，坚持群众路线和群众工作方法

人是社会的主体，是社会历史的创造者。然而，这个“人”是谁？是怎样创造社会历史的？这是所有历史观都必须回答的问题。如何回答这个问题，成为唯物主义历史观和唯心主义历史观的根本分歧之一。马克思、恩格斯科学阐释了人民群众是历史创造者的原理，为唯物主义历史观奠定了深厚的人学基础。中国共产党人把马克思主义关于人民群众是历史创造者的原理同中国具体实际相结合而形成的群众路线和群众观点，是我们党根本的工作路线和工作方法。学习群众路线和群众观点，对于加强党同人民群众的密切联系，坚持以人为本、执政为民的政治理念，凝聚力量、攻坚克难，全面推进中国特色社会主义伟大事业的发展，具有重要的意义。

一、群众观点基本理论及其方法

马克思、恩格斯科学阐述了人民群众在历史上的作用，正确回答了谁是历史的创造者这个被争论了几千年的重大理论和实践问题，为无产阶级及其政党的实践活动提供了根本的理论指导，也为我们提供了重要的思想方法和工作方法。

（一）群众观点的形成

我们大家都知道，马克思、恩格斯是在批判改造黑格尔唯心主义哲学的基础上创立了唯物主义哲学。同样，马克思、恩格斯的社会历史主体思想也是在批判和改造黑格尔历史主体思想的过程中形成的。黑格尔学派颠倒了社会意识和社会存在的关系，认为历史是由绝对观念创造的，是绝对观念的“外化”或表现，绝对观念是推动社会发展进程的不可抗拒的神秘力量。

马克思、恩格斯把对社会历史主体的研究置于唯物主义的基础之上。他们在《德意志意识形态》一文中指出：“全部人类历史的第一个前提无疑是有生命的个人的存在”[①]，“因此我们首先应当确定一切人类生存的第一个前提，也就是一切历史的第一个前提，这个前提是：人们为了能够‘创造历史’，必须能够生活。但是为了生活，首先就需要吃喝住穿以及其他一些东西。因此第一个历史活动就是生产满足这些需要的资料，即生产物质生活本身，而且，这是人们从几千年前直到今天单是为了维持生活就必须每日每时从事的历史活动，是一切历史的基本条件”[②]。马克思、恩格斯非常风趣地说道，任何历史观的第一件事情就是必须注意这个基本事实的全部意义和全部范围；然而，德国人没有这样做，他们从来没有给历史提供世俗的基础，因而也从来没有一个历史学家；法国人和英国人尽管对历史之间的联系了解得非常片面，却为历史编纂学提供了唯物主义的初步尝试。马克思、恩格斯正是在把人类社会历史置于唯物主义的基础上，批判和继承前人思想积极成果，全面阐述了人民群众是历史创造者的思想。

人民群众是历史的创造者，包括三层含义。

首先，人民群众是社会物质财富的创造者。人类要生存，必须首先满足吃、喝、住、穿等基本需要，必须拥有一定的物质生活资料，这一切都是由人民群众创造出来的；人民群众是生产工具的创造者和使用

①② 《马克思恩格斯文集》第 1 卷，人民出版社 2009 年版，第 519、531 页。

者，推动着社会生产力不断向前发展；人民群众创造的日益增多的社会物质财富，养育着所有的社会成员，是人们从事政治、科学和文化艺术等其他一切活动的基础。任何一个民族，如果停止劳动，不用说一年，就是几个星期，也要灭亡。恩格斯指出："自从阶级产生以来，从来没有过一个时期社会可以没有劳动阶级。这个阶级的名称、社会地位有过变化，农奴代替了奴隶，后来本身又被自由工人所代替，所谓自由，是摆脱了奴隶地位的自由，但也是除自己的劳动力外一无所有的自由。然而有一点是很清楚的，无论不从事生产的社会上层发生什么变化，没有一个生产者阶级，社会就不能生存。"①

其次，人民群众是社会精神财富的创造者。人民群众的社会实践活动是科学、文化发展的唯一源泉，为科学、文化创作提供了取之不尽、用之不竭的原始素材。人民群众的需要是科学、文化事业发展的强大动力和广阔市场。同时，人民群众还直接创造了许多精神财富，甚至许多伟大的思想家、文学家、艺术家、诗人本身就是劳动群众，是人民群众的日常的生产生活实践活动和勤劳智慧铸就了辉煌灿烂的文化。恩格斯还特别说明，作为无产者的工人处处表现出自己的智慧和道德上的优越，证明他们是有教养的人；而作为有产者的资本家则愚昧无知，是各种偏见的奴隶。"在十七世纪的英国和十八世纪的法国，甚至资产阶级的最光辉灿烂的成就都不是它自己争得的，而是平民大众，即工人和农民为它争得的。"②

最后，人民群众是社会变革的决定力量。社会制度变革的深刻根源是生产力的发展要求，而人民群众作为生产力发展要求的体现者，成为社会制度变革的主体力量。任何一种社会制度，当它不能满足人民群众的利益和要求时，人民群众必定会采取各种方式进行抵制或反抗，最终

① 《马克思恩格斯全集》第25卷，人民出版社2001年版，第534页。
② 《马克思恩格斯全集》第18卷，人民出版社1964年版，第325页。

导致旧制度的灭亡和新制度的建立。人类历史发展进程充分证明，人民群众发动的深度和广度，决定着一种社会制度变革的深度和广度，决定着社会制度变革的成功和失败，人民群众是社会制度变革的基本力量。马克思、恩格斯特别强调，工人阶级的解放应当是工人阶级自己的事情。“工人阶级的解放应该由工人阶级自己去争取；工人阶级的解放斗争不是要争取阶级特权和垄断权，而是要争取平等的权利和义务，并消灭一切阶级统治”①，实现全人类的解放。

如果说马克思、恩格斯是在批判黑格尔唯心史观的过程中，重在从理论上解决社会发展的动力主体问题，全面阐述了人民群众是历史创造者的思想；那么，作为世界上第一位把马克思主义理论付诸实践，建立起人类历史上第一个社会主义国家的列宁，则重在从理论与实践的结合上来阐述人民群众的创造作用。他认为，俄国共产党作为工人阶级的先锋队，必须紧紧依靠工人阶级和广大人民群众，汲取他们的聪明和智慧，总结他们的经验和体会，相信他们的勇气和能力，带领他们一起去完成时代所赋予自己的历史使命。列宁说：“马克思主义和其他一切社会主义理论的不同之处在于，它出色地把以下两方面结合起来：既以完全科学的冷静态度去分析客观形势和演进的客观进程，又非常坚决地承认群众（当然，还有善于摸索到并建立起同某些阶级的联系的个人、团体、组织、政党）的革命毅力、革命创造性、革命首创精神的意义。”②列宁强调，这里所说的人民群众不是被吓倒了的、消极服从的、驯服地带着枷锁的人民群众，而是觉悟的、要求严格的、进行斗争的人民群众。列宁说：“一个国家的力量在于群众的觉悟。只有当群众知道一切，能判断一切，并自觉地从事一切的时候，国家才有力量。”③因此，无产阶级政党的重要任务是把千百万劳动群众组织起来，这是保证革命能够

① 《马克思恩格斯文集》第3卷，人民出版社2009年版，第226页。

②③ 《列宁全集》第16卷，人民出版社2017年版，第20、16页。

取得胜利的根本条件。

列宁反复提醒俄国共产党人："在人民群众中，我们毕竟是沧海一粟，只有我们正确地表达人民的想法，我们才能管理。否则共产党就不能率领无产阶级，而无产阶级就不能率领群众，整个机器就要散架。"[①]最严重最可怕的危险之一，就是脱离群众。列宁指出，在革命胜利以后，有些党员经不起权力的考验，利用手中的权力为自己捞好处，腐化变质，严重损害了人民群众的利益，败坏了党的威信。他认为："只有共产党真正成为革命阶级的先锋队，吸收了这个阶级的一切优秀代表，集中了经过顽强的革命斗争的教育和锻炼的、完全觉悟的和忠诚的共产主义者，把自己跟本阶级的全部生活密切联系起来，再通过本阶级跟全体被剥削群众密切联系起来，取得这个阶级和这些群众的充分信任——只有这样的党才能在反对资本主义一切势力的最无情最坚决的最后斗争中领导无产阶级。另一方面，只有在这样的党的领导下，无产阶级才能发挥自己进行革命冲击的全部威力，才能使为数不多的被资本主义腐蚀的工人贵族、老工联领袖和合作社领袖等等必然采取的冷淡态度和有时的反抗不起一点作用，才能发挥自己的全部力量。"[②]由此可见，列宁关于人民群众历史作用的论述，是把马克思、恩格斯的关于人民群众的基本思想创造性地运用到俄国革命和建设的实践，特别是从俄国共产党作为世界上第一个领导人民群众进行社会主义革命并取得胜利的执政党的角度来进行论述的。列宁的这些思想，不仅是对俄国社会主义革命和建设所取得的全新经验的概括和总结，也为全世界的无产阶级政党提供了实践范例和理论指南。

①② 《列宁全集》第43卷，人民出版社2017年版，第113、185页。

（二）肯定个人在历史上的作用

历史唯物主义在肯定人民群众是历史创造者的同时，也承认个人在历史上的作用。这里所说的“个人”是相对于群体而言的，它泛指现实的一切个体。“个人”又可以分为两种：一是普通的个人，二是杰出的个人。

应该肯定，任何个人都是历史过程的参与者、实践者，都对所处历史阶段的形成起到一定的作用。恩格斯在其著名的“历史合力”思想中指出，由于每个人特殊的生活条件、文化背景、社会经历等，使每个人的意识都是具体的、个别的。这些具体的、个别的意识相互作用、相互影响、相互制约，便形成无数个力的平行四边形，由此便产生一个“合力”，即历史结果，而这个结果则可以看作是一个作为整体的、不自觉地和不自主地起着作用的力量的产物。“因为任何一个人的愿望都会受到任何另一个人的妨碍，而最后出现的结果就是谁都没有希望过的事物。”[①] 这个事实说明，任何个人的意志在历史发展进程中都起着一定的作用，每个人对合力都有所贡献，个人意志不等于零；但是，任何个人的意志都不能决定历史的命运。历史发展的总的“合力”及其趋势，归根到底是受经济运动的必然性支配的。

然而，值得我们思考的是，为什么个人在历史上的作用会有重大差别？如何提高个人素质以增强个人在历史上发挥更大作用的能力？怎样才能够使自己成为杰出人物？

所谓杰出人物通常是指那些顺应时代发展的潮流，掌握社会发展的规律，带领广大人民群众奋勇拼搏，对促进人类社会进步作出重要贡献的政治家、思想家、科学家、艺术家、军事家等。一般来说，通常人们都不会否认杰出人物对于历史发展所起的重要推动作用。甚至说起一段

① 《马克思恩格斯文集》第 10 卷，人民出版社 2009 年版，第 592—593 页。

历史，人们首先想到的是那个时代的杰出人物，潜意识里总是感觉历史是由杰出人物创造的。所以，我们要注意的是，绝对不应该夸大杰出人物的历史作用。因为，人民群众是杰出人物发挥历史作用的基础。也就是说，杰出人物的出现是适应时代发展和人民群众的需要。恩格斯晚年在致瓦尔特·博尔吉乌斯的信中专门谈到杰出人物的产生问题。他说："恰巧某个伟大人物在一定时间出现于某一国家，这当然纯粹是一种偶然现象。但是，如果我们把这个人去掉，那时就会需要有另外一个人来代替他，并且这个代替者是会出现的，不论好一些或差一些，但是最终总是会出现的。"[①] 当无产阶级革命运动需要唯物主义辩证法这个"最好的工具和最锐利的武器"时，"德国工人约瑟夫·狄慈根不依靠我们，甚至不依靠黑格尔也发现了它。"[②] 当时代发展和人民需要出现杰出人物时，这个杰出人物是一定会出现的，这是历史的必然性。然而，这种历史必然性是通过一系列历史偶然性的形式来表现出来的。恰巧某个杰出人物出现于某个国家或民族，以及由谁来充当杰出人物的角色，这是具有偶然性的。这就是我们常说的，"时无英雄，使竖子成名！""时势呼唤英雄，时势造就英雄"。当然，在同样的历史条件下，为什么一个人能够成为杰出人物，而另一个人却不能成为杰出人物，则取决于他们能否正确认识社会发展规律，能否深刻反映广大人民群众的需要，能否顺应时代发展潮流而引导潮流前行；也取决于个人的理论素养、人格魅力、努力程度和各项本领。

正因为杰出人物是时代的产物，决定着他们必然受到各种主客观条件的制约。所以，列宁在《共产主义运动中的"左派"幼稚病》中讲了一段非常著名的话："谁都知道，群众是划分为阶级的；只有把不按照生产的社会结构中的地位区分的大多数同在生产的社会结构中占有特殊

① 《马克思恩格斯文集》第 10 卷，人民出版社 2009 年版，第 669 页。
② 《马克思恩格斯文集》第 4 卷，人民出版社 2009 年版，第 298 页。

地位的集团对立时，才可以把群众和阶级对立起来；在通常情况下，在多数场合，至少在现代的文明国家内，阶级是由政党来领导的；政党通常是由最有威信、最有影响、最有经验、被选出担任最重要职务而称为领袖的人们所组成的比较稳定的集团来主持的。"[①] 这段话讲了几层意思：首先，群众是划分为阶级的。群众作为整体是由多个群体组成的，在阶级社会必然划分为不同的阶级。各个阶级由于其所处的经济地位不同，在历史上所起的作用也不相同，其中，先进阶级能够更好地代表群众的整体利益和长远利益，并为实现群众的整体利益和长远利益而奋斗。其次，阶级是由政党来领导的。一个阶级的政党通常是由该阶级中政治上最积极、最先进的分子所组成，因而成为该阶级政治上的组织者和领导者，成为该阶级经济利益的集中代表者。最后，政党作为一个政治组织，也需要有其领袖，而领袖通常是由最有威信、最有影响、最有经验、被选出担任最重要职务而称为领袖的人们所组成的比较稳定的政治集团来主持的。这就是群众、阶级、政党和领袖之间的一般关系。

在国际共产主义运动中，在处理群众、阶级、政党和领袖关系问题上，曾经出现两种片面性。一是夸大领袖个人的作用，突出表现为对领袖个人的盲目崇拜，从而在不同程度上否定群众或阶级的作用；二是夸大群众或阶级的作用，否定革命政党和革命领袖的领导，否认必要的权威，进而崇拜群众的自发性。这两种片面性都是违背马克思主义的基本原理的，都给无产阶级革命和社会主义建设事业造成了严重危害。

（三）群众路线是党的根本思想方法和工作方法

党的十九届六中全会通过的《中共中央关于党的百年奋斗重大成就和历史经验的决议》，总结了中国共产党百年奋斗的 10 条历史经验，

① 《列宁选集》第 4 卷，人民出版社 2012 年版，第 151 页。

其中第二条历史经验是“坚持人民至上”。决议指出：“党的根基在人民、血脉在人民、力量在人民，人民是党执政兴国的最大底气。民心是最大的政治，正义是最强的力量。”“只要我们始终坚持全心全意为人民服务的根本宗旨，坚持党的群众路线，始终牢记江山就是人民、人民就是江山，坚持一切为了人民、一切依靠人民，坚持为人民执政、靠人民执政，坚持发展为了人民、发展依靠人民、发展成果由人民共享，坚定不移走全体人民共同富裕道路，就一定能够领导人民夺取中国特色社会主义新的更大胜利。”[①] 这个总结是非常深刻的，是符合中国共产党百年奋斗的历史实际的。

中国共产党把马克思主义关于人民群众是历史创造者的原理运用在党的全部活动中，形成指导党的一切工作的群众观点和群众路线。群众观点是马克思主义的一个根本观点，群众路线是党的根本工作方法和思想方法。毛泽东有一句家喻户晓的名言：“人民，只有人民，才是创造世界历史的动力。”[②] 这是毛泽东用中国式语言对马克思主义群众观点的经典表述，也是毛泽东提出党的群众路线的理论依据。他在《关于领导方法的若干问题》中明确阐述了党的群众路线的思想。他说：“在我党的一切实际工作中，凡属正确的领导，必须是从群众中来，到群众中去。这就是说，将群众的意见（分散的无系统的意见）集中起来（经过研究，化为集中的系统的意见），又到群众中去作宣传解释，化为群众的意见，使群众坚持下去，见之于行动，并在群众行动中考验这些意见是否正确。然后再从群众中集中起来，再到群众中坚持下去。如此无限循环，一次比一次地更正确、更生动、更丰富。这就是马克思主义的认识论。”[③]他后来又强调：“善于把党的政策变为群众的行动，善于使我

① 《中国共产党第十九届中央委员会第六次全体会议文件汇编》，人民出版社 2021 年版，第 95—96 页。
②③ 《毛泽东选集》第 3 卷，人民出版社 1991 年版，第 1031、899 页。

们的每一个运动，每一个斗争，不但领导干部懂得，而且广大的群众都能懂得，都能掌握，这是一项马克思列宁主义的领导艺术。我们的工作犯不犯错误，其界限也在这里。”①

邓小平作为改革开放的总设计师，始终坚信人民群众是历史的创造者，是开拓中国特色社会主义伟大事业的力量源泉；始终强调坚持群众路线是我们党长期的很好的传统，是我们的传家宝。早在党的八大上，他就批评了一些脱离群众、自以为是的人，要求从认识方法上解决问题。他说：“如果不从认识方法上解决党的主张必须是‘从群众中来，到群众中去’的问题，那末，党同人民群众的关系问题仍然不能真正地解决。实践证明，许多人并非在主观上没有为人民服务的愿望，但是他们仍然把工作做坏了，使群众受到重大的损失。这是因为他们自以为是先进分子，是领导者，比群众懂得多，因而遇事不向群众学习，不同群众商量，因而他们出的主意，经常在群众中行不通；但是，他们又不从错误和失败中取得教训，以为错误和失败，只是由于群众落后和其他临时因素的影响，因而滥用党的威信，继续一意孤行，这就使他们的错误和失败愈来愈严重。在我们党的历史上，这种主观主义者给我们党的损失，给中国革命和中国人民的损失，是不可胜数的。主观主义者不懂得，只有首先善于做群众的学生的人，才有可能做群众的先生，并且只有继续做学生，才能继续做先生。一个党和它的党员，只有认真地总结群众的经验，集中群众的智慧，才能指出正确的方向，领导群众前进。”②可以说，邓小平的这个批评语重心长、令人深思，对于今天的领导干部依然具有深刻的启发。

当然，毛泽东、邓小平作为具有很高哲学素养的领袖人物，在坚信人民群众是历史的创造者的同时，都看到人民群众的另一个方面。毛泽

① 《毛泽东选集》第4卷，人民出版社1991年版，第1319—1320页。
② 《邓小平文选》第1卷，人民出版社1994年版，第218—219页。

东指出："人民的觉悟不是容易的，要去掉人民脑子中的错误思想，需要我们做很多切切实实的工作。"[①] 邓小平更是明确指出："群众的意见一定不会都是正确的和成熟的。我们所谓总结和集中，并不是群众意见的简单堆积，这里必须要有整理、分析、批判和概括。"[②] 这里充分反映了领袖人物对待人民群众的辩证思维方法和工作方法。

中国共产党把马克思主义人民群众创造历史的基本原理与中国革命实际相结合，在党的七大、八大上对群众观点作出一些创新性的概括。在此基础上，党的十三届六中全会通过的《中共中央关于加强党同人民群众联系的决定》，进一步将群众观点具体化为六个方面的内容：第一，人民群众是历史创造者的观点。这是群众观点的根本之点，其他内容是对这个观点的展开和具体化。第二，向人民群众学习的观点。人民群众是社会实践的主体，在实践活动中积累了丰富的经验，蕴藏着无穷的智慧和能力。第三，全心全意为人民服务的观点。这是无产阶级政党的根本宗旨。第四，干部的权力是人民赋予的观点。说明权力的运行必须得到人民的监督，权力运行的目的是为人民谋取利益的。第五，对党负责与对人民负责相一致的观点。要求党的各项决策必须充分体现人民群众的意愿，代表人民群众的利益，满足人民群众的需要，赢得人民群众的拥护。第六，党要依靠群众又要教育和引导群众前进的观点。要求中国共产党作为领导中国特色社会主义事业的核心力量，必须根据群众的觉悟程度，按照合规律性与合目的性统一的原则，教育和引导群众前进。

群众观点在现实中的具体应用就是群众路线。即"一切为了群众，一切依靠群众，从群众中来，到群众中去"。所谓"一切为了群众，一切依靠群众"是群众路线的核心内容，是党的群众观点在群众路线中

① 《毛泽东选集》第4卷，人民出版社1991年版，第1131页。
② 《邓小平文选》第1卷，人民出版社1994年版，第219页。

的表达和延伸。“一切为了群众”讲的是党的全部工作的目的，就是全心全意为人民服务。“一切依靠群众”讲的是途径问题，就是如何去做，采取什么方式去做。“从群众中来，到群众中去”，讲的是中国共产党的领导方法和工作方法。从群众中来，到群众中去的领导方法，是同从实践中来，到实践中去的认识过程完全一致的，是马克思主义认识论在领导工作中的创造性运用。

党的十八大以来，习近平总书记更加重视人民群众的作用。2019 年 5 月 31 日，他在“不忘初心、牢记使命”主题教育工作会议上的讲话中提出：“人民是我们党执政的最大底气，是我们共和国的坚实根基，是我们强党兴国的根本所在。”① 他说：“人民是历史的创造者。一切成就都归功于人民，一切荣耀都归属于人民。面向未来，要战胜前进道路上的种种风险挑战，顺利实现中共十九大描绘的宏伟蓝图，必须紧紧依靠人民。正所谓‘大鹏之动，非一羽之轻也；骐骥之速，非一足之力也’。中国要飞得高、跑得快，就得汇集和激发近 14 亿人民的磅礴力量。”②

二、运用群众路线和群众工作方法的经典案例

应该讲，在运用党的群众路线和工作方法方面的经典案例是非常多的，甚至每天都发生在我们身边。这里讲两个案例。

第一个案例：“傻子瓜子”创办人年广久，冒着犯“投机倒把”罪的风险，硬生生地在“公有制”经济体制上撕开一道口子，在邓小平的支持下，拉开中国个体经济蓬勃发展的序幕，表现出个人命运的起承与中国改革时代命运的契合。年广久，出生于 1937 年，安徽芜湖人，小

①② 《习近平谈治国理政》第 3 卷，外文出版社 2020 年版，第 137、323 页。

时候失去父亲，一家人靠乞讨、摆小摊糊口，1963 年因投机倒把罪被判处有期徒刑一年。出狱后为了维持生活，学会了炒瓜子的手艺。他炒的瓜子味道香，个儿大，量足利薄，被同行称为“傻子”。随着销售量的增加，年广久开始雇用工人。这个行为与当时人们对社会主义公有制的认识是根本对立的，自然引起不同观点激烈争论。1980 年，邓小平看到关于“傻子瓜子”的调查报告后，当时就对个体私营经济发展给予肯定，并表示对“傻子瓜子”不要上升到姓“社”姓“资”的高度，可以“放一放”和“看一看”。1984 年 10 月 22 日，邓小平在中央顾问委员会第三次全体会议上说：“前些时候那个雇工问题，相当震动呀，大家担心得不得了。我的意见是放两年再看。那个能影响到我们的大局吗？如果你一动，群众就说政策变了，人心就不安了。你解决了一个‘傻子瓜子’，会牵动人心不安，没有益处。让‘傻子瓜子’经营一段，怕什么？伤害了社会主义吗？”①1991 年，又有人要对年广久的所谓经济问题立案侦查，甚至要判处有期徒刑。邓小平在南方谈话中再次谈道：“农村改革初期，安徽出了个‘傻子瓜子’问题。当时许多人不舒服，说他赚了一百万，主张动他。我说不能动，一动人们就会说政策变了，得不偿失。像这一类的问题还有不少，如果处理不当，就很容易动摇我们的方针，影响改革的全局。”②

邓小平的这一系列讲话不仅是针对年广久的问题，也是在为个体经济“松绑”发出明确信号。在这种信号的昭示下，全国 10 万工商户在民营经济发展过程中所面临的雇工问题也一起得到解决。也正是在这种艰难的探索中，发展个体经济的思想迷雾渐被拨开，最终确立了以公有制为主体、多种所有制经济共同发展的基本经济制度。1987 年，邓小平在会见外宾时说：“农村改革中，我们完全没有预料到的最大的收获，

①② 《邓小平文选》第 3 卷，人民出版社 1993 年版，第 91、371 页。

就是乡镇企业发展起来了……农村改革见效非常快，非常显著。”[①]

年广久于 1992 年 12 月给邓小平写了一封信。信中不仅表达了对邓小平深深的感激之情，还汇报了“傻子瓜子”取得的成绩：“光是今年下半年，我们‘傻子瓜子’就新建了 13 家分厂，生产了 700 多万公斤瓜子。这都是由于您的支持和您的政策好！从经营‘傻子瓜子’以来，我们已向国家交纳了 200 多万元的税，向社会提供了 40 多万元的捐赠。但我们还要兢兢业业地继续做‘傻子’，为顾客提供更多味美可口、价钱公道的瓜子；我们还计划更大地扩大经营规模，把‘傻子瓜子’打到国际市场上去，为国家多做贡献。敬爱的小平同志，我们时时铭记着您的恩情！”正是由于邓小平等人的支持，2008 年，“傻子瓜子”的产值已达到 20 多亿元，一个“傻子瓜子”带动了全国 10 万瓜子大军。

第二个案例：我国首例民告官案件，农民为个体的遭遇抗争而推动了法制的完善。1985 年，浙江省温州市苍南县舥艚镇东面的海滩边上，农民包郑照家的三层楼房终于建好。这幢楼房是通过相关部门批准并办理房屋产权登记手续的合法建筑。县政府以该楼房盖在海堤范围内、影响防汛抗洪为理由，对楼房进行了强制拆除。刚刚盖好的手续齐全的楼房，就这样被说拆就拆了，包郑照一家人由大喜到大悲，心里无法接受，他们决定到法院起诉。

民告官，难题出现了。因为，当时中国还并没有一部保障民众对于不服行政机关行政行为的诉讼权利的法律。当地的法院没有受理这个案件，法院院长说：“我这个县法院怎么受理你这个告县政府的案子呢？要么你到上面去告。”

有意思的是，包郑照整个民告官案件的进展过程，完整折射出中国行政诉讼法制定的过程。

① 《邓小平文选》第 3 卷，人民出版社 1993 年版，第 238 页。

官与民，这两个社会角色活跃在中国历史舞台，共同演绎了中华文明的波澜壮阔与兴衰荣辱。北宋时期，“只许州官放火，不许百姓点灯”的故事，使我们为当时臣民水深火热的处境唏嘘不已；而盛唐时，“君者，舟也；庶人者，水也；水则载舟，水则覆舟”的著名论断，又让后世历代民众为这样的明君拍手叫好。这正是中国漫长封建时期官与民关系的一个写照。无论是开明、力行仁政的明君，还是残忍、荒淫无度的暴君，只要是统治者的意志，就是最终的社会规范，凌驾于任何法律之上。

中国共产党作为执政为民的党，下决心要从根本上改变这种局面。早在1982年，时任全国人大常务委员会委员长的彭真在领导起草制定民事诉讼法的时候，听到群众有一种说法：“官告民，一告一个准，民告官没门”。他当即表态：“这个问题要解决！”并指示相关同志开展对行政诉讼问题的研究。后来，在民事诉讼法（试行）总则第三条中增加一款：“法律规定由人民法院审理的行政案件，适用本法规定。”正是这短短的一句话，却为中国行政诉讼制度的建立奠定了基础，为实现“民可告官”的制度性突破留下了切入点，为今后进一步的发展完善创造了条件，具有划时代的意义。从1982年建立行政诉讼制度后，法院的行政案件审判工作稳步开展，行政诉讼制度逐渐完善。1986年，民法通则通过后，由于要对民事诉讼法作出相应的修改与完善，全国人大法工委把行政诉讼法的研究工作也列入计划，并召开一系列座谈会对行政诉讼问题进行更加深入的专题研究。同年10月，由全国人大法工委、国务院法制局、法院系统、高校法学专家等成员组成行政立法研究小组，专门开展立法研究与行政诉讼法草案起草工作。1987年，行政立法研究小组起草了行政诉讼法的试拟稿，全国人大法工委将试拟稿发放到有关部门和地方征求意见，并根据各方面意见作出修改。1988年将修改后的征求意见稿下发，结合反馈意见作进一步完善后形成草案。同年10

月，行政诉讼法（草案）提请全国人大常委会审议，并向社会公开征求意见。

然而，一边是行政诉讼法立法工作的全面展开，一边是包郑照一家人的房屋拆除的行政诉讼很难立案。在万般无奈之下，包郑照二儿子包松村请来律师，大胆选择通过媒体进行宣传和报道的途径，以期引起有关部门的重视和关注。1988 年，浙江省高级人民法院指定温州市中级人民法院受理此案，包家人的案件从而以这种特殊的方式正式进入司法程序。但是，立案到判案之间还有很长的路要走。包家人的做法也引起一些人的误解，甚至被人称作“刁民”，指责其无理却告状。包家人只能默默承受着压力，偷偷摸摸地进行诉讼程序，孤独地走在这条行政诉讼的“破冰”之路上。

1988 年 8 月 25 日是包家的官司正式开庭的日子。但是，被告县政府却先犯了难，到底该不该出庭？多数领导干部认为，事情已经闹得沸沸扬扬，万一再有一两句话没讲好，被抓到了把柄，对政府形象极为不利，主张不出庭。通过反复研究，县长黄德余还是决定亲自出庭。

开庭这天，要求旁听的群众实在太多了。有人把这当作一件前所未闻的新鲜事，有人为将来自己和政府打官司积累经验，更有人来看热闹甚至看笑话。为了满足广大群众的旁听要求，温州市中级人民法院决定把开庭地点挪到了苍南县电影院。法庭布置得庄严肃穆，原告席上坐着包郑照与四个子女，对面的被告席上坐着县长黄德余；台下坐着十几家前来旁听报道的媒体记者。庭审从早上一直持续到晚上 10 点左右，原告和被告双方辩论十分激烈。

庭审结束后，县长黄德余走到包家人面前，伸出手与农民包郑照的手握在了一起。他后来回忆说，庭审结束以后，我过去跟他们拉拉手，新加坡的一个记者紧紧跟在我的后面，马上把这个镜头拍了下来，我觉得内疚，工作没有做好，心情很复杂。

这是中国第一个“民告官”的官司，或许也是中国第一位作为被告的县长主动去和作为原告的农民握手，并深深表达自己的歉意。包郑照虽然最终败诉，但原被告双方坐在同一个法庭上，经过法庭辩论后能够相互理解，这本身就是极大进步。此案无疑在很大程度上推动了我国行政诉讼的立法进程。

1989 年 4 月 4 日，七届全国人大二次会议正式通过了行政诉讼法，自 1990 年 10 月 1 日起正式施行。行政诉讼法的施行对于建立、健全行政诉讼制度来说，既是具有里程碑意义的阶段性成果，也是进一步发展的起点。八届全国人大四次会议通过了行政处罚法，八届全国人大常委会第七次会议通过了国家赔偿法；九届全国人大常委会第九次会议通过了行政复议法；十届全国人大常委会第四次会议通过了行政许可法；十一届全国人大常委会第二十一次会议通过了行政强制法；这些行政立法工作，对于进一步规范行政机关的行政行为，特别是广大人民群众更好地监督行政机关依法行使行政职权，将起着重要的作用。2014 年 11 月 1 日，十二届全国人大常委会表决通过《关于修改〈中华人民共和国行政诉讼法〉的决定》，这是 行政诉讼法在实施二十多年后完成首次大修。修正后的行政诉讼法着力强化行政诉讼的权利救济和争议解决的功能，真正体现了通过“深化司法体制改革，加快建设公正高效权威的社会主义司法制度，维护人民权益，让人民群众在每一个司法案件中都感受到公平正义”。[①]

包郑照的儿子包松村，在打完官司后开始经商，并顺应改革开放政策，成了温州率先富裕起来的一员。案例结束后的第三年，包松村的儿子降生，取名包诉讼，来纪念当年那场永载中国法制史册的官司。

① 《中共中央关于全面深化改革若干重大问题的决定》，人民出版社 2013 年版，第 32 页。

三、经典案例给予我们的重要启示

能否始终坚持“一切为了群众，一切依靠群众，从群众中来，到群众中去”的群众路线，是区分唯物史观和唯心史观的分水岭，也是判断马克思主义政党的试金石。毛泽东有一句名言：“我们应当相信群众，我们应当相信党，这是两条根本的原理。如果怀疑这两条原理，那就什么事情也做不成了。”[①] 从上面两个经典案例可以非常清楚地看出，人类社会的历史是由最普通的民众和杰出人物双向互动共同前进的过程。

（一）有政治胆量，敢于相信、扶持和使用能人

我们在日常工作中，必须相信杰出人物的作用，选拔和使用能人，充分发挥“能人效应”。从上面两个案例可以看出，年广久、包郑照都是社会最基层的普通老百姓。年广久为了销售瓜子冒了极大的风险，因为与当时的政策相矛盾，他多次被抓或险些被判刑。包郑照为了自己手续齐全的房子被拆要起诉政府时，也受到来自各方的质疑、嘲弄、谩骂甚至威胁。好在，年广久得到了邓小平的支持，使他不仅避免了牢狱之灾，而且把瓜子生意越做越好，越做越大；而包郑照则遇到了法制建设的大好时期和开明的领导干部，通过法律程序合法合规地解决了问题。这件事解决的过程和结果，不仅积极推动了《中华人民共和国行政诉讼法》的立法过程，关键是让当事人和普通百姓心服口服，为以后解决类似争议提供了经典样本。毋庸置疑，谈到改革开放后中国私营企业的发展，一定绕不开年广久；谈到《中华人民共和国行政诉讼法》的立法过程，一定会提到包郑照。

① 《毛泽东文集》第6卷，人民出版社1999年版，第423页。

作为领导干部，我们一定要解放思想，开阔胸怀，慧眼识珠，学会能够识别能人、敢于提拔能人、善于使用能人，充分发挥“能人效应”，开创工作新局面。一般说来，杰出人物通常站得高些，看得远些，能够把握社会发展规律，从而能够预见社会发展前景，指明社会发展趋势，形成一定的理论体系或理想信念，从而能够有效地动员、组织、引导广大人民群众，勇敢地同旧事物进行斗争，为自己的理想信念去奋斗。同时，我们要充分认识到，杰出人物的创新举动往往是与现存的既定的思想观念、规章制度、方针政策是相矛盾的，甚至相违背的。因此，我们要有政治智慧和政治胆量，认真判定他们的行为举动的性质；对于符合社会发展规律、造福人民的行为，给予积极的引导和充分的支持；使整个社会形成一种人人想当能人，人人争当能人，人人愿当能人的良好氛围。

（二）有政治胸怀，相信和依靠人民群众推进事业的发展

习近平总书记在纪念毛泽东同志诞辰 120 周年座谈会上的讲话中指出：“坚持人民主体地位，充分调动人民积极性，始终是我们党立于不败之地的强大根基。在人民面前，我们永远是小学生，必须自觉拜人民为师，向能者求教，向智者问策；必须充分尊重人民所表达的意愿、所创造的经验、所拥有的权利、所发挥的作用。我们要珍惜人民给予的权力，用好人民给予的权力，自觉让人民监督权力，紧紧依靠人民创造历史伟业，使我们党的根基永远坚如磐石。”① 人民群众是改革的实践主体、价值主体、评价主体，只有依靠人民群众才能破解我国面临的发展难题。

首先，人民群众是改革的实践主体。改革是由问题倒逼而产生的。

① 《习近平谈治国理政》第 1 卷，外文出版社 2018 年版，第 27 页。

群众的期待和愿望是社会主义改革的目标，群众在实践中的探索是改革不断发展的推动力。广大人民群众在改革大业中发挥聪明才智，在经济、政治、文化、社会和生态等各个领域，都有发明创造，都积累新鲜经验。我国社会主义建设的理论日益完善，在实践中路子越走越宽。当下，我国经济发展已经进入新常态，经济发展已由高速增长阶段转向高质量发展阶段，正处在转变发展方式、优化经济结构、转换增长动力的攻关期。要攻克这个难关，必须依靠高素质的劳动者大军，要“更加注重发挥企业家才能，更加注重加强教育和提升人力资本素质”①。党的十九大报告中指出：“建设知识型、技能型、创新型劳动者大军，弘扬劳模精神和工匠精神，营造劳动光荣的社会风尚和精益求精的敬业风气。”②

其次，人民群众是改革的价值主体。改革的出发点和落脚点就是实现好、维护好、发展好最广大人民群众的根本利益。这是由社会主义国家性质决定的，也是中国共产党坚持执政为民、以人为本、以人民为中心的执政理念的根本要求。习近平总书记提出“以人民为中心”的发展思想，要求我们所做的一切工作都是为了实现人的全面发展和全体人民的共同富裕。人的全面发展是指每个个体都有和祖国共同成长的机会，都能在中国特色社会主义建设伟大事业中培育和发挥出主体力量，使每个人的价值都能得以实现；全体人民的共同富裕是指改革开放的成果由全体人民共同分享。人的全面发展和全体人民的共同富裕是人民群众根本利益的真正实现，是马克思主义人民主体理论的时代表达。

最后，人民群众是改革的评价主体。我国改革开放的各项政策执行是否有力，是否达到了预期效果，人民群众最有发言权。对于生产关系

① 《习近平谈治国理政》第2卷，外文出版社2017年版，第235页。

② 习近平：《决胜全面建成小康社会　夺取新时代中国特色社会主义伟大胜利——在中国共产党第十九次全国代表大会上的报告》，人民出版社2017年版，第31页。

和上层建筑的各个方面和各个环节，哪些需要在新形势下予以革新，哪些还需要进一步完善，广大人民群众在生产生活中都有切身的体会。毛泽东曾说：“只有千百万人民的革命实践，才是检验真理的尺度。”① 邓小平也说：“我相信人民的眼睛是雪亮的。现行政策只要一改变，人民生活肯定会下降。如果人民认为现行政策是正确的，谁要改变现行政策，谁就要被打倒。”② 在邓小平看来，人民拥护不拥护、赞成不赞成、高兴不高兴、答应不答应是我们各项改革工作的出发点和归宿；改革是发展生产力的必由之路，也是全国人民的利益所在；改革为了人民，只有人民利益得到维护，才会真心拥护党的政策。当然，改革的过程必然会遇到来自方方面面的困难，遭受来自国内外的挑战。正如习近平总书记所说：“无论遇到任何困难和挑战，只要有人民支持和参与，就没有克服不了的困难，就没有越不过的坎。”③ 同时，习近平总书记要求全党：“全面深化改革是立足国家整体利益、根本利益、长远利益进行部署的，要注意避免合意则取、不合意则舍的倾向，破除妨碍改革发展的那些思维定势。对党和人民事业有利的，对最广大人民有利的，对实现党和国家兴旺发达、长治久安有利的，该改的就要坚定不移改，这才是对历史负责、对人民负责、对国家和民族负责。”④

（三）有政治勇气，善于学习和汲取人民群众的智慧

在古希腊神话中，巨人安泰是地神之子，他只要身不离地，就能从大地母亲那里不断汲取力量，所向无敌。但是，只要一离开大地，他就会毫无力量。他的对手赫拉克勒斯发现了他的弱点，在一次搏斗中把他举到空中使之脱离大地母亲，并最终将他扼死。从上面两个案例可以看

① 《毛泽东选集》第 2 卷，人民出版社 1991 年版，第 663 页。
② 《邓小平文选》第 3 卷，人民出版社 1993 年版，第 173—174 页。
③④ 《习近平谈治国理政》第 1 卷，外文出版社 2018 年版，第 97、107 页。

出，中国共产党人要获取前行的力量，就必须时刻保持同人民群众的血肉联系，虚心向人民群众学习，从人民群众的实践中汲取智慧，纠正自己僵化的思维方式和方法，创新或完善自己的治国方针，是中国共产党人领导革命、建设和改革取得成功的宝贵经验。

毛泽东曾多次强调，我们要尊重群众的历史作用，虚心向人民群众学习，要在人民群众面前放下架子，甘当小学生。毫无疑问，我们是高高在上当群众的"官老爷"，还是俯身下来当群众的"勤务员"，这直接关系到我们党的工作作风，关系到党和人民群众的感情，关系到我们事业的成败。邓小平曾说："在中国来说，谁有资格犯大错误？就是中国共产党。犯了错误影响也最大。因此，我们党应该特别警惕。宪法上规定了党的领导，党要领导得好，就要不断地克服主观主义、官僚主义、宗派主义，就要受监督，就要扩大党和国家的民主生活。如果我们不受监督，不注意扩大党和国家的民主生活，就一定要脱离群众，犯大错误。"[①] 我们党要保证权为民所用，就必须对权力行使的主体和行使的过程进行必要的监督，不受监督的权力必然导致腐败。我们党的群众路线，就是要求我们保持谦虚和谨慎的态度。我们要牢记我们手中的权力是人民赋予的，虚心向人民群众学习，密切与人民群众的联系，把与人民群众的深厚感情体现在工作实践中。只有真心实意地为群众工作，才能真正得到人民群众的拥护。

我们还必须认识到，不同历史时期的人民群众，其创造历史的作用是很不相同的；即使在同一历史时期，人民群众之中的不同部分对历史的作用也有很大的差别。造成这种差别的客观原因是，社会历史条件的不同，如生产力发展水平、社会经济关系、国家政治制度以及文化发展状况等。造成这种差别的主观原因是，主体的阶级属性、科学文化素养

① 《邓小平文选》第 1 卷，人民出版社 1994 年版，第 270 页。

和思想道德水平，自身的觉悟和组织程度，等等。正是由于人民群众创造历史的作用受到社会条件和自身状况的双重制约，所以，历史唯物主义在充分肯定人民群众是历史创造者的同时，又正确认识到人民群众创造历史作用的局限性。

党的第十九届六中全会在总结党的百年奋斗历史经验时指出："党代表中国最广大人民根本利益，没有任何自己特殊的利益，从来不代表任何利益集团、任何权势团体、任何特权阶层的利益，这是党立于不败之地的根本所在。只要我们始终坚持全心全意为人民服务的根本宗旨，坚持党的群众路线，始终牢记江山就是人民、人民就是江山，坚持一切为了人民、一切依靠人民，坚持为人民执政、靠人民执政，坚持发展为了人民、发展依靠人民、发展成果由人民共享，坚定不移走全体人民共同富裕道路，就一定能够领导人民夺取中国特色社会主义新的更大胜利。"① 这无疑深刻而中肯，为我们今后的工作指明了方向。

---

① 《中国共产党第十九届中央委员会第六次全体会议文件汇编》，人民出版社 2021 年版，第 95—96 页。

第十五章

学习需要观点，确立科学合理的需要观

马克思、恩格斯历来重视对需要理论的研究。甚至可以说，马克思、恩格斯创立自己的理论正是从批判资本主义剥削制度所导致的“异化劳动”为切入点，并全面而深刻地揭示“异化劳动”所造成的“异化需要”；并在这个理论的基础上，提出共产主义就是消灭资本主义私有制，扬弃异化劳动，消除异化需要，进而实现人的自由而全面发展的理论和运动。中国共产党人继承了马克思主义的需要理论，把全心全意为人民服务作为自己的根本宗旨，要求正确认识和把握人民需要，采取得力措施满足人民需要，把人民需要作为制定方针政策的出发点，把满足人民需要作为一切工作的落脚点，把是否真正满足人民需要作为判断一切工作是非得失的根本标准，这是中国共产党领导革命、建设、改革事业取得伟大成绩的根本原因，是中国共产党在治国理政过程中所取得的宝贵精神财富。

一、需要观点的基本内容和方法

马克思主义不是书斋里的学问，是在领导广大无产阶级和人民群众争取解放的斗争中创立的，也是在领导无产阶级和广大人民群众争取解放的实践中获得丰富和发展的。马克思主义创始人用其一生的精力，来研究无产阶级和人民群众的需要，揭露资本主义制度对无产阶级和人民群众需要的扭曲，努力探索满足无产阶级和人民群众需要的路径，提出最终实现人的自由而全面发展的奋斗目标。这是马克思主义的最高价值追求，成为马克思主义的精神标识。

（一）需要理论的形成

马克思、恩格斯与资产阶级思想家研究需要理论的最大区别在于：资产阶级思想家往往从抽象的、无人身的理性出发去研究人的需要，得出一些尽管美好却充满空想色彩的观点。马克思、恩格斯从现实的、具体的个人出发，把需要放到人类社会发展动力系统中进行研究，从而构建起历史唯物主义理论大厦。马克思在《1844 年经济学哲学手稿》中专门写了“私有财产和需要”一节。马克思指出，人的本质的全面性和完整性，决定着人的需要的丰富性和多样性。然而，在资本主义异化劳动的条件下，人的需要被异化了。“每个人都指望使别人产生某种新的需要，以便迫使他作出新的牺牲，以便使他处于一种新的依赖地位并且诱使他追求一种新的享受，从而陷入一种新的经济破产。每个人都力图创造出一种支配他人的、异己的本质力量，以便从这里面获得他自己的利己需要的满足。”[①] 不仅掌握私有财富的人在追求财富的过程中使自己的需要异化，而且也使劳动者的需要发生了异化；劳动不是为了丰富和发展人的本质，而只是一味追求财富的增长。可以说，异化劳动必然导致异化需要。马克思进一步指出，在异化劳动的条件下，需要异化主要表现为“需要的工具化”“需要的不均衡化”和工人阶级需要的“贫乏化”。所谓“需要的工具化”，是指享受财富的人追求需要的满足，“仅仅作为短暂的、恣意放纵的个人而行动，并且把别人的奴隶劳动、把人的血汗看做自己的贪欲的虏获物”[②]。而对于广大劳动者来说，满足需要仅仅是为了“维持肉体生存的需要的一种手段”[③]，已经丧失了人之

①②③ 《马克思恩格斯文集》第 1 卷，人民出版社 2009 年版，第 223、233、162 页。

特有的精神需要和社会交往的需要，更丧失了人们满足精神需要和社会交往需要的能力。所谓“需要的不均衡化”，是指一方面，掌握和享受财富的人要求“需要的精致化和满足需要的资料的精致化”[①]；另一方面，广大无产者即是“需要的畜生般的野蛮化和彻底的、粗陋的、抽象的简单化”，“甚至对新鲜空气的需要也不再成其为需要了。人又退回到洞穴中居住……甚至动物的最简单的爱清洁习性，都不再是人的需要了”。“人不仅没有了人的需要，他甚至连动物的需要也不再有了。”[②]所谓需要的“贫乏化”，是指“对货币的需要是国民经济学所产生的真正需要，并且是它所产生的唯一需要”[③]。就是说，资本家把追求财富作为人生的唯一需要，无产者也只有拼命工作才能维持甚至很难维持其生存需要。因此，尽管从表面上看，资本家和无产者的生活状态、人生诉求完全不一样。但是，从需要的角度来看，都失去了其需要的多样性、丰富性，而变得贫乏化、单一化，进而使人的本质贫乏化和单一化。

马克思认为，人们之间正是因为需要和满足需要方式的不同，而区分为富有的人或贫穷的人。他说：“对于一个忍饥挨饿的人来说并不存在人的食物形式，而只有作为食物的抽象存在；食物同样也可能具有最粗糙的形式，而且不能说，这种进食活动与动物的进食活动有什么不同。忧心忡忡的、贫穷的人对最美丽的景色都没有什么感觉；经营矿物的商人只看到矿物的商业价值，而看不到矿物的美和独特性；他没有矿物学的感觉。”[④]这就是说，异化劳动使人的本质异化，从而也使人的需要异化了；人的需要已经不是人的需要，失去人的需要的丰富性、独特性和美学性，而演变成片面的、狭隘的诉求，甚至演变成动物性的诉求。因此，必须废除异化劳动使人成为真正意义上的人，人的需要才能

①② 《马克思恩格斯文集》第1卷，人民出版社2009年版，第225页。
③ 《马克思恩格斯文集》第1卷，人民出版社2009年版，第224页。
④ 《马克思恩格斯文集》第1卷，人民出版社2009年版，第191—192页。

成为真正的人的需要。马克思说："富有的人同时就是需要有人的生命表现的完整性的人，在这样的人的身上，他自己的实现作为内在的必然性、作为需要而存在。"① 没有需要的主体是非现实的主体，只能在神话中去寻找。主体正是为了满足自身的需要才去进行各种各样的实践活动和认识活动，在满足自身需要的过程中也丰富和发展着主体自身。

随后，马克思、恩格斯在《德意志意识形态》中指出："全部人类历史的第一个前提无疑是有生命的个人的存在"②，"因此我们首先应当确定一切人类生存的第一个前提，也就是一切历史的第一个前提，这个前提是：人们为了能够'创造历史'，必须能够生活。但是为了生活，首先就需要吃喝住穿以及其他一些东西。因此第一个历史活动就是生产满足这些需要的资料，即生产物质生活本身"③。正是由于人要生存才产生了各种各样的需要，为了满足这些需要，人们才去进行获得物质生活资料的生产。在生产过程中，人们一方面要同自然界发生关系，另一方面人们之间也要发生一定的社会关系。这两个方面的关系构成物质资料生产的两个方面，即生产力和生产关系。生产力和生产关系的统一构成生产方式。生产方式决定着社会的基本制度、阶级结构，以及政治、法律、道德、哲学和宗教等观点，也就是决定着社会的性质和面貌。生产方式的发展和变革，推动着社会形态的发展和变革。因此，需要是人的生存与进行生产活动的中介，构成社会发展动力系统中不可缺少的环节。

（二）需要理论的基本内容

马克思、恩格斯关于需要理论的内容是十分丰富的，主要可以概括为以下几个观点。

其一，人的需要即人的本性。从某种意义上说，一切生命物质都有

①②③ 《马克思恩格斯文集》第1卷，人民出版社2009年版，第194、519、531页。

需要。所谓需要是生命物质对于影响自身存在和发展条件的缺失状态的把握。生命物质正是因为处于缺失状态才不断新陈代谢，进行物质能量的交换。生命的本质是新陈代谢，新陈代谢过程就是它的缺失状态被不断纠正和不断满足的过程。正是因为这种缺失状态的被纠正和被满足，生物体才能保持自身的生存和延续。人也有自己的缺失状态，也就是有自己的需要。人的需要源自对自身生命的生存和发展所需条件的期待，丰富和发展对自身生命的生存和发展所需条件的追求。这就是说，需要开始于生物机体，随着生物的进化和人类的诞生，生物的需要就发展为人的需要。人类在同外界进行物质和能量交换的过程中，不断产生新的需要，并不断创造新的方式来满足自己的需要，从而丰富和发展人类自己。不断产生需要和不断满足需要，成为人的生命活动的内在规定性和生命活动的存在方式。

其二，人的需要具有社会性。人的需要与其他动物的需要相比，具有本质的区别。这种区别表现为：动物的需要是本能的，满足需要的手段是消极被动的；而人的需要是自觉的，满足需要的手段是积极主动的、变化创新的。动物的需要是由其物种所决定的，因而是贫乏的、恒一的；而人的需要是由其文化、社会等多种因素决定的，因而是丰富多彩的。动物的需要是个体性的，类特征与个体特征几乎一样；而人的需要由于多种因素所影响，具有明显的个性特征。这就决定着人的需要即使是最原始的生理需要，也成为一种社会性需要。马克思曾说："饥饿总是饥饿，但是用刀叉吃熟肉来解除的饥饿不同于用手、指甲和牙齿啃生肉来解除的饥饿。"[①] 这种区别归根到底是由人的社会性决定的。人的需要的产生、发展和得到满足都离不开一定的社会关系和社会条件。

其三，人的需要是人对自身缺失状态的一种观念性把握。恩格斯

---

① 《马克思恩格斯文集》第 8 卷，人民出版社 2009 年版，第 16 页。

说："在社会历史领域内进行活动的，是具有意识的、经过思虑或凭激情行动的、追求某种目的的人；任何事情的发生都不是没有自觉的意图，没有预期的目的的。"[①] 什么是目的？目的就是被主体意识到了的自身需要，是人的某种需要在意识中的反映，是人所自觉追求的理想价值目标。当一个事物被认为是有价值的，能够满足人的某种需要的时候，它就成了人们认识活动和实践活动的目的所指向的客体。在全部认识活动和实践活动的过程中，目的性是支配调节其活动的内在机制。正因为人的活动都具有预期的目的性，这就决定着人的需要在表现方式上不是单纯动物性的，而具有了社会性；需要的产生不单纯是出自个体生存的本能，而具有了将眼前和长远、个体与群体、生存与发展统一起来的自觉性；需要在结构上不再是平面的，而是多层次的立体网络；需要的满足不单纯靠自然的恩赐，而是在社会实践中创造；需要也不再是封闭的，随着社会生产力的发展，人的各种能力的提高，人的需要会越来越多，满足需要的手段也会越来越丰富，人的需要具有开放性。从某种意义上说，人类社会的发展就表现为人的需要的不断产生与不断满足的过程，也就是人类不断从事价值活动的过程。

其四，人的需要是人的实践活动的内在动因。主体是自主、自为、自觉的存在，有着清醒的目的、动机、意志和欲望。因此，主体往往能够在不同程度上意识到自己的需要，并使之转化为某种相应的追求，并为实现自己的追求而进行各种各样的社会实践活动。马克思、恩格斯认为，人首先是自然存在物，生存需要是人的第一需要。"人们为了能够'创造历史'，必须能够生活。但是为了生活，首先就需要吃喝住穿以及其他一些东西。因此第一个历史活动就是生产满足这些需要的资料，即生产物质生活本身。"[②]列宁也曾说："世界不会满足人，人决心

① 《马克思恩格斯文集》第 4 卷，人民出版社 2009 年版，第 302 页。
② 《马克思恩格斯文集》第 1 卷，人民出版社 2009 年版，第 531 页。

以自己的行动来改变世界。”[①]正是由于客观世界不能满足人的需要，才促使人们通过劳动改变客观世界以满足自己的需要。同时，人是社会性动物，人具有一种本能上的相互交往的需要。马克思、恩格斯指出：“人们之间一开始就有一种物质的联系。这种联系是由需要和生产方式决定的，它和人本身有同样长久的历史。”[②]“由于他们的需要即他们的本性，以及他们求得满足的方式，把他们联系起来（两性关系、交换、分工），所以他们必然要发生相互关系。但由于他们相互间不是作为纯粹的我，而是作为处在生产力和需要的一定发展阶段上的个人而发生交往的。”[③]因此，人的需要决定着人们必然要结成一定的社会关系。不仅如此，人的需要的产生、内容、满足的方式又都要受到所处时代的社会实践和社会关系的制约和影响，人的实践活动水平和社会关系发展程度决定着人的需要的发展程度。这又恰恰说明人的需要不是主观自生的。马克思曾说：“我们的需要和享受是由社会产生的；因此，我们在衡量需要和享受时是以社会为尺度，而不是以满足它们的物品为尺度的。”[④]这就是说，需要无论就其内容还是存在方式来说，都是由社会存在决定的，它始终体现着社会关系的性质及其发展变化，具有客观性。

（三）需要理论提供的思想方法和工作方法

所谓需要是主体基于社会发展和人的发展状况而生成的对其存在和发展条件的缺失或期待状态的观念性把握。从对需要概念的界定出发，我们从思想方法和工作方法的角度必须注意三个问题。

第一，需要具有客观性，民众的正当需要必须得到满足。毫无疑问，需要的主体是人。马克思指出：“从主体方面来看：只有音乐才

① 《列宁全集》第 55 卷，人民出版社 2017 年版，第 183 页。
② 《马克思恩格斯文集》第 1 卷，人民出版社 2009 年版，第 533 页。
③ 《马克思恩格斯全集》第 3 卷，人民出版社 1960 年版，第 514—515 页。
④ 《马克思恩格斯选集》第 1 卷，人民出版社 2012 年版，第 345 页。

激起人的音乐感；对于没有音乐感的耳朵来说，最美的音乐也毫无意义。”[①]离开主体来谈需要，就很容易陷入唯心主义的泥潭。尽管在不同的时空条件下主体的需要具有差异性，但人作为有生命的存在物，其需要必须借助于需要客体来得到满足，否则主体的生存和发展就要受到影响。例如，人有饮食的需要，如果饮食需要得不到适当满足，人的生命就会终止；人有性爱的需要，如果性爱需要得不到适当满足，人类就很难正常繁衍生息；人有交往的需要，如果交往需要得不到适当的满足，人的精神就会出问题，等等。正是从这个意义上，恩格斯指出：“我们连同我们的肉、血和头脑都是属于自然界和存在于自然界之中的。”[②]同时，人作为社会存在物，其需要的产生和满足，都受到各种社会关系的影响，特别是受到社会生产方式的影响；人们正是在追求需要满足的过程中推动了社会生产力的发展，而社会生产力的发展又直接推动了生产关系、上层建筑等整个社会结构发生变化，人的需要是社会生产力发展的内在动力；同时，人有哪些需要，人的需要用什么方式来满足又受到社会生产力和生产关系等因素的影响。所以，人的需要从本质上说是一种社会存在物，并随着社会的发展而发生变化。

第二，需要是多种多样的，面对需要选择的多种困境，以特定阶段的基本需要为核心，遵循需要满足的先后顺序构建起来的体系就是需要迫切度。需要选择是人们按照某种价值标准在需要评价的基础上对自己的需要及其满足需要的活动等进行的选择过程，它包括需要目标、需要满足所依赖的条件、需要满足的程度等一系列问题。需要选择的实质是在众多需要中优先满足哪种需要，采取哪种最佳的方式来满足某种需要。需要选择作为一种观念性和实践性活动的统一，存在于人类实践活动的全过程。可以说，人们每日每时都在从事对需要进行选择的活

① 《马克思恩格斯文集》第 1 卷，人民出版社 2009 年版，第 191 页。
② 《马克思恩格斯文集》第 9 卷，人民出版社 2009 年版，第 560 页。

动，区别仅仅在于有时候是自觉进行的，有时候是不自觉进行的。人类正是通过一次次对需要的选择，才形成丰富多彩的世界；个人正是通过一次次对需要的选择，才展现出每个人绚丽多姿的人生。我们所拥有的一切都是人类自己选择的结果。因此，需要选择成为需要理论的重要组成部分。然而，选择需要是很艰难的，中国古人就以“鱼和熊掌不可兼得”来比喻需要选择的困境。当前，我们所面临的需要选择的困境是多重的，如公共需要和个体需要的选择困境、长远需要和当前需要的选择困境、平时需要和临时需要的选择困境、生存需要与奢侈需要的选择困境，等等。如何处理好这里所提及的每一对需要，都需要我们从理论上进行深入研究、在制度上给予合理安排、在资源上给予充分保证，使公共需要和个体需要、长远需要和当前需要、平时需要和临时需要、生存需要和奢侈需要之间保持一种合理的张力，推动社会平衡健康发展。

这就要求政府和相关部门在制定政策时，必须考虑到民众需要的多样性的特点；同时要重点考虑民众需要的多样性中，哪些需要是最基本的、最迫切需要满足的，哪些需要因为条件或资源的限制是可以延迟满足的，使之制定的每一项政策都具有更强的针对性和适用性，也就有了更强的执行力，在被广大民众认同和接受的基础上，真正满足不同群体民众的基本需要和迫切需要。

第三，在满足民众需要过程中，要研究科学合理的需要满足度，通过制度安排引导和规范民众的消费行为，提升广大民众的幸福指数。需要满足既是需要理论研究的出发点，也是需要理论研究的落脚点。从理论上讲，需要期待得到满足，这是人们从事一切活动的根本动力；需要应该得到满足，这是人们幸福感的来源；需要必须得到满足，这是人们努力拼搏的根本目的。而现实生活中需要满足却处处陷入困境。2012 年 10 月，央视以“你幸福吗”为主题在全国各地街头随机采访普通百姓，并制作成专题片。该片在《新闻联播》一播出就成为热门话题。百姓的回答五花八门，有认真的回答，有深刻的思考，有真情的流露，有冷漠的调侃，更有答非所问。然而，网友们对这个节目的评价却褒贬不一。

在当今中国社会，幸福是一个敏感而严肃的话题。一方面，百姓的物质财富丰裕了，生活水平得到极大提高，百姓似乎应该幸福了；另一方面，人们却感受到的是房价昂贵、交通堵塞、物价高涨、就业困难、人际关系冷漠、社会充满戾气、特权与腐败引发的社会不公等，这又导致生活中真正认为自己幸福的百姓并不多。如果从需要满足的角度来看问题，幸福的概念就可能比较容易理解了。因为，人的需要是人的本性，把握人的需要就能够把握人的本性，满足人的需要就能够满足人的本性要求，这也就把幸福的内涵建立在人的本性的基础之上，而这个基础显然是最客观、最坚实的。相反，当人的需要得不到满足时，就很难获得幸福感。德国哲学家威廉·魏特林指出："愈是使社会里每个人都有可能得到其他每个人所有的一切，这个社会也就愈是满足，并从而也就愈是幸福。"[①] 当主体需要得到满足时，主体的幸福感就上升了。人的本性最终是以需要的形式表现出来的，人的幸福最终是以需要的满足为根本内涵的。

我们要注意，需要满足的五个特点：其一，需要满足的具体性。人的需要是具体的，从不同的角度可以分成不同的需要。我们通常可以把人的需要简单分成物质需要、精神需要，这就有了物质需要的满足和精神需要的满足。在复杂的社会生活中，物质需要的满足和精神需要的满足是很难区分开的。但是，在特定历史条件下，物质需要的满足和精神需要的满足还是有着明确的区别的。物质需要只能依靠物质资料来满足，精神需要只能依靠精神资料来满足。否则，不论出于什么原因，不管主观愿望是什么，否定人的物质需要的满足，力图用精神需要的满足

① ［德］威廉·魏特林著：《和谐与自由的保证》，孙则明译，商务印书馆2017年版，第68页。

来替代物质需要的满足，这只能带来整个社会的非理性，破坏了社会的唯物主义基础。反之，否定人的精神需要的满足，甚至用物质需要的满足来替代精神需要的满足，只能导致伴随着社会物质资料的丰裕，而人却变成没有灵魂的“精神的漂泊者”。其二，需要满足的条件性。需要能否满足、在多大程度上得到满足，直接受制于社会的经济、政治、文化等因素，这就使需要的满足具有了条件性。这一点很容易理解。其三，需要满足的相对性。就是说，人们对需要满足是相对于熟人来进行评价的，因此便导致一个怪圈：每个人不是根据自己需要的满足程度来判断自己的需要是否得到满足，而是根据自己需要满足的程度是排在什么人的前面和什么人的后面来判断自己所处的位置。这样就产生了一些看似很荒谬的结果：一方面，社会在快速发展，社会财富在急剧增长，百姓生活水平日益提高；另一方面，整个社会几乎所有的人、阶层、利益群体，都是牢骚满腹，都在怨声载道，都在感叹自己是弱者，都在激愤社会的不公平。这种看似荒谬的结果其实并不荒谬。从一般道德评价来看，这种情绪似乎反映了人性的贪婪，是“世风日下”、是“人心不足”；从需要理论的角度来看，则反映了人类社会的本性，反映了人类生存的本性，即人们需要归属感，需要价值认同，需要能力承认。其四，需要满足的提升性。即通过自己需要满足比以前更多、更好，使人的素质表现出不断提升的性质。就个人来说是这样，就代际关系来说也是这样。因此，伴随着社会的发展，人们需要满足的内容在发生变化，需要满足的方式也在发展变化。每个时代的人、每个地区的人，都在不断重新设立需要满足的标准，都在不断重新构建需要满足的评价体系。其五，需要满足的多维度性。人的需要是多维度的，从不同的角度可以进行不同的划分。需要的满足也应该是多维度，或许正是多维度的需要都能够得到必要的满足，才使人感到快乐和幸福。当然，需要的满足与个人快乐和幸福之间的关系是非常复杂的。需要不能得到满足，一定是不快乐、不幸福的。但是，也并不是满足需要就能完全实现个人的快乐和幸福，满足需要与个人幸福并不能简单画等号。不要说远了，我们孩辈的生活比起我们的生活要富裕许多倍，但是他们的幸福感并没有随着社会财富的增加和物质生活的满足而增加许多倍。更糟糕的是，人们越来越深刻地感受到，社会关系的日益复杂，人际关系的日渐疏离，亲情关系的日趋淡漠，人们处在相互提防、互不信任的状态；人们也越来越深刻地感受到，人们的时间几乎全部被各种工作、应酬所挤占，没有时间读书，没有时间思考，没有时间看电影，甚至没有时间谈恋爱……总之，没有时间去做自己喜欢做的事情；人成了既没有时间自由也没有思想自由的“物质人”。在到处充斥着豪华商场、高档饭庄、名牌商品、高级轿车、地标性建筑的当代中国，人们在享受着丰裕的物质生活的同时却深刻感受到精神的空虚。为了弥补这种精神的空虚，人们试图用物质来满足人的生存和发展不可缺少的社会需要、心理需要和精神需要。可是，现实生活告诉我们，单纯依靠物质需要的满足不仅不能弥补社会、心理和精神需要的欠缺，反而更加剧了这种欠缺，理想信念信仰的缺失导致人生意义的迷茫，巨大的生存压力导致对未来的失信，精神或心理疾病导致恶性伤人案件频发，对工作意义的怀疑导致类似于宾馆服务员用浴巾擦马桶等事例出现。正如美国学者所说：“世界范围内漫延的消费者生活方式的野火标志着人类物种曾经经历过的日常存在中最快捷的和最基本的变化，经过短短的几代人，我们已经变成了轿车驾驶者、电视观看者、商业街的购物者和一次性用品的消费者。对这个巨大转变的悲剧性嘲弄在于消费者社会的历史性兴起对于损害环境有着重大影响，却并没有给人民带来一种满意的生活。”①

① ［美］艾伦·杜宁：《多少算够——消费社会与地球的未来》，毕聿译，吉林人民出版社1997年版，第17页。

二、运用需要理论方法的经典案例

运用需要理论方法的经典案例是非常多的，甚至可以说每时每刻都发生在我们身边，或发生在我们自己身上。今天就讲两个案例：一个正面的案例，给我们留下宝贵的经验；一个负面的案例，给我们留下惨痛的教训。

第一个案例：关注并满足人民群众各种需要，是中国共产党赢得人民信任和支持的制胜法宝。

中国共产党人历来关注人民群众的需要，并千方百计满足人民群众的需要。在延安流传着许多毛泽东关心人民群众生活需要的小故事。有一个村子的妇女不生小孩。毛泽东听说后，就请自然科学院的同志赶紧去进行调查研究，结果发现是当地的水质有问题。经过饮用水的改造，不久山沟里传出了婴儿的哭声，毛泽东高兴地笑了。还有一个事例。中央医院来到延安之后，老百姓可以去看病。可是后来患者越来越多，医院忙不过来。有人就提议，把中央医院改为中央干部医院，只给干部看病，就可以把看病的人员限制一下。当毛泽东听到汇报时很不高兴地说：改什么改？那老百姓有病了找你看，你给不给看？最后医院没有改名。

中国是一个农业大国，农民占人口的绝大多数。农民的最大需要是什么？无疑是土地。美国哈佛大学历史学博士龚忠武在《中国向农村的贫穷开战》一文中说："中国广大的农村是中国社会的基础，从古到今，谁能够解决农民问题，谁就能够控制农村，谁就能够统治中国，就能使中国长治久安。当然毛泽东和中国共产党早就敏锐地看到了中国政治上的这个诀窍，这个千古不易的中国历史规律，所以中国共产党胜利了，国民党失败了。"

在农民占人口的绝大多数的农业大国，农民贫，则国家弱；农民富，则国家强。能否调动农民的积极性，始终是左右中国革命成败的关键因素。而能否调动农民积极性的关键在于能否有效解决农民的土地问题。自 19 世纪中叶以来的百余年间，中国社会的进步阶级和阶层都提出过种种方案和主张，力图解决农民问题。然而，各种美好的愿望终成一纸空文，没有得到实现，中国农民依然遭受来自各个方面的剥削和压迫，生活在水深火热之中。

中国共产党从诞生那天起就高度关注农民和土地问题，在发动城市工人阶级参加革命斗争的同时，提出“耕者有其田”的口号，带领广大贫苦农民“打土豪、分田地”，领导农民为实现这一目标而始终不渝地奋斗。1921 年中国共产党成立时，就把没收土地归社会公有写进了中国共产党的第一个纲领。党的三大上把组织农民参加革命作为党的中心工作之一，并通过了《农民问题决议案》。1925 年 10 月 10 日，中国共产党发表《告农民书》，从四个方面分析农民所受到的逼迫，明确提出“解除农民的困苦，根本是要实行‘耕地农有’的办法，就是谁耕种的田地归谁自己所有”[①] 的主张。大革命失败后，中国共产党经过火与血的洗礼，举起了土地革命和武装反抗国民党独裁统治的大旗。1927 年至 1937 年期间，由于中国共产党在部分地区建立了苏维埃政权，便在这些地区开展了有计划的土地改革，并颁布了相应的政策法令。在抗日战争期间，为了最大限度地调动一切积极因素参加抗击外来侵略者的战争，中国共产党对土地改革政策也作出相应调整，把没收地主土地改为减租减息。减租减息的基本精神是削减封建势力，改善农民的经济生活条件，以便团结各阶层人民一致抗日。1946 年 5 月 4 日，根据形势的发展变化，中共中央召开会议讨论通过了《关于土地问题的指示》，这就是著名的“五四指示”，决定将抗日战争以来实行的减租减息政策，改

① 中共中央文献研究室、中央档案馆编：《建党以来重要文献选编（1921—1949）》第 2 册，中央文献出版社 2011 年版，第 504 页。

变为实现“耕者有其田”的政策，标志着解放区在农民土地问题上开始由抗日战争时期的削弱封建剥削，向变革封建土地关系、废除封建剥削制度的过渡。这是中国共产党土地政策的重大转变。

随着人民解放军转入战略进攻的新形势，要求解放区更加普遍深入地开展土地制度的改革运动，以充分调动广大农民的革命和生产的积极性，为正在胜利发展的解放战争提供源源不断的人力和物力支持，1947 年 7 月至 9 月中共中央工作委员会在西柏坡召开全国土地工作会议，于 9 月 13 日通过了《中国土地法大纲》。10 月 10 日正式颁布。这是中国共产党公开颁布的第一个关于土地制度改革的纲领性文件。它向全中国和全世界人民表明：中国共产党高举反封建的战斗旗帜，为在全国彻底消灭封建剥削的土地制度提供了一个基本纲领，对于新老解放区的土地改革运动起到了巨大的推动作用，并在国民党统治区产生了广泛的政治影响。

全国上地工作会议结束后，各大解放区按照《中国土地法大纲》的规定，进行了轰轰烈烈的土地改革运动，猛烈地冲击着几千年来的封建制度。特别是在解放区，约有 1 亿农民获得了土地，基本消灭了封建土地制度，打碎了几千年来套在农民身上的封建枷锁，改变了农村旧有的生产关系。翻了身的农民群众，劳动热情空前高涨，农业生产迅速发展，生活状况得到很大改善。他们决心保田保家，推翻蒋介石把持的国民政府，提出了“支援大反攻，参加胜利军；打倒蒋介石，拔掉老祸根”的口号，积极参军参战，支援前线。解放区里天天锣鼓喧天，年轻人披红骑马光荣入伍，亲人眼含热泪送儿送郎争上前线。据不完全统计，在辽沈、淮海和平津三大战役中，动员民工达 880 余万人次，支前大小车辆 141 万辆，担架 36 万副，牲畜 260 万头，粮食 4.25 亿公斤。多少家庭全家出动推着一辆小车，父亲倒下了，儿子继续推车前行；多少家庭全家出动驾驶一只木船，在敌人炮弹炸起的巨浪中，曲折前行把解放军运到对岸。车流滚动，船流浩荡，民心所向，势不可挡。时任华东野战军司令员的陈毅深情地说：“淮海战役的胜利，是人民群众用小车推出来的。”

几十年后，当年的国民党高级军事指挥官的后代们不断寻解父辈成为共产党手下败将的原因，当他们看到千百万农民自愿参加共产党领导的人民解放军和热情支前的史料时，感叹不已，不得不承认，共产党胜在顺民意、得民心，而民心尽失的国民党注定挽救不了失败的命运。

第二个案例：卖肾买苹果手机的少年血泪。2011 年春，iPhone4 在全世界都受到人们疯狂追捧，也受到中国消费者的疯狂追捧。拥有苹果手机成为身份和富裕的象征。这种潮流也影响到年仅 17 岁还是高中生的王某。然而，家庭生活条件不允许他去购买价格高昂的苹果手机。怎么办？一天，他看到一条信息：有人愿意用 5 万元求一个健康的肾脏救命。王某简单地认为，正常人有两个肾脏，摘除一个肾脏，对人的正常生活影响并不大。在手机的诱惑和某些人的有意欺骗之下，王某最终下定决心到医院做了肾脏摘除手术。手术结束拿到卖肾的钱后，他不顾手术后的疼痛立即走出医院，到苹果手机专卖店购买了手机，并完全陶醉在玩手机的快乐之中。然而，随着时间的流逝，他腰间伤口的疼痛越来越严重，最终不得不向父母述说了偷偷卖肾买苹果手机的事。其父母急忙将他送到医院检查，结果是他做肾脏摘除手术时，由于消毒不彻底而造成伤口感染，剩下的一个肾也已经感染，需要立即治疗，否则将会有生命危险。

王某的父母报警后，并把安排卖肾的相关中介、手术医生等 9 人告上法庭。经过一年的调查取证，2012 年 11 月底，最终法庭宣判相关人员的有期徒刑，并且赔偿原告 147 万多元。然而，虽然经过医生的精心治疗，但王某的肾脏功能因感染造成不可逆的创伤，导致肾功能不全代偿，几乎每周都要去医院做透析，身体机能已经消耗殆尽，身体的器官超负荷运转，躺在床上瘦骨嶙峋，随时处在崩溃的边缘。

实际上，像王某这类事件，在我们生活中并不少见，只是表现方式不同。我把这种现象称为需要异化。如有人不顾及个人自身条件和能力，不顾及需求客体的基本属性和功能，过度消费，恣意消费，致使消费行为由满足人的需要的快乐活动，异化成为消磨人的意志、挥霍人的钱财的痛苦过程。单纯的物质追求，导致资源的过度开发，生存环境急剧恶化，各种灾害频发；城市的无限扩张，土地的大量占用，带来资源、人口、管理等一系列问题；人们一味需求物欲和肉欲，抛弃了理想信念，丢掉了人格尊严，退却了神圣光环，失去对“终极意义”的追问；更重要的是，由需要异化带来消费危机，进而带来精神危机和信仰危机，人们成为失去精神家园的“精神漂泊者”。

三、经典案例给予我们的重要启示

经典案例给予我们的启示是多方面的。目前特别要注意做好以下三个方面的工作。

（一）人民对美好生活的向往，就是我们的奋斗目标

习近平总书记在党的十八届中央政治局常委同中外记者见面时讲话中提出：“人民对美好生活的向往，就是我们的奋斗目标。”党的十九大报告作出“我国社会主要矛盾已经转化为人民日益增长的美好生活需要和不平衡不充分的发展之间的矛盾”的重大判断，强调我国社会主要矛盾的变化是关系全局的历史性变化，对党和国家工作提出了许多新要求。要求全党，保障和改善民生，要抓住人民最关心最直接最现实的利益问题，既尽力而为，又量力而行，一件事情接着一件事情办，一年接着一年干。坚持人人参与、人人尽力、人人享有，坚守底线、突出重点、完善制度、引导预期，完善公共服务体系，保障群众基本生活，不断满足人民日益增长的美好生活需要，不断促进社会公平正义，形成有

效的社会治理、良好的社会秩序，使人民获得感、幸福感、安全感更加充实、更有保障、更可持续。

人民群众的获得感来自自身需要的满足。毋庸置疑，在不同的社会发展阶段，人民群众需要的内涵、满足需要的方式、评价需要满足的标准，都是有差别的。这就要求我们党必须从当代中国社会的实际出发，真正了解人民群众的需要，选择正确满足需要的方式，确立科学的满足需要的评价标准。我们应该充分认识到，经过改革开放 40 多年的发展，人民群众在物质生活得到显著改善的同时，对民主、法治、公平、正义、安全、环境等方面的需要日益增长，这些需要构成人民群众的根本利益所在。必须通过全面深化改革，提供精准的需要满足资源供给，真正满足人民群众的各项具体需要，让人民群众具有实实在在的获得感。

人民群众的幸福感来自多维需要的基本满足。在中国特色社会主义新时代，人民群众的需要在结构上更加复杂，内容上更加丰富，形式上更加多样，评价标准更加多元。习近平总书记在十八届中央政治局常委同中外记者见面时说："我们的人民热爱生活，期盼有更好的教育、更稳定的工作、更满意的收入、更可靠的社会保障、更高水平的医疗卫生服务、更舒适的居住条件、更优美的环境，期盼孩子们能成长得更好、工作得更好、生活得更好。"[①] 这段讲话朴实亲切、饱含深情，向全世界展示了中国共产党人的执政理念和高尚情操。然而，能否准确把握人民群众的多维需要，能否用恰当的方式满足人民群众的多维需要，不仅是一个理论问题，更是一个直接关系党和国家事业兴衰成败的实践问题。在这个问题上，我们有成功的经验，也经历过挫折和苦难。这就要求我们党必须加快推进经济社会建设，尽量全方位满足人民群众的各种生活需要，真正使人民群众过上幸福生活。

---

① 《习近平谈治国理政》第 1 卷，外文出版社 2018 年版，第 4 页。

人民群众的安全感来自伴随着多种需要的满足而带来人生境界的升华，进而带来稳定、安逸、祥和、快乐、无忧的心理感受。人民群众各种需要得到满足的本质，就是克服需要满足的片面性、狭隘性、单一性、封闭性，实现需要满足的全面性、广泛性、多维性、提升性，实现人的自由全面发展。在现实的社会生活中，要着眼于人民群众生活中多种需要，按照依次递进的原则，从满足人们的基本物质需要开始，逐步进入到满足人们的精神需要或自我实现需要的较高层次，让人民群众获得生活的安全感。如财务安全、食品安全、教育安全、医疗安全、交通安全、仕途安全、人身安全，等等。安全感是人民群众的需要得到满足的最高境界。

（二）在全社会倡导科学合理的需要观

马克思曾指出："我们的需要和享受是由社会产生的；因此，我们在衡量需要和享受时是以社会为尺度，而不是以满足它们的物品为尺度的。"[①]这就是说，需要无论是其内容还是满足方式来说，都是由社会存在决定的，它始终体现着社会关系的性质及其发展，因而使之具有了客观性、多样性和层次性。这就要求我们在确立科学合理的需要观时，要着力解决好三个问题。

第一，着眼于人类共同利益，遵循代内平等和代际平等原则，科学确定需求满足度。一般说来，人的需求是主观的，也是无限度的；而满足人的需求的资源或手段是客观的，也是有限度的。因此，我们必须兼顾代内平等和代际平等的原则，既要照顾当代国与国、民族与民族、集团与集团、人与人之间在自然资源、利益分配上的公平，强调全球发展的一体性和共同性；又要照顾到当代人和后代人在发展上享有公平权利，对后代人的生存和发展负起道德责任。在此基础上，从中国社会主

① 《马克思恩格斯选集》第1卷，人民出版社2012年版，第345页。

义初级阶段这个最大国情出发，认真研究人们生存和发展所需要的基本生活条件的满足度。要运用各种措施和手段，满足人民迫切需要满足的各种基本需求，减少或限制某些奢侈性、炫耀性、符号性需求，严厉制止某些超出客观条件所允许的奢靡性、浪费性需求。

第二，着眼于人类需求的多样性，遵循统筹兼顾的原则，合理确定需求的迫切度。在现实社会生活中，人的需求具有复杂的结构和丰富的内容，为满足人的需求而形成的需求关系也具有复杂的结构和丰富的内容。对于需求主体来说，面对如此复杂的需求关系，必须根据客观条件和自身需求，找出其中最迫切需要满足的需求，放到最重要的位置给予优先考虑。一般说来，在由众多需求关系所构成的需求体系中，主导需求关系决定着该需求体系的存在方式，主导需求关系的变化发展又规定着该需求关系的发展变化。如果对人们需求迫切度作出错误的把握，把工作精力放到满足不是迫切需要满足的需求上，就会导致工作的错位，出现许多本来不该出现的问题。

第三，着眼于人的自由全面发展，遵循依次递进的原则，不断提升人的需要境界。人的需求是一个由低级不断向高级提升的多层次的立体结构。马斯洛曾把这个立体结构区分为低级需要与高级需要，认为二者在存在状态、满足方式、作用机制和社会功能等方面都存在着显著差别。高级需要是一种在种系上或进化上发展较迟的产物，越是高级的需要越是为人类所特有；高级需要的满足能引起人们更合意的主观效果，即更深刻的幸福感、宁静感和丰富感；高级需要的满足比低级需要的满足更接近自我价值的实现。在现实社会生活中，我们要积极引导人们按照依次递进的原则，从满足人们的基本物质需求开始，逐步进入到满足人们的精神需求或自我实现需求的较高层次。没有对基本物质需求的满足，是很难产生对精神需求、自我价值实现需求等更高价值理想的追求。同样，当人们的基本物质需求得到满足后，而社会没有及时创造条件提升人们的价值追求和理想，人们就难免会沉溺于物质享乐或低级趣味之中，挥霍浪费、奢侈享乐、追求物欲、寻求刺激之风就可能兴起。古罗马的灭亡、中国古代社会如南北朝等，都给我们留下惨痛的教训。

（三）制定和完善相应规章制度，引导规范人们的消费行为

主体的需要和利益诉求，是通过相应的制度机制来表达的；主体的需要和利益诉求的满足，也是通过相应的制度机制来保障的。在当代中国社会，制定和完善相应规章制度，引导规范人们的消费行为，显得尤其重要。

首先，进一步健全和完善社会保障体系，充分发挥社会主义制度的优越性，满足人民群众的基本生活需要，保障人民群众的基本生活质量。同时，要促使人民群众在基本生存需求得到满足后，去积极确立高层次的需要，并通过各种创造性活动去满足高层次的需要。也就是说，当人民群众普遍解决温饱问题之后，在类似读书、看电影、艺术创作、参观游览、旅游探险等方面，能够花钱，肯于花钱，也敢于花钱，在这个过程中不断提高整个民族的文化素质和精神追求，引导人民群众在物质生活日益富足的基础上，去寻找自己的精神家园。

其次，进一步完善收入分配制度，积极增加人民群众的劳动性收入，不断提高人民群众的需求层次和满足水平。近些年，我们采取多种措施拓展老百姓的收入渠道，特别是提出增加老百姓的财产性收入，这些措施对于增加老百姓的收入取得了明显的效果。但是，随着社会的发展也暴露出许多问题，特别是老百姓劳动性收入在整个国民收入体系中所占比重日益下降。我们必须加快收入分配制度的改革，从根本上确立劳动、资本、技术和管理等生产要素合理的分配比例，确保老百姓劳动性收入的稳定增长。在这个基础上，老百姓才可能形成正当合理的需求，并通过正当合理的途径去满足自己的需求。

最后，进一步建立和完善与人民群众需要和消费活动相关的各种规

章制度，正确引导和规范人民群众为满足需求所进行的各种活动，保证人民群众过上健康文明和谐幸福的生活，保证我们国家秩序稳定、充满活力向前发展。我们所面临的任务十分艰巨。其中有些可以引进外国一些经过实践证明是行之有效的东西，这还需要与本国的实际情况相结合；有些则需要从中国社会实际出发，解放思想，积极探索，大胆创新，建立具有中国特色的需求规章制度体系。在这个过程中，更要注意由于各种原因，长期以来在社会生活中已经形成的既得利益集团，因固守着既得利益而反对某些规章制度的建立和完善，或者通过各种手段对规章制度进行消解和扭曲。

我们相信，在社会主义改革开放的过程中，伴随着社会生产力水平的提高，科学合理的需要观念的确立，各项规章制度的建立和日益完善，人们能够逐渐摆脱来自各方面的束缚和压制，自主地确定、评价自己的需要，自主地选择满足自己需要的方式，自主地构建自己的生活方式，人才能真正从需要异化状态中解放出来。到那时，“人终于成为自己的社会结合的主人，从而也就成为自然界的主人，成为自身的主人——自由的人。”①

① 《马克思恩格斯文集》第3卷，人民出版社2009年版，第566页。

第十六章

学习价值观点，凝聚共识培育和谐精神家园

人的一切活动都永恒地具有两个方面的内容指向：一方面是认识和把握世界的发展规律，知道能够怎样改造世界，为人的活动提供“物”的尺度；另一方面是认识和把握世界同人的生存发展的关系，知道应该怎样改造世界，为人的活动提供“人”的尺度。前者是追求知识、科学和真理，后者是了解需要、把握价值、实现目的。这就决定着人类的活动过程实际上是实践活动、认识活动、价值活动三者的统一。其中，实践活动的结果是改造世界，认识活动的结果是获得真理，价值活动的结果是满足人的需要、实现人的目的。由此可见，价值活动贯穿于人类认识和实践活动的全过程，甚至为人的认识和实践活动提供根据、标准或尺度。价值观点成为学习哲学、掌握研究和解决问题的思想方法和工作方法不可缺少的重要内容。

一、价值观点的基本理论及其方法

在我们日常生活中，价值现象丰富多彩，价值关系千姿百态，价值评价随时发生，价值成为被人们广泛使用的概念，也成为多个学科研究的对象。我们力图站在中国社会发展的角度，从哲学学科视域来研究价值理论，并揭示价值理论所带给我们的思想方法和工作方法。

（一）价值论研究热在中国的兴起

价值论本身并不是一个新兴学科。早在19世纪末叶，价值论便在德奥产生，不久传入英语国家，20 世纪 30 年代东渐日本，在 30 年代至 40 年代传入中国。当时，中国出版了一批以“价值论”为主题词的著作，但主要是从经济学角度来谈价值问题的。中华人民共和国成立后，由于价值论或价值哲学曾被看作是西方资产阶级唯心主义思潮，而被我国的主流意识形态所拒斥，成为学术界的研究禁区。

实践是检验真理标准问题的大讨论拉开了中国新时期的历史序幕，也开启了中国学界研究价值哲学的旅程。当时，在解放思想潮流的冲击下，长期受极“左”思潮和个人迷信束缚的人们开始思索，开始怀疑，开始寻找十年动乱带来如此极大苦难的原因，开始探索未来中国社会发展的方向。伴随着主体意识的觉醒，人有没有价值、如何看待价值、如何评价价值等一系列价值哲学的问题便自然而然地被提了出来。随着全党工作重心转移到社会主义经济建设上来，社会主义市场经济体制的建立和完善，涉及价值哲学的问题越来越多，越来越尖锐。社会实践提出了研究价值哲学这个重大理论课题的需要，理论工作者的责任在于抓住社会实践所提出的重大理论课题并通过科学的研究给予切实的回答。因此，价值哲学问题一经提出，便很快成为理论界、学术界的热门话题，并取得了丰硕的研究成果。

首先，中国价值哲学研究的兴起，根源于中国社会主义改革开放实践的需要。中国社会主义改革开放的实践要求理论界和学术界拨乱反正，从根本上澄清一些重大理论问题，为社会主义改革开放事业提供理论支持。在改革开放以前相当长的一个历史时期，我们在理论上和学术上存在着一些误区。如我们过于强调人的政治属性、道德属性，主张“狠斗私字一闪念”“灵魂深处闹革命”，但是还有没有人的需要、人的利益、人的尊严和人的价值？我们强调社会主义“公有制”的单一性，却异化成“宁要贫穷的社会主义，不要富裕的资本主义”；难道人民群众创造的社会物质财富和文化财富没有任何价值？我们公开倡导“破四旧”“打倒一切牛鬼蛇神”，把传统文化的一切成果统统破坏掉；难道传统文化成果没有任何价值？如此等等。这些问题涉及社会生活的各个层面，关系学术研究的各个领域，非常复杂也非常重要，能否解决好这些问题直接关系中国社会主义改革开放事业能否成功。但是，仔细研究就会发现，这些问题的共同点在于都直接或间接地与价值哲学有某种牵连，甚至本身就是价值哲学的问题。因此，价值哲学成为理论界、学术界关注的热点问题就一点也不奇怪了。

其次，中国价值哲学研究的深化，根源于价值哲学理论研究的需要。中国社会主义改革开放的实践，呼唤着价值哲学研究的兴起，也推动着价值哲学研究的深化。这种“呼唤”和“推动”是通过不断提出新的价值观念、不断否定旧的价值观念，从而引导理论界、学术界通过研究价值观念的变化而加强对一般价值问题的研究进而逐步构建起价值哲学体系来实现的。应该肯定，中国社会主义改革开放作为一项伟大的社会实践，必然会引起人们思想观念的深刻变化，而价值观念作为思想观念的核心部分会首先发生嬗变，表现出明显的广泛性、复杂性和深刻性的特点。随着价值观念的变化，价值哲学理论研究也逐步深化。广大学者坚持运用马克思主义的立场、观点和方法，弘扬解放思想、实事求是、与时俱进的科学态度，扎扎实实研究中国社会主义改革开放实践所提出的价值理论问题，取得了丰硕的研究成果，努力构建具有中国特色的价值哲学理论体系。

最后，中国价值哲学研究的发展，根源于马克思主义哲学发展的需要。哲学是时代精神的精华。哲学作为时代的精华是随着时代的发展而发展的，而且必须随着时代的发展而发展，否则哲学就失去其存在的价值。许多学者指出，从人类哲学思想发展的历史进程来看，哲学的发展经历了从本体论到认识论、历史观，再到价值观这样一个逐步深化的总体发展过程，这恰恰反映了人类认识世界、改造世界的实践活动逐步深入和展开的过程。因为，人类认识世界、改造世界的目的决不仅仅是探求事物的发展规律，更重要的目的是创造客体来满足自己的需要。这样必然会提出如何看待人的需要、如何理解价值的本质、如何确立价值评价和价值选择的标准和原则、如何进行价值分类、如何实现价值创造等一系列有关价值哲学的基本理论问题，价值哲学便不可避免地成为人们的研究对象。

（二）价值和价值观的内涵

如何从哲学的角度来理解价值和价值观，国内外学术界一直争论不休。由于对价值的理解是研究价值观的语境前提，因此，如何理解价值成为首先要解决的问题。马克思主义哲学认为，价值是主体需要与客体属性之间的效用关系。这句话表达了三层意思。

第一，主体需要是价值得以生成的基础。价值离不开主体。没有主体及其需要，就不会有价值。可以说，主体需要是价值产生的基础，主体需要的特点构成价值活动的主要内容，主体需要的偏好成为价值评价、价值选择的内在标准，主体对需要的追求是价值追求的内在动力，主体需要的满足是价值的实现。

第二，客体具有满足主体需要的属性是价值得以生成的客观条件。价值客体作为价值主体进行价值活动的对象，其基本属性、存在状况、发展规律为价值活动提供了客观内容，制约着人们价值活动的方向和可能达到的水平，规定着人们的价值追求和实现价值追求的手段。因此，作为一个唯物主义者，在进行价值活动时同样要坚持物质第一性的原则，否则，就会陷入唯心主义。

第三，客体属性满足主体需要是价值关系得以生成的实质。存在三种情况：（1）客体属性能否满足主体需要决定价值的性质。客体属性能够满足主体需要，就形成正价值；客体属性不能满足主体需要，就形成零价值；客体属性不仅不能满足主体需要，而且对主体的生存和发展产生危害，就形成负价值。(2)客体满足主体不同层次的需要及其满足的程度决定价值的量。对于同一层次的需要来说，满足主体需要程度高，其价值量就大；满足主体需要程度低，其价值量就小。对于不同层次的需要来说，客体满足高层次需要和满足低层次需要的价值量是不同的。一般说来，对于低层次需要和高层次需要都没有得到满足的主体来说，能够满足其低层次需要比满足其高层次需要具有更大的价值量；如果主体的低层次需要有所满足，那么满足其高层次需要就具有更大的价值量；当然，在很多情况下，主体对于自己的需要并不是完全按照个体生存的需要来简单划分层次的，其中有着丰富而复杂的内容。(3)主体需要的“度”决定价值的极限。当主体需要的满足尚没有达到其低限时，其效用关系随着满足主体需要的程度的增加而增大；当主体需要的满足已经达到“度”时，客体属性满足主体需要的效用关系就不是简单地随着满足主体需要的量的增大而增加；相反，其价值量可能会随之减少。

从价值概念的含义中，我们可以推出一系列的问题。如谁是价值主体？个体主体、组织主体、人民群众主体、人类主体等。如何看待需要？物质需要、精神需要，现实需要、潜在需要，个人需要、人民需要，真实需要、虚假需要，等等；用什么样的方法和标准来评价价值和价值量？个体评价、社会评价，功利评价、道德评价、审美评价、学术评价，生产关系标准、生产力标准等；坚持什么样的基本原则来进行价值选择？如何确立社会的价值取向？如何进行价值分类？如何进行价值创造？等等。对这些问题的基本看法和根本观念，就是价值观。

从社会结构图式来看，价值观属于社会意识形态，而且是其核心内容。一般说来，社会价值观的性质，直接影响着该社会的意识形态的性质、结构模式、社会功能等；社会价值观的变化，又直接影响着该社会意识形态的发展变化。但是，价值观念作为社会意识形态的组成部分，其自身的发展变化又遵从着意识形态发展变化的规律。

（三）价值论给我们提供的思想方法和工作方法

毫无疑问，价值论作为一个科学的理论体系能够从多个方面、多个维度给我们提供思想方法和工作方法。由于篇幅所限，重点谈谈建立在价值基础上的价值思维方法与建立在事实基础上的求实思维方法的区别和联系。这两种思维方法既是我们在实际工作中最经常使用的思维方法，也是最容易因为混淆而导致失误的思维方法。

第一，两种思维方法的认识对象是不同的。求实思维的认识对象是客观事物及其发展规律，而价值思维的认识对象是主客体之间的效用关系。价值生成源自主体的需要，这就要求我们“从主体方面去理解”① 世界，从而使“价值”成为与“事实”相对应的概念。事实是大家都非常熟悉且经常使用的概念，它指客观存在的一切事物。对客观事物及其发展规律的认识和探索，被称之为“科学”。科学回答的是客观事物“是什么”的问题。科学发展史表现为人们对客观事物及其发展规律的认识不断深化和积累的过程。价值是指客体属性与满足主体需要之间的效用关系。客体属性是价值得以生成的客观条件，主体需要是价值得以生成的基础。换句话说，价值是主体根据自己的需要和客体的属性而赋予客体属性某种特殊的意义，回答的是客体属性对于满足主体的某种需要“有什么用”的问题。价值不能离开主体而独立存在，任何客体之所以有价值，都是因为它可以以自己独特的方式满足主体的某种需要；如果一个客体对于主体没有任何用处，也就没有存在的必要；如果一个客体满足主体需要的某种属性被另一种客体的属性所代替，也就失去其存在的必要。这就要求我们，在实际工作中必须充分认识到，事实是一种不以人的意志为转移的客观存在，它可以不和人发生任何关系，只是依照自身存在和发展规律而运动变化，我们必须一切从实际出发，尊重客

① 《马克思恩格斯选集》第1卷，人民出版社2012年版，第133页。

观事物的发展规律，按照客观事物的发展规律办事，切忌主观主义和经验主义。同时，在认识客观事物发展规律的基础上，要从主体的立场出发，认识到价值依主体的需要而产生，也依主体需要的变化而变化，从而作出科学合理的决策。

第二，两种思维方法的认识方式是不同的。求实思维的认识方式主要是能动的反映，价值思维的认识方法是对主体需要与客体属性的效用关系的评价和选择。谈到求实思维的认识方式，最经典的是毛泽东的《实践论》。价值思维是在科学认识的基础上形成的，是对主体需要和客体属性的效用关系的评价和选择，包含着丰富内涵的方法论体系。如价值评价和选择的主体、层次、标准等。我们特别要注意价值评价和选择的方法论原则。其一，主体明晰化原则。突出主体性是价值思维方式区别于求实思维方式的根本点之一。马克思说："假如我们想知道什么东西对狗有用，我们就必须探究狗的本性。这种本性本身是不能从'效用原则'中虚构出来的。如果我们想把这一原则运用到人身上来，想根据效用原则来评价人的一切行为、运动和关系等等，就首先要研究人的一般本性，然后要研究在每个时代历史地发生了变化的人的本性。"[①] 主体明晰原则要求我们，不仅要研究客体的情况，更要研究主体本身及其需要的情况；主体及其需要的产生和形成经历了长期的发展过程，人们对于自身生存和发展中的需要及其实现的认识也经历了一个长期的发展过程。正是在这个长期发展过程中，人们逐渐明白了自身生存和发展究竟需要什么和能够实现什么，逐渐从混沌无知的自在状态进入到清醒理性的自觉状态，与此同时，人们的评价和选择也逐渐科学化和理性化。而逐渐科学化和理性化的评价和选择，又推动了人们对自身生存和发展中的需要及其实现状况的认识，推动了人类的进步。其二，实效最大化原则。"实效"即实际效益，它对应于"虚效"，"虚效"即虚假效益。实

① 《马克思恩格斯文集》第5卷，人民出版社2009年版，第704页。

效与虚效的根本区别来自所能够满足的主体需要的真实性与虚假性。主体需要是客观存在的，但人们对主体需要的把握却并不总是客观的、真实的，很多时候由于多种原因人们对主体需要的把握是主观的、虚假的，或者是扭曲的。虚效对于满足主体的真实需要，推动社会发展和人类进步没有任何积极意义，而害处却罄竹难书。在中国特色社会主义现代化建设的关键时刻，我们必须毫不留情地抛弃各种追求虚效的思维方式、工作方法，确立追求实效的思维方式、工作方法，这是事业成功的重要保证。“最大化”对应于“非最大化”。如果说“实效”是对效益的质的规定性，那么“最大化”就是对效益的量的规定性。“最大化”不仅是最经济化，即运用最小的成本获得最大的效益；同时，“最大化”也是最佳化，即能从诸多客体中通过评价选择出最具效益的对象。从这个意义上来说，求实思维方式对客观事物的反映有对错、是非之分；而价值思维对客观事物的评价和选择，主要表现为有利和无利、最佳和次佳之分。其三，系统化原则。价值关系本身就是一个有着自身结构性、层次性和开放性的极其复杂的系统，与之相适应，评价及其标准必须遵循系统的特点，才可能正确反映价值关系的运动及其发展规律。如综合原则要求我们，从价值关系系统的整体性特点出发，注意评价及其标准的全面性和完整性，学会从全局和局部、整体和部分的结合上来做出选择，反对片面性。范围原则要求我们，从价值关系系统具有结构性、层次性特点出发，认识到每一个具体的价值关系都是其系统网络上的一个点，我们对这个具体的价值关系进行评价就只能在其范围内进行，超出了这个范围就可能要犯错误。发展原则要求我们，从价值关系系统具有无限的开放性特点出发，注意评价及其标准本身也要不断发展、不断创新，从而对发展的价值关系作出科学合理的评价，才能预见价值关系发展的未来，进而揭示价值关系运动的规律。

第三，两种思维方法所获得的结果在实践中的作用不同。求实思维方法所获得的结果是为人们提供知识和实践的依据，而价值思维方法获得的结果是为人们提供行动方向和内在动力，其最高的境界是为人们确立崇高的理想信念信仰。其一，价值观具有社会规范功能，要求我们了解底线思维方法。价值观一旦形成就具有某种稳定性，规定着价值主体所进行的价值评价、价值选择、价值创造等活动，成为价值主体从事一切社会活动的内在尺度。价值观的社会规范功能，是由主体活动所特有的个体性和社会性来决定的。因为，无论是作为组织主体还是作为个体主体，都处在普遍的社会联系之中，其活动受到来自各个方面的制约。如果价值主体的价值活动与社会价值标准相一致时，往往会因为得到某种赞赏或鼓励而比较容易实现；反之则不能实现。当然，与法律规范、制度规范相比较，价值观规范的强制性、惩戒性、威慑性要弱得多。所以，价值观为人提供了规范行为的基本框架，设定约束行为的道德底线，避免由于各种急剧变动所带来的恐慌和焦虑，有效控制和把握自己的思想和行为，使人生有了“安身立命之所”。其二，价值观具有社会定向功能，要求我们确立目标思维方法。通过设立社会价值理想，引导社会成员把自己的价值追求与社会价值理想相协调，进而认同社会价值理想，并自觉为之奋斗。一种价值观能否有效发挥社会定向功能，关键要看其所体现的价值理想能否被广大社会成员所接受。一般说来，某种价值理想被其社会成员认同的程度越高，遵守得越彻底，其定向功能就发挥得越好；反之，就形同虚设。同理，个体主体对某种社会价值理想体会得越深刻，把握得越准确，实践得越充分，其价值活动成功的可能性就越大。反之，其价值活动必然失败。所以，价值思维方法能够使人把自己的价值追求融入社会价值理想之中，进而在实现社会价值理想的同时实现自己的人生价值理想，从而获得对自己行为合理性的自信心、使命感、荣誉感和神圣感，避免由于生活目的失落而产生各种焦虑和恐慌，找到“精神安宁”的家园。其三，价值观具有内在驱动功能，要求我们确立主动性思维方法。如果说价值观的规范功能重在引导或统一大多数价值主体对价值理想的认同，纠正少数主体违背价值规范的行为；价值观的定向功能重在设立价值理想，使价值主体具有明确的奋斗目标；那么，价值观的驱动功能表现为思维方法，则重在通过价值主体对价值理想的追求，以激发个体价值主体的内在或潜在的各种能力，并使之产生并保持从事价值活动的热情，保证社会充满蓬勃发展的活力。所以，作为一位党的领导干部，必须学会研究自己的需要，管理好自己的需要。如果把需要变成欲望，欲望的尽头一定是毁灭。事实反复证明，错误的价值观会把人变成魔鬼。

总之，对于主体的存在和发展来说，价值追求与科学认识是两个重要的、不能相互取代的基本方面。如果说，人们运用求实思维方法来认识和把握世界，那么，人们运用价值思维方法进行价值评价和价值选择来构建自己的生存方式。求实思维方法和价值思维方法统一于人们认识世界和改造世界的实践活动之中，并随着人们实践活动的深入而不断得到完善和发展。

二、运用价值思维方法的经典案例

价值观方面的经典案例太多了。这里只分析一个现象，当代中国乃至整个世界价值观多样性所导致的分歧和争论，甚至出现撕裂的现象。

凡是稍有一些理性思维的人都不能否认，当今世界最激烈的争论是价值观的争论，最尖锐的对抗是价值观的对抗。价值观作为政党的核心理念、国家的政治目标或社会的理想追求，直接关系到举什么旗、走什么路、立什么制等根本性问题。价值观领域已经成为继经济、政治、军事等领域之外高调宣扬各种“主义”、充分较量各种“思想”、粉墨登场各种“观点”的大舞台、主战场。例如，中国社会主义现代化建设取得了辉煌成就，受到全球很多国家人民的高度赞扬，同时跟随中国快速发展的列车也得到了许多实惠。然而，事情总有两面，一些否定、指责、谩骂也出来了。“中国威胁论”者感到中国特色社会主义威胁到西方的“主义”或价值观，他们竭尽所能诋毁中国特色社会主义的影响；他们故意抬高当代中国各项发展指标，特别是极不恰当地捧高经济发展速度和经济总量，然后再指责中国的经济发展对其他国家，特别是发达国家的发展造成威胁，千方百计地从技术、能源、人才等方面全方位地打压中国。“中国责任论”者则动用各种手段，利用中国社会生活中的某个片段或场景，认为中国的发展带来环境污染、贫富差距拉大等问题，指责、诋毁中国政府没有承担应该承担的责任。“中国崩溃论”者抓住当代中国社会发展过程中所遇到的矛盾和问题，极力唱衰中国。“中国修正论”者直接挥舞价值观的大棒，质疑中国特色社会主义，并为之扣上“资本社会主义”“国家资本主义”“新官僚资本主义”的帽子。“中国问题论”者以解决人类发展的共同问题为借口，有意识模糊“主义”之间的界限，淡化价值观的差异和对立，等等。这一切的背后，都是从价值观的层面否定中国特色社会主义，宣扬西方资本主义价值观，试图诱引中国走西方资本主义道路。

我们大家也都注意到，随着我国改革开放的逐步深入，社会主体的多元化、利益诉求的多样化、分配格局的多维化，导致价值观层面的分歧和争论成为当代中国最大的分歧和争论。在国内只要发生一件事情，上到关系国计民生的大事，小到邻里关系的小事，都会形成各种观点的激烈交锋，带出一批“博主”、培养一批“网红”。如 2011 年 1 月 11 日，为了弘扬和体现中华优秀传统文化，一座孔子青铜雕像在国家博物馆北广场落成，孔子成为继毛泽东、孙中山之后第三位进驻这一区域的历史人物，为天安门区域添加了文化新地标。然而，对于这一发生在具有“特殊的政治与文化地位”的地理位置上的事，公众的反应似乎超出了国家博物馆方面的预想，引发了社会广泛围观和议论。孔子塑像的雕塑者吴为山说：“虽然雕塑的主题是孔子，但这不仅仅是孔子一个人，他是以孔子为代表的文化丰碑。”时任中国孔子基金会副秘书长王大千认为，看上去是竖立了一个孔子像，其实孔子作为一个文化符号，代表的是中国优秀的传统文化。孔子像立在长安街，这是非常具有历史文化意义的事件，是对我们自己文化的自信、自强和自觉的一种体现。赞成者认为，以孔孟思想为核心的国学已经成为国家软实力的一个构成部分，而且取得了巨大的效应；孔子像能够立在天安门广场附近，与眼下开放、宽容的社会密不可分。它最大的意义在于要用中国文化来凝聚中华民族。反对者认为，在这样一个严肃神圣的广场上，突然冒出一个封建统治阶级的代表人物，不仅显得不伦不类，也与全国各族人民共同的社会主义核心价值观和理想追求不合拍。指责者认为，孔子成为继毛泽东、孙中山之后第三位进驻天安门的历史人物是民族的悲哀，100 多年的现代化话语正在被颠覆，孔子从中国落后的元凶到再度偶像化，这是悲哀的精神轮回。调侃者说，单以制造这座青铜塑像所用的铜来计算，“孔子”一出场就身价百万。对于在春秋乱世中生活了 73 年的孔子而言，从来都不曾遭逢这样的盛世，等等。在人民网开展的专题调查中，“天安门广场附近竖立孔子像您怎么看”，居然有七成网友表示反对。

这场争论导致的直接后果是，2011 年 4 月 20 日，孔子雕像从国家博物馆北广场悄悄迁出。

我们日常生活和工作中遇到的争论真的是太多太多了，追到最后都表现为价值观的差异或对立。不能否认，在日常生活和工作中，由于人们价值观的差异和对立，出现争论是正常现象。正是通过争论才能明辨是非、认识真理、凝聚人心、推动工作顺利前行。可是，大家想过没有，如果我们在日常生活和工作中遇到一件事情，大家一味争论，相互指责、相互否定、互不相让，会不会把人心争散、把国家分裂、把民族撕碎？一定会的。怎么办？只有一个途径，在承认价值观多样的基础上，建立核心价值观，用核心价值观来凝聚人心、统一思想、积聚力量，形成建设中国特色社会主义伟大事业的磅礴伟力。

三、经典案例给予我们的重要启示

任何国家和社会的价值观都是以其核心价值观为主导并由多种价值观共同构成的价值观体系。社会主义核心价值观之所以能够居于我国价值体系的核心地位，可以从五个维度来理解。其一，在内容上，核心价值观是能够正确反映社会历史发展的一般规律。它顺应我国社会占主导地位的经济基础的发展趋势，吸收人类创造的一切优秀价值观念成果，是有中华民族特色的、理论化系统化的价值观体系。其二，在主体上，核心价值观真实反映最广大民众的需要和根本利益。它并不专属于某些群体、集团、阶层、阶级，而是集中概括我国社会的各个群体、集团、阶层、阶级的利益诉求所形成的，是具有“最大公约数”的价值观体系。其三，在地位上，核心价值观能够决定社会价值观念的性质和结构方式，展现着社会价值观念的总体特征，维护着社会价值观念的统一性，从而成为社会价值观念体系的核心，乃至文化软实力的核心。其四，在作用上，核心价值观规定其他价值观念的产生、发展和消亡，规范其他价值观念的存在方式，引导其他价值观念的发展方向，保持社会价值观念结构体系的稳定，从而为整个社会的稳定及其和谐发展提供精神动力。其五，在表现形式上，核心价值体系吻合或包容其他社会价值观念，更能够得到社会制度的认同与人民群众的支持，因而具有更稳定、更持久、更系统的特点。正因为如此，社会主义核心价值观能够成为凝聚民心的精神纽带和引领民众拼搏、奋进的伟大社会理想而被他们所自觉接受。

要建立以社会主义核心价值观为统领的社会价值观体系，必须正确处理以下几种关系。

1. 正确处理主导地位与统领多样的关系。任何一个社会价值观念结构体系中，都有处于“核心地位”的核心价值观，也有众多“非核心地位”的价值观，这是社会健康理性地存在和发展的必然现象。我们倡导和构建社会主义核心价值观，正是以大量非核心价值观念的存在为前提的。社会主义核心价值观，是在中国共产党领导下，立足中国基本国情，吸收人类创造的一切优秀价值文明成果，反映最广大人民利益诉求的价值观，是具有中华民族特色的价值观念体系。社会主义核心价值观体现了中华民族的感召力、凝聚力和生命力，能够以其独特的精神力量塑造民族心灵、陶冶民族情操、化育民族生命、传承民族文化；体现了当代中国社会的规范力、定向力和驱动力，规范国人的行为方式，规定国人的奋斗目标，驱动各族人民勇猛精进；体现了中华文化的思想道德教化，提高人的文明素质，提高实践的能动性，增强解决问题的本领。因此，必须坚持社会主义核心价值观的主导地位，决不允许以任何其他价值观念动摇、削弱、否定社会主义核心价值观的核心地位。

事实上，当代中国社会的价值观念呈现出多样性、多元性、差异性、异质性的特点。敢于面对这种局面，善于把握这种局面，不仅体现着中国共产党人的政治胆量和执政智慧，更体现着中国共产党人是否具有价值观自觉和价值观自信，决定着中国共产党人能否实现价值观超越。我们必须肩负起历史赋予的使命、人民给予的重托，在构建社会主义核心价值观的过程中，尊重社会价值观念体系建设的规律，客观分析、正确对待价值观念的多样性、多元性。在坚持核心价值观地位不动摇的同时，以引领的优势规范多样性的价值观念，给人以说话的机会、表演的舞台，通过实践来评判是非，通过过程来辨明得失，汲取其合理因素而为我所用，批判其糟粕腐朽而与时俱进。既要善于求同存异，更要善于标新立异，创造内容健康、形式多样的精神产品，满足不同群体的不同精神需要，使人们的精神生活更加丰富多彩，精神世界更加祥和安宁。

2. 正确处理传承弘扬与创新重塑的关系。综观世界历史，后现代化国家面临的最大困惑是，如何连接自己国家的历史传统与来自西方的现代价值观念，实现价值观的重塑。能否解决好这个难题，关系到国家的长治久安、社会的和谐稳定、民众的幸福安康、执政党的人心向背。不忘本来才能开辟未来，善于继承才能更好创新。中华文化源远流长，积淀了中华民族深层次的精神追求，代表着中华民族独特的精神标识，为中华民族生生不息、发展壮大提供了丰厚的滋养。中华民族优秀传统文化是社会主义核心价值观的立足点，为构建社会主义核心价值观提供了丰富的素材，如刚健有为、自强不息；经世致用、实事求是；阴阳互补、辩证发展；民贵君轻、民为邦本；天下兴亡、匹夫有责；己所不欲、勿施于人；与人为善、扶贫济困；大同理想、止于至善，等等。从古到今，带有鲜明民族特色的这些价值观，始终反映了中华民族的精神追求，成为构建社会主义核心价值观的宝贵精神财富。

中华民族优秀传统文化也提供培育和弘扬社会主义核心价值观的宝贵经验。孔子主张："工欲善其事，必先利其器。""为仁由己。""我欲仁，斯仁至矣！"肯定主体自身具有趋向"仁"的内在自觉性。"克己复礼为仁。"通过克制、约束自己的言行、欲望，使之符合社会道德规范的要求。如此反复多次，礼中所包含的道德精神就会内化为人的素质，从而实现"仁"这个最高的价值目标。儒家的"修身、齐家、治国、平天下""内圣外王"观念，成为中国"圣人文化"的精髓，构成中华民族精神世界的重要内容。苏联解体、苏共垮台给我们留下诸多深刻的教训，其教训之一是，"某些东西把人说厌了，说烦了，说恨了"。说明社会主义核心价值观的培育和弘扬，绝不能依靠单纯的说教、生硬的灌输、高强的压制，而应该通过透彻的说理、耐心的教育、典型的引导，使广大人民群众，特别是广大青少年能够心悦诚服地认同、自觉自愿地接受、时时处处地贯彻核心价值观，把社会主义核心价值观当成内在的行为规范和行为准则。

3. 正确处理交流互补与批判扬弃的关系。任何核心价值观在形成和发展的过程中，都存在着如何对待外来价值观念的问题。所谓交流互补，表明社会主义核心价值观具有博大宽阔的胸怀，能够包容各种不同形态的价值观，积极吸收和借鉴各种不同价值观的文明成果，决不搞价值观的霸权主义。所谓批判扬弃，表明社会主义核心价值观反思和评价各种价值观，不以任何形式迷信任何文化，也不盲目接受以任何形式强加于我们的任何价值观，决不搞价值观的依附主义。坚持价值观的包容性和批判性有机统一，就是坚持核心价值观的独立自主性和中华民族精神的独立自主性。其本质是坚持中国特色社会主义的独立自主性。

面对当今纷繁复杂的精神世界，构建社会主义核心价值观工作成为我们党的一项具有迫切性、艰巨性、长期性的系统工程。它要求我们必须要保持清醒的头脑，敏锐而深刻地分析各种价值观念并作出有说服力的解释。同时，坚持团结稳定鼓劲、正面宣传为主的重要方针，弘扬主旋律、传播正能量、增强社会主义核心价值观的解释力、吸引力和感染力，充分发挥其指引方向、规范行为、凝聚人心、激发力量的作用，为全面完成第二个百年奋斗目标提供精神动力。

4. 正确处理教育引导与制度保障的关系。培育和弘扬社会主义核心价值观，离不开教育引导，更需要科学合理的制度保障。一般说来，制度是在一定条件下形成且要求全体成员共同遵守的规则。就社会领域而言，核心价值观既是理念，也是制度。作为理念，核心价值观贯穿社会制度设计的全过程，决定着社会制度的性质，是社会制度的灵魂。如果社会制度不合理，或者与核心价值观相背离，遵循核心价值观办事的人总是吃亏，甚至受到嘲弄和打击，那么，再好的核心价值观也是空洞的和虚拟的，迟早会被人们抛弃。核心价值观作为制度，可以确定人们的行为界限，即明确人们的权利、义务和活动范围；可以赞赏遵守界限的人的行为，批评超越界限的人的行为；由此形成稳定的、融洽的、协调发展的社会秩序。可见，社会主义核心价值观是理念与制度的统一。我们在培育和践行社会主义核心价值观时，既要重视教育引导的作用，也要更好地加强系统的制度安排；既要考虑顶层设计，也要考虑民众日常行为规范。习近平总书记指出："要按照社会主义核心价值观的基本要求，健全各行各业规章制度，完善市民公约、乡规民约、学生守则等行为准则，使社会主义核心价值观成为人们日常工作生活的基本遵循。"[①]

5. 正确处理教育养成与仪式体验的关系。培育和弘扬社会主义核心价值观，离不开各种形式的教育说理。与教育说理相配合，我们还可以考虑通过恰当的仪式体验和不断的积淀，把核心价值观转化为主体的基本素质。习近平总书记指出："要建立和规范一些礼仪制度，组织开展形式多样的纪念庆典活动，传播主流价值，增强人们的认同感和归属感。"[②]仪式是价值追求的实现形式。它所宣示和承诺的价值观，使人产生神圣感、自豪感和归属感，使人为实现自己的价值目标去拼搏；仪式作为一种价值观的承诺，为自己确立一种行为规范，既可以产生自我约束的力量，又可以得到来自其他人的监督。一个国家或民族，如果没有正当的、合理的仪式用以引领和团结民众，凝聚和激励民心，歪门邪道的东西就可能出笼甚至蔓延。根据社会主义核心价值观的内容设计必要的仪式，用喜闻乐见的方式来吸引广大民众积极参与，使他们从中受到教育、提升境界、确立信仰，最终推动中国共产党实现价值观的超越。

总之，培育和弘扬社会主义核心价值观是一个具有连续性、复杂性、系统性的伟大工程。我们中国共产党人应该有充分的思想准备，以饱满的政治热情、全心全意为人民服务的情怀、大胆改革创新的精神，努力实现价值观的自觉、自信直至超越。

---

①② 《习近平谈治国理政》第 1 卷，外文出版社 2018 年版，第 165 页。

第十七章

学习人学理论，促进人的自由全面发展

实现人的自由全面发展，既是马克思、恩格斯一生从事实践活动的最终目的，也是其理论的最高价值追求。人的自由全面发展是人的解放思想的最终旨归，是人和自然、人和社会关系、人的灵魂和肉体的全面和谐的状态，是人的需要、人的能力、人的个性、人的社会关系得到自由全面发展的过程。人学理论为我们认识和分析人的问题提供了科学的思想方法和工作方法。

一、马克思主义人学的基本理论及其方法

马克思、恩格斯关于人的解放的目标，既不是出自某种关于人的抽象的、先验的观念，也不是凭借着对“人”的崇高信念向现实发出的指令，而是对人的历史发展作出的科学分析和预见。

（一）马克思人学理论的形成过程

我们都知道，马克思在大学读书时是学习法律，后来转入柏林大学学习哲学，熟悉了黑格尔的著作和思想，并积极参加青年黑格尔派举办的各种学术活动。在《莱茵报》工作期间，发生的林木盗窃法辩论和为摩塞尔记者辩护等重大事件，对他的内心世界产生了强烈的冲击；理论与现实的矛盾使得马克思产生了苦恼，原来的哲学信仰发生动摇，这一切推动他去重新研究黑格尔的法哲学。恩格斯后来说：“马克思从黑格

尔的法哲学出发，得出这样一种见解：要获得理解人类历史发展过程的锁钥，不应当到被黑格尔描绘成‘大厦之顶’的国家中去寻找，而应当到黑格尔所那样蔑视的‘市民社会’中去寻找。”[①] 马克思于 1843 年到 1844 年间，先后撰写了《黑格尔法哲学批判》《论犹太人问题》《〈黑格尔法哲学批判〉导言》等著作。尽管此时马克思还没有创立自己的劳动价值理论，还不能从社会经济关系上科学揭示资本家剥削工人的秘密，也不能从社会发展规律上科学揭示资本主义社会灭亡的必然性。然而，他已经明确指出：无产阶级是人类解放事业的承担者，因为，无产阶级没有任何权利，它同国家的冲突是全面的，它只有解放一切社会领域才能解放它自己的领域。马克思严格区分了资产阶级的“政治革命”、政治解放和无产阶级的“彻底革命”“人的解放”等概念，提出德国的解放只能是通过“彻底革命”实现“人的解放”，即通过无产阶级革命而使无产阶级获得解放。这一解放的物质武器是无产阶级，精神武器则是哲学。在《论犹太人问题》一文中，马克思批驳了鲍威尔关于“政治解放”与“普遍的人的解放”的错误观点，强调犹太人解放的实质是“人的解放”，而“人的解放”是对人的本质的异化扬弃。历史唯物主义和以往哲学的根本区别不仅在于发现了社会发展的一般规律，而在于把社会发展与人的发展、社会发展规律与人的发展规律统一起来。

马克思在《1844 经济学哲学手稿》中，深刻揭露资本主义生产资料私有制所造成的劳动异化，详细描述了劳动异化给工人阶级带来的悲惨遭遇，说明共产主义是消灭劳动异化的唯一途径。他指出：“共产主义是对私有财产即人的自我异化的积极的扬弃，因而是通过人并且为了人而对人的本质的真正占有；因此，它是人向自身，也就是向社会的即合乎人性的人的复归，这种复归是完全的复归，是自觉实现并在以往发展

① 《马克思恩格斯全集》第 16 卷，人民出版社 1964 年版，第 409 页。

的全部财富的范围内实现的复归。这种共产主义，作为完成了的自然主义，等于人道主义，而作为完成了的人道主义，等于自然主义，它是人和自然界之间、人和人之间的矛盾的真正解决，是存在和本质、对象化和自我确证、自由和必然、个体和类之间的斗争的真正解决。它是历史之谜的解答，而且知道自己就是这种解答。”① 这段话有些拗口，充满了德国哲学的思辨味道。大体意思是说，共产主义是对私有财产即人的自我异化的积极的扬弃，是人本身的解放。因为，私有财产是人的自我异化的感性的物质的表现，所以，对私有财产的积极扬弃，就意味着“人以一种全面的方式，就是说，作为一个完整的人，占有自己的全面的本质”②。所谓“全面”“完整”是指人与世界的关系的全面性和完整性，即视觉、听觉、味觉、触觉、思维、直观、情感、愿望、活动和爱，包括了人的感性知觉活动、理性思维活动和自觉的实践活动，这些活动都不再受到私有财产或异化劳动的局限或束缚，而是通过人自身的活动去占有对象来实现人的规定性，来表现人的本质；人可以根据自己的需要去过人本该有的生活。而在私有财产条件下，私有制使人变得愚蠢而片面，人的所有活动都要服从于资本的需要，人也成为畸形的人。所以，马克思说：“对私有财产的扬弃，是人的一切感觉和特性的彻底解放。”③随着人的自我异化的扬弃，人的本质的全面回归，感觉成为人的感觉，眼睛成为人的眼睛，人不仅通过思维而且以全部感觉在对象世界里肯定自己，从而成为真正意义上的人。

在《共产党宣言》中，马克思、恩格斯通过对人类社会发展史的研究而得出结论，无产阶级在消灭资产阶级的过程中，也最终消灭一切阶级差别，消灭无产阶级自己。在那时，“代替那存在着阶级和阶级对立的资产阶级旧社会的，将是这样一个联合体，在那里，每个人的自由发

---

① 《马克思恩格斯文集》第1卷，人民出版社2009年版，第185—186页。
②③ 《马克思恩格斯文集》第1卷，人民出版社2009年版，第189、190页。

展是一切人的自由发展的条件。”[①] 这个社会就是共产党人所追求的共产主义社会。后来，恩格斯把《共产党宣言》中的这句名言看作是马克思最重要的思想之一，看作是科学社会主义的核心思想。很显然，马克思、恩格斯关于未来共产主义社会将是一个消灭阶级和阶级对立、以每个人的自由发展为一切人自由发展条件的联合体的思想，说明他们把人，首先是把个人的自由发展看作是共产主义的重要特征和人类解放的美好理想。这是马克思、恩格斯的一贯想法。早在《德意志意识形态》中，他们就指出，“全部人类历史的第一个前提无疑是有生命的个人的存在。”[②]把“有生命的个人的存在”作为人类历史的第一个前提或出发点，使马克思、恩格斯的思想既区别于蒲鲁东的“无人身的理性”，也区别于黑格尔的“绝对精神”，更区别于宗教哲学所主张的上帝。在马克思、恩格斯看来，个人的肉体生存的需要决定着人们必须进行物质资料的生产，从而发生人与自然之间的关系；人们用以生产生活资料的生产方式，不仅是他们肉体存在的再生产，而且也是他们“活动方式”的再生产，从而发生人与人之间的关系；因此，物质资料的生产是人的本质规定，在这个基础上也构建起人类社会的生存方式。所以，马克思、恩格斯说：“这里所说的个人不是他们自己或别人想象中的那种个人，而是现实中的个人，也就是说，这些个人是从事活动的，进行物质生产的，因而是在一定的物质的、不受他们任意支配的界限、前提和条件下活动着的。”[③]从这样一个理论前提出发，马克思、恩格斯把共产主义设想为一种自由个体的联合体，“各个人在自己的联合中并通过这种联合获得自己的自由。”[④]所以，马克思、恩格斯在《共产党宣言》中所表达关于共产主义“每个人的自由发展是一切人的自由发展的条件”[⑤]的思想，是历史唯物主义的科学结论。它与那种从抽象的人性和人的需要出

①⑤　《马克思恩格斯文集》第2卷，人民出版社2009年版，第53页。
②③④　《马克思恩格斯文集》第1卷，人民出版社2009年版，第519、524、571页。

发，虚幻地许诺一切人将无条件地、非历史地获得自由发展的唯心主义理论具有本质的区别。

马克思在《1857—1858年经济学手稿》中提出了三大社会形态理论，即人类社会的发展表现为前资本主义社会、资本主义社会和共产主义社会三大社会形态的依次更替，而对三大社会形态的划分是以在不同的社会形态中人的不同发展状态为依据的。马克思指出："人的依赖关系（起初完全是自然发生的），是最初的社会形式，在这种形式下，人的生产能力只是在狭小的范围内和孤立的地点上发展着。以物的依赖性为基础的人的独立性，是第二大形式，在这种形式下，才形成普遍的社会物质变换、全面的关系、多方面的需要以及全面的能力的体系。建立在个人全面发展和他们共同的、社会的生产能力成为从属于他们的社会财富这一基础上的自由个性，是第三个阶段。第二个阶段为第三个阶段创造条件。"[①] 这里所说的最初的社会形式，是指前资本主义社会，包括原始社会、奴隶社会、封建社会三个社会发展阶段；第二大社会形式指的是资本主义社会；第三大社会形式指的是共产主义社会。相应地揭示出人的三个不同的发展状态，即人的依赖的关系、以物的依赖为基础的人的独立性、人的全面发展的自由个性。马克思的三大社会形态理论和人的发展理论是一一对应的，人的发展和社会发展是同一个过程。

恩格斯在《反杜林论》中指出，随着社会占有生产资料，也消除了资产阶级对政治统治、教育垄断和精神领导地位的占有，不仅可以保证一切社会成员有富足的和一天比一天充裕的物质生活，而且还可以保证他们的体力和智力获得充分的自由的发展和运用。一旦社会占有了生产资料，商品生产就将被消除，而产品对生产者的统治也将随之消除；社会生产将改变无政府状态，而代之以有计划的自觉的组织；个体生存斗

① 《马克思恩格斯文集》第8卷，人民出版社2009年版，第52页。

争停止了，人在一定意义上才最终从动物的生存条件进入真正人的生存条件，因为人已经成为自身的社会结合的主人，也就第一次成为自然界的自觉的和真正的主人；人在充分认识和把握自然规律、社会规律的基础上，完全自觉地自己创造自己的历史，实现人的目的。这就是人类从必然王国向自由王国的飞跃。

（二）人学的基本观点

人是社会关系和社会运动的承担者，是历史运动的主体。马克思说："历史什么事情也没有做，它'不拥有任何惊人的丰富性'，它'没有进行任何战斗'！其实，正是人，现实的、活生生的人在创造这一切，拥有这一切并且进行战斗。并不是'历史'把人当做手段来达到自己——仿佛历史是一个独具魅力的人——的目的。历史不过是追求着自己目的的人的活动而已。"[①] 把人看作是从事物质生产活动的人，把人放在人类社会发展过程中，从现实的人的物质生产实践出发来观察人类社会，是马克思理解人的发展和社会发展的内在统一关系的一个显著特征。马克思、恩格斯曾说："历史的每一阶段都遇到一定的物质结果，一定的生产力总和，人对自然以及个人之间历史地形成的关系，都遇到前一代传给后一代的大量生产力、资金和环境，尽管一方面这些生产力、资金和环境为新的一代所改变，但另一方面，它们也预先规定新的一代本身的生活条件，使它得到一定的发展和具有特殊的性质。"[②]生产力发展水平是一种既得的力量，是以往人的活动的产物，为人的创造和发展提供物质基础；社会条件是人们从事一切活动的大背景，是人们生存发展的社会基础和历史起点。只有在社会生活过程中，人的本质力量才能得到塑造和丰富，人自身的主体价值才能得到实现和发展。社会环

①② 《马克思恩格斯文集》第1卷，人民出版社2009年版，第295、544—545页。

境决定人的意识和意志，决定人的活动的原因和动机，决定人的发展程度，决定人的一切行为。

社会生产力的发展是人的发展的物质基础。马克思主义认为，社会的发展归根到底是由生产力水平决定的。人的发展和人的自由不能够脱离现实的物质基础，只能够在生产力所决定和允许的范围之内获得。在人类发展不同的历史阶段，由于生产力发展水平不同，人自身的发展程度也是不同的。在人类社会发展的早期阶段，人的生产能力非常低下，生产活动在狭窄的范围内孤立地发展着，所生产的生活资料只能满足人们的生存需要；在这种社会形态下，每个人都要依附于各种各样的血缘或宗法共同体，单个人只能在狭窄的范围内和有限的程度上发展自己的能力。在资本主义社会，以大机器为标志的社会大生产为生产力发展提供了广阔的空间，生产力的发展创造了日益丰富的物质生活资料，满足了人们的基本生活需要，使人们摆脱了贫困状态，从人身依附关系中解放出来，获得了独立性。但资本主义社会是一个物统治人的社会，人和人的关系被物化，颠倒地表现为物与物之间的关系，人生产了物，却被物所统治。只有在全社会占有生产资料的未来共产主义社会，高度发达的社会生产力不仅使人们的物质生活得到极大改善，必要的劳动时间大大缩短，自由时间增加，同时还带来了新的交往方式、新的观念和新的思想境界，大大解放了人的思想，人的自由而全面的发展才能够得到实现。生产力的发展为人的发展提供物质基础，生产力发展水平代表人的解放程度，当人们依照自己的目的，使外界自然发生改变时，标志着人们在自然界面前主体性的增强，人即从自然界中获得了一种解放。

社会关系的发展是人的发展的条件。人总是在一定的社会关系中生存和发展的，只有在社会关系中才能够生存和发展。“个人的全面性不是想象的或设想的全面性，而是他的现实联系和观念联系的全面性。”[①]一定的生产力水平决定一个社会所采用的生产关系形式，这种以生产关系为基础的社会联系构成了现实的社会关系。当旧的生产关系已经不适应生产力发展水平的时候，生产关系就变成了生产力发展的桎梏，阻碍生产力的发展，这时的社会关系也就成了人类解放和发展的障碍。“已成为桎梏的旧交往形式被适应于比较发达的生产力，因而也适应于进步的个人自主活动方式的新交往形式所代替；新的交往形式又会成为桎梏，然后又为另一种交往形式所代替。由于这些条件在历史发展的每一阶段都是与同一时期的生产力的发展相适应的，所以它们的历史同时也是发展着的、由每一个新的一代承受下来的生产力的历史，从而也是个人本身力量发展的历史。”[②]随着历史的进步和生产力的发展，人们的交往进一步普遍化，在交往中人的社会关系由贫乏变得丰富，由片面变得全面，由封闭变得开放，并且协调和谐地发展。从这个意义上说，社会关系发展本身就属于人发展的内容。社会交往范围的逐步扩大，使得个人在参与社会交往中，同整个世界的物质生产者和精神生产者进行了普遍的交换，个人也就摆脱了地域和民族的狭隘性，在交往中形成丰富而全面的社会关系，实现自身的发展。

共产主义是人对人的本质的真正占有，人获得充分的自主活动，每个人的自由发展是一切人自由发展的条件。恩格斯说：“只有一种有计划地生产和分配的自觉的社会生产组织，才能在社会方面把人从其余的动物中提升出来，正像一般生产曾经在物种方面把人从其余的动物中提升出来一样。”[③]社会全体共同占有生产资料是未来共产主义社会的本质特征，这种生产资料的占有关系消除人和人之间社会关系的对抗性，使

① 《马克思恩格斯文集》第8卷，人民出版社2009年版，第172页。
② 《马克思恩格斯文集》第1卷，人民出版社2009年版，第575—576页。
③ 《马克思恩格斯文集》第9卷，人民出版社2009年版，第422页。

有计划地从事生产和分配活动成为可能，从而使人在物种和社会关系两个方面从其他动物中提升出来，人的自由全面发展才能真正得以实现。恩格斯在这里讲到人的发展的“两个提升”，内在地包括人在物种方面从其他动物中提升出来的“物种提升”和人从社会关系提升出来的“社会提升”。“物种提升”凸显的是人在生产活动中体现出自身本质特性的人与自身的关系和标志着人在自然界的地位的人与自然的关系；“社会提升”标志着人在社会中的地位，凸显的是人与人、人与社会的关系。“两大提升”深刻地阐明了要实现人的自由全面发展，人们必须正确认识并处理好人与自身、人与自然以及人与社会等各方面关系，成为这些关系的主人而不是被这些关系所奴役。在共产主义社会，每个人可以根据自己的意愿在任何部门发展，能够完全自由地发展和发挥他的全部力量和才能，人的各方面的合理需要得到满足和实现，个性得到自由发展。自由发展是全面发展的前提条件，未来社会的人是全面发展的需要、全面发展的能力和个性、全面发展的社会关系。人的自由全面发展是一个历史的、动态的过程，社会的不断进步将不断赋予它新的含义。

（三）人学理论给我们提供的思想方法和工作方法

马克思主义人学理论给我们提供的工作方法和思维方法是非常多的，这里只谈三点。

第一，人的自由全面发展是人的需要不断得到满足的过程。人的发展总是和人的需要的满足联系在一起，马克思认为，人的需要的丰富性使得“人的本质力量得到新的证明，人的本质得到新的充实”①。资本主义社会是一个物统治人的社会，享受成为人们的生活的目的，人的需要表现为花样不断翻新的享乐需要。资本为了自身的增殖，不断地刺激人

① 《马克思恩格斯文集》第1卷，人民出版社2009年版，第223页。

们对物质占有的欲望。马克思说："没有一个宦官不是厚颜无耻地向自己的君主献媚，并力图用卑鄙的手段来刺激君主的麻木不仁的享受能力，以骗取君主的恩宠；工业的宦官即生产者则更厚颜无耻地用更卑鄙的手段来骗取银币……工业的宦官迎合他人的最下流的念头，充当他和他的需要之间的牵线人，激起他的病态的欲望，默默地盯着他的每一个弱点，然后要求对这种殷勤服务付酬金。"[①] 这种被刺激起来的把追求物质享受作为人生目的的需要是人的非自然的和非本质的需要，是被蒙蔽了的虚假的需要；而真正的需要是满足一定的、自己真正体验到的需要。马克思曾把"创造着具有人的本质的这种全部丰富性的人，创造着具有丰富的、全面而深刻的感觉的人"[②]作为人类社会发展的恒久的内容，说明社会发展的目的是人的自由全面发展，人的发展必须紧扣感受的丰富性。只有具有音乐感的耳朵、能感受形式美的眼睛，才能感受音乐的美、形式的美，人对世界的人的关系形成人的丰富的感觉体系，视觉、听觉、嗅觉、味觉、触觉、思维、直观、情感、愿望、活动、爱，人以全部感觉在对象世界中肯定自己，而不是仅仅的对外物占有的感觉和需求。

第二，人的自由全面发展是人的能力和个性的自由全面发展。人的解放永远离不开现实的生产实践活动，人的能力和个性的自由全面发展只有通过人的劳动实践才能得以生成。因此，实现人的能力和个性的全面自由发展的关键在于实现劳动的自由自觉性。人只有从被奴役的、强制的分工中解放出来，自由自觉参加生产劳动，才能充分发展人各个方面的能力。在未来社会，劳动不再作为谋生的手段，每个人可以根据自己的意愿在任何部门发展，人的各方面的能力得到充分的发掘和展现，这时人"实现自己的充分的、不再受限制的自主活动，这种自主活动就

①② 《马克思恩格斯文集》第1卷，人民出版社2009年版，第224—225、192页。

是对生产力总和的占有以及由此而来的才能总和的发挥”[①]。劳动是能动和自主的，劳动者充分、自由地发展和发挥自己的潜能和全部才能，人的智力和体力、人的认识和实践能力得到充分的发展和发挥。

第三，人的自由全面发展是人的社会关系的全面发展。利益问题是任何社会都不能回避的，经济地位处于被剥削和被压迫的阶级是不可能实现自身的自由全面发展的。在未来社会，社会全体占有了生产资料，社会发展消除了人们的利益对立关系，每个生产者的生产能力都成为社会的共同财富，产品对生产者的统治，生产资料对人的奴役也随之消除，人的生存斗争也随之停止。人将在社会关系方面从动物界提升出来，将从被压迫和被剥削的社会关系中解放出来，全面占有自己的社会关系。统治着人们的生活条件现在受人们支配和控制，统治着历史的客观的异己力量也处于人们控制之下。只有在这样的社会条件下，人和人之间才有真正的平等自由的关系，每个人的自由发展是其他人的自由发展的条件，同时其他人的自由发展是每个人的自由发展的条件。每个人在生产劳动中享受了个人的生命活动，感受到个人的乐趣，又满足了其他个人的需要，创造了另一个人需要的物品。每个人的自由发展与其他人的自由发展互为条件，我的能力和贡献在你那里得到了确证，同时你的能力和贡献也在我这里得到了认可。从被剥削的生产关系中解放出来，人与人的关系最终得到和解。在资本主义社会，人们之间以货币为媒介进行交往，受到物的力量的支配和统治，个人成为财富的奴隶，人与人之间的关系也成为赤裸裸的金钱关系，这种交往关系掩盖了人与人之间的真正交往。真正的人的交往关系绝不仅仅是金钱交往能产生的，马克思说：“人对世界的关系是一种人的关系，那么你就只能用爱来交换爱，只能用信任来交换信任。”[②]只有付出爱才能得到爱的回报，只有

①② 《马克思恩格斯文集》第1卷，人民出版社2009年版，第581、247页。

真诚地关怀别人，才能得到别人的关怀的回报，只有对别人信任才能换来别人对你的信任，金钱在创造真正的人的交往关系中是无能为力的。在未来社会，受物支配的被迫交往关系将被扬弃，人作为真正的个人参加社会交往。

恩格斯说："人终于成为自己的社会结合的主人，从而也就成为自然界的主人，成为自身的主人——自由的人。"[①] 人类的彻底解放是人从受束缚、被奴役、被压迫的一切关系中解放出来，包含以下三个方面的含义：一是人在主体上从盲目的必然性和片面的需要中解放出来，成为支配自己的本身的主人；二是人从自然界的动物式的生存条件中解放出来，人和自然之间充分和解，成为自然界的真正主人；三是人从社会关系的剥削、压迫、统治中解放出来，成为社会关系的主人。

二、运用人学方法的经典案例

古希腊圣城德尔斐神殿上刻写着著名箴言："认识你自己"，规劝着人们认识自己的存在和价值；人的问题成为一个常说常新的永恒的话题。近些年在中国的学术界，人学已经成为显学，人学研究领域似乎已经成为被深耕的熟土。今天就利用仅有的篇幅谈一个话题：毛泽东是如何理解个性和个性解放问题的？

在中国语境中，个性是个极具歧义和争议的概念。提到这个词，有人马上联想到大街上那些染着红红绿绿的头发、穿着故意剪了几个洞的衣服、高调张扬着个性的年轻人；有的人把个性当作资产阶级学说的专有名词，属于唯心主义；有的人把倡导个性解放误解为倡导个人主义、

① 《马克思恩格斯文集》第3卷，人民出版社2009年版，第566页。

自由主义，甚至曲解为个人欲望的随意放纵，可无视他人、集体、国家的利益，无视法律法规和道德戒律，导致物欲横流、低级趣味。也有人把个性解放与我们党的党性原则对立起来，认为二者是根本不相容的。所以，有人主张共产党人只要研究党性原则就够了，没有必要研究个性解放理论，如此等等。

那么，什么是个性？个性是哲学、心理学、教育学、文艺学等学科都在研究的问题。从哲学学科角度来说，个性是指个体主体所具有的特殊本性。首先，从个性存在方式来看，个性具有独特性，也就是它的唯一性、不可重复性或不可取代性。每个人都生活在社会之中，都体现着特定的社会关系，扮演着特定的社会角色，承担着特定的社会职能，加之复杂的社会环境，使每个人都获得了与他人不同的时空特征、形体特征、心理特征、精神特征和社会特征，从而使之成为与其他人区别开来的独特的个人，获得自身的独特性。“正是人的特殊性使人成为个体，成为现实的、单个的社会存在物。”[①]可见，个性表现的是个人所具有的区别于其他人所共有的东西的某种特殊性，是一个人区别于其他人的根据所在。其次，从个性的本质来看，个性具有自主性、自为性、选择性和创造性。自主性是个性得以形成的基础和出发点，它要求个人按照自己的意志去生活、去行动、去决策、去评价。自主性是相对于依赖性而言的。自为性为个性的形成和展开提供条件。自为性是相对于自在性而言的。选择性为个性的形成和展开提供方向性规定，使活动着的个体主体根据自己最迫切的需要和客观条件所提供的多种可能性，从中选择最合自己目的性的那种作为自身活动的根据；表现了人的自由意志的性质和本质力量。创造性为个性的形成和展开提供新的内容和内在动力，是个性的最高最充分的表现形式。最后，从个性的实现方式来看，个性只

① 《马克思恩格斯文集》第1卷，人民出版社2009年版，第188页。

有在社会实践中通过个性的社会化才能得到实现。马克思说："个体是社会存在物。因此，他的生命表现，即使不采取共同的、同他人一起完成的生命表现这种直接形式，也是社会生活的表现和确证。"[①] 这就是说，人的个性的产生、形成、发展和实现，都必然要受到个人所处社会条件的限制或制约。正如马克思、恩格斯所说："只有在共同体中，个人才能获得全面发展其才能的手段，也就是说，只有在共同体中才可能有个人自由。"[②]

个性所具有的存在方式、本质和实现方式这三个特点共同构成个性的内涵。缺少任何一个特点都不是真实个性，而是虚假个性。虚假个性在社会生活中常常表现为极端个人主义、极端自由主义，这不仅损害了集体的利益，也常常损害了自己，造成个性的扭曲。

个性解放是说人的个性被种种外在、内在的东西所束缚，需要通过一定的手段，打碎各种束缚，使人作为社会主体依照某种价值取向，确立其自主性，实施其选择性，发挥其创造性。所以个性解放理论要探讨的是束缚产生的必然性，束缚的种类，打碎束缚的手段，个性解放的目的，个性解放的必然性、必要性，个性解放过程中所存在的规律等。

个性和个性解放思想，是马克思、恩格斯人学思想的重要内容。以毛泽东为代表的中国共产党人把马克思、恩格斯的个性和个性解放思想与中国革命实践相结合，提出了系统的个性和个性解放思想。中国共产党的早期创始人李大钊说："人间共同生活的关系既是以爱为基础，那么人类相互之间，自然要各尊重各自的个性。各自的个性，不受外界的侵害、束缚、压制、剥夺，便是自由。"[③]毛泽东则从解决中国共产党人面临的新民主主义革命任务出发，把个性所受到的"外界的侵害、束缚、压制、剥夺"归结为帝国主义的侵略和封建专制制度的压迫。他

①② 《马克思恩格斯文集》第1卷，人民出版社2009年版，第188、571页。
③ 《李大钊全集》第3卷，人民出版社2013年版，第81—82页。

说："有些人怀疑中国共产党人不赞成发展个性，不赞成发展私人资本主义，不赞成保护私有财产，其实是不对的。民族压迫和封建压迫残酷地束缚着中国人民的个性发展，束缚着私人资本主义的发展和破坏着广大人民的财产。我们主张的新民主主义制度的任务，则正是解除这些束缚和停止这种破坏，保障广大人民能够自由发展其共同生活中的个性。"①毛泽东还说："中国是半殖民地半封建的国家，帝国主义与封建势力是摧残个性的，使中国人民不能发展他们的聪明才智，他们的身体也不能发展，精神也不能发展，都受到了摧残……中国共产党代表全国人民要求独立！中国如果没有独立就没有个性，民族解放就是解放个性，政治上要这样作，经济上要这样作，文化上也要这样作。广大群众没有清楚的、觉醒的、民主的、独立的意识，是不会被尊敬的。"②很显然，中国共产党人是主张发展个性的。但是，中国共产党人并不是一般性地讲发展个性。在中国共产党人看来，阻碍中国人民实现个性解放的最大障碍是帝国主义和封建势力；帝国主义和封建势力对个性的压制表现在阻碍中国人民的聪明才智、身体和精神的发展上；那么，要解放中国人的个性，首要的就是要推翻帝国主义和封建制度的压迫。因此，在中国特定的历史条件下，个性解放与民族解放、阶级解放本质上是一致的，是同一个过程的两个方面，其内容包含政治、经济、文化等多个方面；个性解放的基础是消灭生产资料私有制，其主体前提是中国人民具有清楚的、觉醒的、民主的、独立的意识。这样就把争取个性解放的斗争与反对帝国主义的民族解放斗争、反对封建专制制度的民主革命斗争紧密联系在一起。个性解放运动与民族解放、阶级解放运动具有内在的深刻的统一性。毛泽东在这里还突出一点，即"保障广大人民能够自由发展其共同生活中的个性"。很显然，这里所强调的是，人的个性并不是孤

① 《毛泽东选集》第3卷，人民出版社1991年版，第1058页。
② 《毛泽东文集》第3卷，人民出版社1996年版，第336页。

立的、单纯自我产生和发展的，而是在其共同生活中产生和发展的；那么，个性的产生和发展必然依赖于共同生活的群体，必须与共同生活的群体的要求相一致。而脱离共同生活群体的要求的个性就不是本来意义上的个性。

毛泽东正是从这样一个理论基础出发，富有建设性地提出创造性个性和破坏性个性。“创造性的个性是什么呢？比如模范工作者、特等射击手、发明家、能独立工作的干部，不但党外斗争有勇气，党内斗争也有勇气，盲目性少，不随声附和，搞清楚情况再举手，这就是创造性的个性，它同党性是完全一致的，完全统一的。另一种个性，是带破坏性的、个人主义的，把个人利益放在第一位，搞所谓标新立异。”①由此可见，所谓创造性的个性的突出特征在于，有自己的自主意识，有自己的价值评价标准，有独立的人格，以此为基础在实践中能够主动发挥自己的积极性和创造性；但是，这种自主意识、价值评价标准、独立的人格，必须与共同生活的群体、在共产党内则与党性要求相一致；个体积极性和创造性的发挥，也必须是有利于共同生活的群体、在党内则有利于共产党整体的利益，整体的势力。与此相反，片面强调个人利益，把个人利益凌驾于共同生活的群体之上、在党内则是凌驾于共产党整体利益之上，甚至为了个人利益而损害整体利益，这就是破坏性的个性；这种个性越突出，其破坏性就越大。对于这种个性要坚决反对。

毛泽东作为颇具哲学素养的思想家，从哲学的高度阐述了个性与党性的关系问题。他说：“讲到个性与党性，党性就是普遍性，个性就是特殊性。没有一种普遍性不是建筑在特殊性的基础上的。没有特殊性哪里有普遍性？没有党员的个性，哪里有党性？党性是共同的性质、普遍的性质，全党每一个人都有的性质。”②每一个党员的个性是不相同的，

①② 《毛泽东文集》第3卷，人民出版社1996年版，第416、340页。

也“不能强同”，如在自然方面，有男女老少的区别；在社会分工上，有军事、政治、经济、文化、党务等多项工作的区别；在地区分工上，又有根据地、沦陷区等的区别。“总之，有工作的不同，地位的不同，性别的不同，年龄的不同等等，抹煞这种不同，就是不让同志们发展长处……党员是有各种不同的个性，谁要抹煞各种不同的个性是不行的。抹煞各种差别，结果就会取消统一，抹煞特殊性也就没有统一性。”[①]可见，党性本身包含着丰富多彩的个性，是通过丰富多彩的个性的实现而实现自身；从这个意义上说，没有个性就没有党性，而没有党性也就无所谓个性。个性与党性是密切联系在一起的。所以，毛泽东说：“在党性与个性问题上，整风中有党性，也有个性；生产工作中有党性，也有个性；军事工作中有党性，也有个性；政府工作中有党性，也有个性；任何一项凡是我们要做的工作和事情中都有党性，也有个性。这种个性必须是与党性统一的。”[②]

正是基于对个性与党性关系的认识，毛泽东十分重视个性解放对于中国革命事业所起的重要作用。他说，党性与个性问题，“这是普遍性与差别性的问题，集体与个人关系的问题。”[③]“马克思在《共产党宣言》里讲得很清楚，他说：‘每个人的自由发展是一切人的自由发展的条件。’不能设想每个人不能发展，而社会有发展，同样不能设想我们党有党性，而每个党员没有个性，都是木头，一百二十万党员就是一百二十万块木头。这里我记起了龚自珍写的两句诗：‘我劝天公重抖擞，不拘一格降人才。’在我们党内，我想这样讲：‘我劝马列重抖擞，不拘一格降人才。’不要使我们的党员成了纸糊泥塑的人，什么都是一样的，那就不好了。其实人有各种各样的，只要他服从党纲、党章、党的决议，在这个大原则下，大家发挥能力就行了。讲清楚这一点，对于

① 《毛泽东文集》第3卷，人民出版社1996年版，第340—341页。
②③ 《毛泽东文集》第3卷，人民出版社1996年版，第417、415页。

党的进步，对于全体党员积极性的发挥是会有好处的。”[①] 毛泽东于 1944 年 8 月 31 日在给秦邦宪的信中说：“有人说我们忽视或压制个性，这是不对的。被束缚的个性如不得到解放，就没有民主主义，也没有社会主义。”[②]后来又说：“没有一个新民主主义的联合统一的国家，没有新民主主义的国家经济的发展，没有私人资本主义经济和合作社经济的发展，没有民族的科学的大众的文化即新民主主义文化的发展，没有几万万人民的个性的解放和个性的发展，一句话，没有一个由共产党领导的新式的资产阶级性质的彻底的民主革命，要想在殖民地半殖民地半封建的废墟上建立起社会主义社会来，那只是完全的空想。”[③]

三、经典案例给予我们的重要启示

中国共产党人用中国语言把马克思主义关于人的自由全面发展是人的解放的最终旨归的思想，概括为“以人民为中心”的核心理念，这也是我们最根本的思想方法和工作方法。

第一，以“人民为中心”的思想方法和工作方法，要求一切依靠人民。人类的历史就是追求自己目的的人的活动的过程。人一方面按照自己的需要和愿望改造对象世界，使之成为更加符合自己生存和发展的外在条件；另一方面人又在改造自然过程中从外界事物汲取有利于自身发展的积极因素。人在改造自然的过程中不断完善自身、不断生成自身，这个实践过程也就是人创造历史的过程。在这里，人不仅是受历史条件局限的受动的存在物，同时也是能动的存在物。人能够凭借现实的条件和力量，将自己的理想和愿望融入社会发展的规律之中，自为地促

①② 《毛泽东文集》第 3 卷，人民出版社 1996 年版，第 416、208 页。
③ 《毛泽东选集》第 3 卷，人民出版社 1991 年版，第 1060 页。

进社会历史的发展。人是生产力诸要素中最活跃、最革命的要素，人始终是生产力的主体，离开人这一因素，生产力将不复存在。物质生产力是社会发展的最终动因，生产力的发展实际上是人的本质力量的解放与发展。正是人的实践活动才使得社会生产力得到不断推进，社会历史才能不断发展进步。毫无疑问，这里所讲的人是指人民。人民群众是社会发展的主体，是历史的创造者；人民群众在创造历史活动的过程中也发展着自身的能力，在改造自然和社会环境的同时进行着自我改造。激发广大人民群众的创造性是实现社会发展和人的全面发展的根本途径。因此，我们在日常工作中必须坚持党的群众路线和群众观点，遇事多与群众商量，从群众中汲取解决问题的智慧和方法，避免个人英雄主义、主观主义和经验主义。

第二，以“人民为中心”的思想方法和工作方法，要求一切为了人民。人的发展是社会发展的最终目的。一切社会发展都是对人而言的，以人为核心的，发展由人而引起，发展的成果由人来享用；与人相分离的发展既是不可能，也是毫无意义的。社会发展史说到底就是人的本质力量发展的历史，人是人类文明的创造者、接受者和享用者。我们说一个社会比另一个社会更先进，根本依据在于这个社会能够提供更多的机会和条件让人的创造性能够得到更多的发挥，能够更多地享用社会发展的成果。所以，马克思主义把实现人的自由全面发展作为未来社会的价值目标。社会形态的每一次发展，都是人自身创造活动的结果，是人的本质力量不断从狭隘、贫乏的社会关系下解放出来的过程。这就要求我们在日常工作中要注意，以广大人民群众的根本利益为出发点。然而，人民群众的根本利益除了有物质生活需要方面的经济利益外，还要享有政治参与和当家作主的政治权利、健康充实愉快生活的文化权利、社会权利和生态权利等。经济、政治、文化、社会、生态五大利益构成了人民群众的根本利益的有机整体。经济利益是基础，我们首先实现人民群众的经济利益，人民群众在经济生活中的国家主人翁的地位得到了保障，物质生活需要得到了满足，其他利益的实现才有现实的物质基础；人民群众在政治上当家作主的权利是利益有机体的核心，是实现经济利益、文化利益等的有力保障；文化利益是经济利益和政治利益的反映和表现，充分享有文化利益能够实现人的更全面的发展，人民群众才能更自觉、更有效地追求和实现经济利益和政治利益；社会利益是经济利益、政治利益、文化利益、生态利益的充分体现；而生态利益是实现经济利益、政治利益、文化利益和社会利益的环境保障。五者是一个不可分割的有机整体。如何通过我们的工作，有效地全方位地满足人民群众的根本利益，是我们必须时刻注意的问题。

第三，以“人民为中心”的思想方法和工作方法，要求我们克服发展的片面性，实现发展的全面性。社会是由一个个具体的人组成的。个性是否具有活力，归根到底决定着社会发展是否具有活力。个体的活力是否能够得到充分发挥，又取决于是否具有良好的社会环境，使个体真正能够得到解放。所以，个体解放与社会发展是一个双向互动的历史过程。就个体解放来说，其本质在于摆脱各种束缚，确立人的自主性，调动人的积极性，发挥人的创造性，使人得到自由而全面的发展。如何调动人的积极性、发挥人的创造精神，是当代社会大变革过程中凸显出的时代主题。毫无疑问，中国特色社会主义现代化建设事业是一项浩瀚宏伟而又艰巨复杂的系统工程。在这项工程的建设过程中，我们要改变传统的计划经济体制模式，把社会主义与市场经济结合起来，解决构建社会主义市场经济体制这项世界级难题；要改变高度集权的政治体制，把坚持共产党的领导、人民当家作主和依法治国有机统一起来，解决构建新型社会主义民主政治体制的问题；要改变计划经济体制下所形成的单一的思维模式和整齐划一的精神生活方式，尊重世界的多样性，尊重人的多种需要，发展面向现代化、面向世界、面向未来的，民族的科学的大众的社会主义文化，不断丰富人们的精神世界，构建丰富多彩的精神家园；要解决改革开放过程中在民生方面所积累的问题，必须始终把人民利益摆在至高无上的地位，让改革发展成果更多更公平惠及全体人民，朝着实现全体人民共同富裕不断迈进，使人民获得感、幸福感、安全感更加充实、更有保障、更可持续；要进一步解决人与自然和谐共生的矛盾，既要创造更多物质财富和精神财富以满足人民日益增长的美好生活需要，也要提供更多优质生态产品以满足人民日益增长的优美生态环境需要，如此等等。要完成这项工程的建设任务，毫无疑问需要千千万万的劳动者的艰苦努力。但是，这里所说的劳动者决不是受传统观念束缚的人：即把个人的命运归附于客观环境，遇事没有自己的判断和选择，碰到困难只知怨天尤人。这是一种没有独立人格的人，是没有自主判断能力的人，是因循保守没有创新精神的人。依靠这种人是不可能完成中国特色社会主义现代化历史重任的。社会主义现代化建设事业的多样性、复杂性、开创性，要求承担这项建设事业的人必须具有丰富的知识，坚强的意志，创新的精神，也就是要有丰富的个性。能否积极倡导个性解放，培养大批有个性的劳动者，这是社会主义现代化建设事业能否取得成功的关键。

后 记

学习哲学，掌握方法，贵在应用，这既是马克思、恩格斯的基本观点，是马克思主义哲学的内在要求，也是中国共产党人的优良传统。当代中国正处在全面建成社会主义现代化强国、实现第二个百年奋斗目标，以中国式现代化全面推进中华民族伟大复兴新征程的重要时刻，我们面临的使命会更神圣、任务更艰巨、矛盾更复杂、困难更多样。怎样办？学习马克思主义哲学理论，掌握马克思主义哲学方法，不断提高自己分析新情况和解决新问题的能力，无疑是极其重要的。

我长期工作在中共中央党校教学第一线，是省部班、中青班、地厅班、民族班等各类领导干部班的主讲教员，主要讲授马克思主义哲学专题和哲学经典著作、中国特色社会主义理论体系等课程。在长期的教学实践工作中，对学员们的思想之“惑”有着系统的了解，从方法角度学习哲学的渴望有着切实的感受，对能否真正掌握哲学方法对于工作可否顺利开展的重要性有着深刻的体会。因此，从学哲学、用方法的角度撰写一本小书也成了我长期的愿望。可以说，这本书的逻辑结构，是我在教学工作中长期思考的结果；这本书提出的问题，是我在长期的教学实践中提炼出来的“真问题”；这本书中阐述的观点，是我在多年学术研究过程中精心概括提炼出来的一点心得。

本书的引言部分，主要说明学习马克思主义哲学及其方法的重要性；正文分十七章，分别阐述马克思主义哲学的重要理论及其方法。每一章分三个部分：第一部分讲理论的形成过程、基本观点及其给予我们提供的思想方法和工作方法，我认为这种叙述问题的方式既可以给读者一种哲学发展史的纵深感，也可以给读者一种方法论的启迪；第二个部分精选了我们生活中的一个或两个相关案例，用通俗易懂的语言进行阐述，大大增加了著作的可读性和趣味性；第三个部分用所学哲学理论对经典案例进行分析，从思想方法和工作方法的角度总结工作成功的经验或遭受挫折的教训，试图帮助读者提高分析问题和解决问题的能力。我真诚地希望这本小书能够从一个新的维度为广大读者提供一本学哲学、用方法的参考书。

由于时间和水平所限，难免有不足之处，欢迎广大读者批评指正。同时，在写作过程中，也吸收了其他专家学者的研究成果，由于篇幅所限没有一一标出，在此表示真诚感谢！

阮　青

2022 年 10 月

精品导读视频

《学哲学拓展人生格局，用方法提升工作能力》